U0677659

东北大学建校100周年
THE 100th ANNIVERSARY OF NORTHEASTERN UNIVERSITY

热血青年　献身矿业
刻苦学习　敬业报国

54煤

主　审　冯夏庭
主　编　艾国生　王立慧
副主编　刘婉婷　王延邦

东北大学出版社
·沈　阳·

© 艾国生 王立慧 2023

图书在版编目（CIP）数据

54煤 / 艾国生，王立慧主编 .—沈阳：东北大学出版社，2023.8
ISBN 978-7-5517-3342-7

Ⅰ.①5… Ⅱ.①艾… ②王… Ⅲ.①煤矿—工业史—史料—研究—中国 Ⅳ.①F426.21

中国国家版本馆CIP数据核字（2023）第146508号

出 版 者：东北大学出版社
地址：沈阳市和平区文化路三号巷11号
邮编：110819
电话：024-83680181（编辑部） 83680267（社务部）
传真：024-83680181（编辑部） 83680180（市场部）
网址：http://www. neupress. com
E-mail:neuph@neupress.com
印 刷 者：辽宁一诺广告印务有限公司
发 行 者：东北大学出版社
幅面尺寸：170 mm × 240 mm
印 张：23.5
字 数：445千字
出版时间：2023年8月第1版
印刷时间：2023年8月第1次印刷
责任编辑：向 阳 汪彤彤
责任校对：孙德海
封面设计：潘正一

ISBN 978-7-5517-3342-7 定 价：88.00元

《54煤》编委会

主　审　冯夏庭

主　编　艾国生　王立慧

副主编　刘婉婷　王延邦

编　委（按姓名首字笔画为序）

马晓峰　白　岩　冯婉珺　刘　赫　刘亚男

刘翳鸣　李佳佳　李晨溪　吴　迪　陈　松

林韵梅　姚　骞　梁　成　谭义凡

序

“白山兮高高，黑水兮滔滔。有此山川之伟大，故生民质朴而雄豪”。抵御外侮的自强精神和富饶丰美的黑土地孕育了具有光荣爱国主义传统的东北大学。从1923年到2023年，在100年的办学历程中，东北大学始终坚持与国家发展和民族复兴同向同行，形成了“自强不息，知行合一”的校训精神和“实干、报国、创新、卓越”的东大文化。在这种精神文化的熏陶和哺育下，东北大学创造了无数个新中国“第一”，也涌现出无数个先进个人和集体。群星中璀璨耀眼的一颗便是本书的“主角”——“54煤”！

“风自吹襟，人争掩鼻，汩汩沟流半粪污……”这是东北大学南湖校区70多年前初建时的场景，也是新中国刚成立时满目疮痍、急需建设的缩影。为响应国家号召，建设新中国重工业基地，1950年，一群热血青年怀揣着梦想，踏上了北上求学的列车。

入学“第一课”便是在“爱祖国”和“爱专业”之间抉择。“国家百废待兴，但必须地质、采矿先行，否则其他的什么行业都干不了。”于是，100多名爱祖国胜于爱自己专业的学生毅然“为国转系”，选择了采煤这个“艰苦专业”，从此“54煤”应运而生。“向祖国汇报成绩，绝不允许任何一名同学掉队”。他们勤奋好学蔚然成风，德智体美劳全面发展，很快成为当时校内最好的班级，并因此受到学校通令嘉奖。

“聚是一团火，散作满天星”。毕业之后的“54煤”同学如同星星之火，投身于建设新中国的热潮中，在各行各业扎根、开花、结果，为国家建设发展和改革事业作出了突出贡献，涌现出多名院士、博士生导师、教授、国家干部、企业家，也为国家培养了无数优秀人才。他们在波澜壮阔的一生中，见证并参与了中华民族和中国人民从站起来、富起来到强起来的伟大飞跃，见证和助力了中华民族伟大复兴进入不可逆转的历史进程。

《54煤》这本书，生动再现了老一辈东大人以东北大学为人生起点，不断实现自我超越、为国奋斗的感人事迹。阅读此书，我们能深入了解以“54煤”为代表的一代代东大人的品格和风骨，读懂东北大学实干的品格、报国的情怀、创新的气质、卓越的追求。

实干是东北大学的品格，也早已刻在“54煤”的灵魂之中。他们求学时的勤勉，工作时的刻苦，科研攻关时的坚持，都是实干品格最好的体现。他们坚持干在实处，敢于“啃硬骨头”“坐冷板凳”，从不叫苦叫累，从不说空话。“54煤”同学恪尽职守、淡泊名利，多名同学固守清贫、不谈享受，在艰苦条件下为国家作出了重大贡献。

报国是东北大学的情怀，也是“54煤”的人生指南。习近平总书记强调指出：“爱国，是人世间最深层、最持久的情感，是一个人立德之源、立功之本。”“54煤”同学能够坚定地与国家发展同向同行，指引行业和学科的前进方向，为中华民族伟大复兴上下求索、艰苦奋斗。时刻准备报效祖国，正是他们矢志不渝的人生追求。

创新是东北大学的气质，也是“54煤”的行动准则。从他们身上能够挖掘出东北大学与时俱进、勇立时代潮头的时代精神，以及敢为人先、另辟蹊径的创新精神。科学研究是强校之本，开拓创新才能破解发展难题。“54煤”同学面对艰难险阻时坦然自若，取得了叹为观止的成就，是东北大学创新气质最好的体现。

卓越是东北大学的追求，“54煤”则是东北大学百年历史上一个卓越的集体、一群卓越的校友、一代卓越的人才。他们集先进性、学术性、开放性和创新性于一体，是我们学习的楷模。弘扬和传承“54煤”精神，能有效地对学生进行教育引导、激励约束、价值凝聚和辐射带动。对于教育工作者而言，更应该对“54煤”精神做重点研讨，将其融入东北大学文化建设，以其对“自强不息，知行合一”校训的诠释，教育每一名东大人坚定信念、锤炼品格、实干担当、开拓创新、创先争优，让“54煤”精神不断发扬光大。

文化是一个国家、一个民族的灵魂。没有高度的文化自信，没有文化的繁荣兴盛，就没有中华民族伟大复兴。“54 煤”“热血青年、献身矿业、刻苦学习、敬业报国”的感人事迹，彰显了强烈的爱国主义、集体主义精神和乐观、奉献、坚强、感恩的美好品格。其精神内涵，是中华优秀传统文化的时代诠释，是爱国主义在东北大学的生动体现，是东大精神、东大文化和东大力量的继承与发展，滋养着一代又一代“资土人”持续践行社会主义核心价值观，弘扬“德以怀远，学以精工”的院训精神，自信自强、守正创新，踔厉奋发、勇毅前行，为全面建设社会主义现代化国家、全面推进中华民族伟大复兴而团结奋斗、贡献力量。

如今，健在的“54 煤”校友大都步入耄耋之年。近年来，“54 煤”的杰出代表陈昌曙教授、王泳嘉教授、费寿林教授、陆士良教授、林韵梅教授、王端庆教授、钱鸣高院士等相继逝世，如同巨星陨落，让人痛心不已。他们的离世不仅是东北大学及资源与土木工程学院的重大损失，更是我国高等教育界的重大损失。因此，对“54 煤”的历史资料进行“抢救式”挖掘和修复，保护和传承他们的宝贵精神财富，责任重大、时间紧迫。

希望此书的编印，有助于传承“热血青年，献身矿业，刻苦学习，敬业报国”的“54 煤”精神。让我们怀着百年东大的光荣与梦想，勠力同心、奋楫笃行，以优异成绩喜迎建校百年！

使命如此其重大，能不奋勉乎吾曹？

艾国生

2023 年 4 月

目录

第三篇　“54煤”情缘

第四篇　薪火传承

第五篇　永恒星光

第一篇 燃情岁月

第一章　热血青年北上求学

1949 年 10 月 1 日，中国的历史翻开了崭新的一页。这一天，毛泽东主席在北京天安门城楼上向全世界庄严宣告：“中华人民共和国中央人民政府今天成立了！”中国人民从此站起来了！

新中国成立后的第一个春天，一群热血青年告别了杏花春雨、小桥流水的江南水乡，登上了北上的火车，奔赴既有森林煤矿、大豆高粱，又有千里冰封、万里雪飘的广袤东北大地。出发前有人说，那里冬天冷得能冻掉耳朵、鼻子，可这并没有影响青年们的豪情万丈。下面这张在沈阳站转车的老照片，便是这群青年满怀憧憬与激情的真实写照。

在沈阳站转车

每个时代都有每个时代的呼唤，每代人都有每代人的使命。抗日战争年代，当日寇的铁蹄践踏着祖国的领土，爱国青年爆发出响彻云霄的呐喊："华北之大，已经安放不得一张平静的书桌了！"便慷慨奔赴抗日救国的战场。1949年，"解放了"三个字就像一声惊雷，划破乌云密布的天空，将阳光带给大地，以雷霆万钧之力敲打着每个青年的心。彼时的新中国，百废待兴，亟须建设。彼时的中国青年，像刚挣脱牢笼的鸟儿，对建设美丽的新中国充满憧憬、向往与力量。"如何报效祖国"成为每一个有志青年的心中所想，也成为每一个江南地区高中毕业班的热门话题。

1950年春，东北工业大学（即今东北大学。1950年4月8日，东北人民政府工业部决定以沈阳工学院为基础筹建东北工业大学，包括沈阳工学院、抚顺矿山工业专门学校、鞍山工业专门学校三所学校）南下招生，提供的政策待遇是"供吃、供住、不收学费"。

"北方老解放区'东北工业大学'来招生了，而且供吃、供住、不收学费！""东北工业大学"，多么响亮的名字！消息不胫而走，迅速吸引了年轻学生的目光。于是一批高中毕业生，甚至一些离高中毕业尚有几个月的学子怀着建设新中国重工业基地的美好愿望，响应号召北上。

这些学生在新中国刚刚成立的背景下选择北上，选择参加革命，走"工业救国"之路。大家只知道学校本部设在沈阳，报到地点是抚顺矿山工业专门学校，其他一概不知。但这群十七八岁的青年就是敢闯敢拼，每个人对即将到来的求学生涯都热血沸腾，学着前辈们"闯关东"的精神，向东北进发！

出发那天，车站上车轮滚滚、汽笛声声，站台上挤满了送行的人们。求学的青年们就要告别家乡、告别亲人远行了。母亲们眼含热泪与孩子们挥手告别，目送他们远上东北。

学校包下的车厢里，同学们兴奋地互相自我介绍、谈笑风生，车厢里充满了欢声笑语。但三天三夜的车程毕竟旅途劳顿。慢慢地，在枯燥乏味的轰轰声中，年轻人终于疲惫了。大家东倒西歪，或打呼噜，或闭目养神，或因想家偷偷流泪。激情过后的迷茫是每个人心里都会闪现的，但这并没有阻挡大家前进的步伐。坐得时间久了，难免不舒服，于是有的同学钻到座位下睡上一觉；也有同学躺在过道地上睡；还有爬上高处的，让大家印象最深刻的是中美混血儿涂继正同学，他爬到行李架上舒舒服服地睡了起来。三天三夜的北上路程让大家彼此熟悉起来，也成为大家美好的回忆。

1950 年 4 月 20 日晨，赴抚顺矿专新生途经天津，摄于解放桥前

1950 年 4 月 20 日清晨，火车到了天津，大家在天津换乘，一小时后继续北上。下午 3 点 55 分，火车到达山海关。当时关内外币制还没有统一，关内是人民币，关外是东北币，因此必须换币。大家依稀记得，当天牌价比率是 1∶12.5。

坐了三天三夜的火车，大家终于到达“中国煤都”——抚顺。这是南方来的第一批学生，后来学校又从南方接来几批学子，都是“东北工业大学”从沪宁线各大城市招来的。大家受到了先来抚顺的两批同学的热烈欢迎：第一批是 1950 年 2 月从沈阳当地招来的，如阎保昌、王家琛等同学；第二批是 1950 年 2—3 月间，在王家琛的感召下，自己到抚顺矿专来报到的宁波中学的 9 名同学，如王友佳、郑义生等同学。这三批同学中，有南方人，也有北方人，以南方学子居多。三批青年一见面，马上融为一体，开始了为期 3 个月的政治学习。

第二章 为国转系

在结束 3 个月的政治学习后，正当大家都憧憬着如何攻读自己喜爱的专业（入学时已经按系、专业录取）并畅想着美好未来的时候，发生了一件影响很多人的大事：林干副校长（东北工学院抚顺分院副院长）作动员报告，号召大家转学祖国最需要而人才最紧缺的采煤专业。

林干说："现在煤矿的技术人员太少了，新中国的经济建设离不了煤炭，煤炭是工业的粮食，是一切工业的基础，煤炭先行才能有其他专业。国家还要开发大量煤矿，技术人员远远不够，希望共产党员、青年团员们带头转学采煤专业。"

动员报告后，各班立刻组织讨论。班干部及进步的同学纷纷表态，放弃原来报的专业，转学采煤专业。当时同学们的思想斗争很激烈：转还是不转？转——谁不知道采煤危险？煤矿俗称"四块石头夹块肉"，围岩的片帮、冒顶时刻威胁着工作人员的生命安全。不转——作为共青团员，党和国家在这个时刻需要我们，怎么能不响应组织号召？还想不想入党？还想不想为共产主义事业而奋斗啊？

王友佳同学说："我原来报的是化工系，对于江浙的南方学生来说，采矿太陌生了，甚至还有种恐惧感。但经过政治学习后，怕苦怕累的思想早就不存在了，既然国家需要，我就毫不犹豫地报名转到采矿系，这就是我人生的第二个转折点。"后来王友佳成为中国东煤企业集团的总工程师，为我国煤炭事业作出了卓越贡献，他的献身精神终于得到了回报。

有个女同学说："我为这件事，三天三夜都睡不着觉。"当女同学们听到"采矿业一直是男性的天下，我们将是新中国第一代女采煤工程师。解放了，男同志能干的事，我们女同志也能干！"的豪迈宣言时，她们热血沸腾，纷纷转入采煤专业，成为我国第一批“入地”的女性高级技术人员，这在全世界是绝无仅有的。

更难能可贵的是，这些女同学每个人都在这个危险的行业里有所成就。“‘上天’值得称赞，‘入地’同样值得夸耀！对于女同志来讲，‘入地’在某种程度上难度甚至高于‘上天’。”林韵梅（著名岩石力学专家，东北大学第一位女博士生导师）在回忆录中写道。

于是，采煤班由原来的2个班一下子激增到6个班。10名女同学英姿焕发，穿上矿工服后格外精神抖擞，从此采煤专业不再是“和尚班”。从此“54煤”（以毕业年份取班名）应运而生。

可以说，每一个放弃自己心爱专业而转入采煤这一危险专业的同学都是因为家国情怀，都是抱着献身精神而作出的伟大决定。由此可见，那时同学们的觉悟有多高。

“54煤”班10名女生在东北工学院门口的合影

（前排左起：胡又珠、魏荣华、李高祺、冯士安；

后排左起：宋琳、张平娟、陈惠芬、陈可清、林韵梅、龚琪玲）

1951 年暑假，“54 煤”同学们到鸡西煤矿实习。到达矿务局的当天晚上，矿务局梁局长在职工食堂跟同学们见了面。梁局长跟同学们说：“你们是新中国成立后，我党自己培养的大学生。你们将参加我国的第一个五年建设计划，祖国期待着你们。”梁局长还谈到日寇投降后，由于没有我们自己的工程师而只能留用若干日本人。他们趾高气扬，不仅无悔罪之意，竟敢拍着局长的头说：“你们中国人的脑袋是大大的不行啦！”没有大幅标语，没有激动人心的场面，更不是誓师大会，但是听到梁局长这些语重心长的话后，同学们都握紧了拳头，咬紧了牙关，心中却默默地发出了不可磨灭的誓言：为建设祖国将不遗余力！

后来，有一次学校放映苏联电影《顿巴斯矿工》，同学们怀着特别激动和自豪的心情看完了这部影片。电影歌颂煤矿工作者是“给人们带来温暖和光明”的使者。于是，每个人心中都涌起了一种自豪感：我们是一群有使命感的青年，我们自愿选择了既艰苦又危险但造福人民的事业，要无愧于人生。

第三章　抚顺、长春、沈阳三地求学

一、抚顺求学

抚顺市，素有“中国煤都”之称，位于辽宁省东部，是辽宁省重要的工业基地。它东与吉林省接壤，西距沈阳市 45 千米，北与铁岭毗邻，南与本溪相望，境内平均海拔 80 米，地处中温带，属大陆性季风气候。抚顺市区位于浑河冲积平原上，三面环山，是一座美丽的带状城市。

抚顺是“54 煤”同学们学习和生活的第一座城市。南方人都说：“那个东北地区啊，冬天冷得吓人！鼻涕一掉下来就冻在嘴巴上面了，得做好思想准备！”其实，同学们来了以后发现，这里 5 月上旬就已是桃花盛开、春意盎然了。到冬天早早就供了暖气，室内温暖如春。江南孩子在南方时非常禁冻，现在放到暖气房里“养着”，特别是煤炭资源丰富的抚顺，即使户外再冷，室内也能达到 24~25 ℃，连毛衣都不用穿。

在江南，大家以米饭为主食。到了东北大家才知道，除了大米饭，居然还有一种叫“高粱米”的粮食。在抚顺，大家早晨吃高粱米粥和馒头、油炸黄豆和小腌菜；中午和晚上吃高粱米饭，偶尔掺些小豆，副食以炖大白菜、土豆片居多。改善生活时有猪肉炖粉条、炸油饼。有时也打打牙祭，吃大米饭加红烧肉。食堂往往事先保密，同学们进了食堂才知道，于是大家欢呼雀跃。要知道，在日寇占领东北时期，中国人吃大米饭是“犯法”的，甚至有人因为被查出吃了大米饭而送命。

在入学时学校给每名同学发了 70 工分的助学金，除了交伙食费，剩下 25 工分可用作零花钱。花费节省的女同学每月还能留有一些节余。

不需要学生个人交纳食宿费，学校免费为学生提供食宿，节余下来的生活费甚至还可以补贴家用。这样的政策，对于这批家庭困难的学生来说相当有吸引力，因为家里不需要填补多少费用就可以读大学了。

除了饮食上的变化外，在集体生活中，大家的体育锻炼也比在江南时不知加强了多少倍。在这里，大家竞相比拼体能，有的同学甚至能玩那种飞行员玩的转圈，因此大家的体格均比以前有所提升。

在抚顺最主要的学习内容是政治学习，每天的任务就是讨论大家所不明白的问题。据林韵梅回忆，那时印象最深刻的讨论问题有：

（1）没有共产党就没有新中国。

（2）为什么要“一边倒”？

（3）苏联“老大哥”为什么要拉走我们的机器？

（4）美帝国主义是纸老虎。

（5）克服个人英雄主义与个人主义等。

通过政治学习，在爱国主义、集体主义的熏陶下，大家一个个都开始成长了，初步建立了为人民服务的人生观。

1950 年 6 月 25 日，朝鲜战争爆发。6 月 28 日，毛泽东主席发表讲话，号召“全国和全世界的人民团结起来，进行充分的准备，打败美帝国主义的任何挑衅”。青年人心潮澎湃，纷纷要求参军入伍。李延红、孙经钜两名同学被空军录取，欢送他们的场面空前热闹。

“采 54”戊全班同学欢送孙经钜、李延红抗美援朝参军（一）

“采 54”戊全班同学欢送孙经钜、李延红抗美援朝参军（二）

“采 54”丙全班同学欢送徐承俊抗美援朝参军

李延红（左）
与孙经钜（右）

在抚顺学习的日子里，还有几件事让“54 煤”同学们印象深刻。

第一件事是参加运动会。当同学们正兴高采烈时，突然天降大雨。雨越下越大，个别同学就跑回宿舍去了。当时“54 煤”的辅导员是鞠茂久老师。鞠老师个子不高，喜欢穿黑色衣服，对同学们要求很严格，做什么事都要排队。鞠老师一看有人跑走，连忙将他们叫回来，狠狠批评。大家只好一直顶着雨，坐在会场里一动不动。这场大雨的洗礼让大家一辈子懂得：什么叫纪律严明。

1950 年参加国庆游行

第二件事是参加 1950 年国庆节游行。模型是大家群策群力做出来的，大家抬着模型兴高采烈地走在游行队伍中，心中别提多高兴了。最前面穿浅色衣服抬着模型的是费寿林，他在 1986 年成为东北工学院（今东北大学）党委书记，1987 年和 1992 年当选为中国共产党第十三次、第十四次全国代表大会代表。

第三件事是成立腰鼓队。学校为队员们参加 1950 年国庆游行置办了衣服与装备。每次演出，大家都起劲地摆出最佳姿态，似乎每个人都是著名演员。

1950 年国庆节时，东北工学院抚顺分院腰鼓队表演
（前排左起：杨荣新、顾秋芳、魏荣华、李高祺、陈惠芬、陈可清、林韵梅、龚琪玲、赵长白；后排左起：周继祖、朱光夏 、佚名、郑雨天、李鸿昌、佚名、张跃伦、吴寿培）

更值得一提的是，大家竟然糊里糊涂地名扬全抚顺。怎么回事？原来班上的陈昌曙同学最爱唱歌，在抗美援朝初期，他主持编导了“54 煤”年级的诗歌联唱。他编写朗诵词，把抗战时期歌曲、解放战争时期歌曲和抗美援朝歌曲串连在一起，从《大路歌》《码头工人歌》《中国人民解放军军歌》《乘胜追击》《咱们工人有力量》……一直唱到《中国人民志愿军战歌》，加上自编自演的影子戏，演出相当成功。抚顺广播电台还特意录音，在全抚顺播放。陈昌曙后来成了全国有名的哲学家，是我国技术哲学奠基人之一，国务院学位委员会第二、第三、第四届学科评议组（哲学组）成员，中国自然辩证法研究会副理事长。因为他的卓越贡献，他的学生在东北大学设立“陈昌曙技术哲学发展基金”，并在东北大学浑南校区命名了“陈昌曙楼”。

1950 年 8 月，沈阳工学院、抚顺矿山工业专门学校、鞍山工业专门学校合组为东北工学院。抚顺矿山工业专门学校改名为东北工学院抚顺分院，鞍山工业专门学校改名为东北工学院鞍山分院，东北工学院总校址在沈阳市，同时撤销东北工业大学筹委会。

二、长春求学

1950 年 9 月，朝鲜战争的战火烧到鸭绿江畔，美军战机对我国丹东进行狂轰滥炸，甚至飞入我国鞍山上空，直接威胁我国的安全，东北局势骤然紧张起来。1950 年 10 月 25 日，中国人民志愿军跨过鸭绿江进行伟大的抗美援朝战争。中国人民志愿军与朝鲜人民军共同反击美国侵略军，迅速扭转了战争局面。经过 40 天的战斗，于 1950 年 12 月 6 日解放平壤。根据新的形势，东北人民政府最终决定，东北工学院总院包括高年级学生留在沈阳不动，撤销抚顺分院及鞍山分院，成立长春分院（基础院），将一年级新生全部集中到长春。

长春分院（大白楼）门前“采 54”丁班合影

学校派王家琛和程伯良等同学作为先遣队到长春收拾宿舍。大部队去时，发现长春的三九天比起抚顺来，更加显露北国风光。抚顺马路上的雪薄，并已踩实，气温尚可忍受；而长春马路上的雪厚且未踩实，一步下去，马上有一个深深的脚印。天气实在太冷，每个人的帽檐、眉毛上都挂满了白霜。没穿棉裤的南方同学，膝盖以下都冻得失去知觉。

不过，长春毕竟是大城市，其规模、布局，抚顺都望尘莫及。从长春车站出去，是一条笔直的大马路，快车道上是有轨电车，慢车道与快车道之间的绿化带堆满了积雪，每隔 50 米立有一个路灯杆，铁杆上端的横梁左右挑出两个像冬瓜那么大的椭圆形白色玻璃灯，电线在地下连通。在如此寂寞寒冷的街头，这些路灯确实为长春添了风采。

车到一座四层大楼前停下，这里就是“54 煤”在长春的教室和学生宿舍，它的名字叫“大白楼”，四楼是大家上课的地方。大白楼所在的大道和广场在那时称为斯大林大街和斯大林广场，现在更名为人民大街和人民广场。无论是 1951 年还是现在，这里都是长春最繁华的地段。广场上那个美丽的飞机纪念碑是“54 煤”永远不会忘却的路标。

在长春斯大林广场（现人民广场）解放纪念碑前合影（一）

在长春斯大林广场（现人民广场）解放纪念碑前合影（二）

在抗美援朝期间，长春市陆续接收了许多从朝鲜前线送来的伤员，引起了“54 煤”同学们的极大关注。大家自发组织起来，给从前线回来的志愿军战士演出，让他们在病床上也能高高兴兴地休养。

为了给这些伤员提供血源，大家掀起无偿献血热潮，所有同学都觉得能够为志愿军献血是无上光荣的事。每个献血合格者，都领有一张献血证，上面注明自己的血型，随时准备好前去献血。在一年多的时间里，长春分院的全体同学平均参加献血两次以上。而那些验血不合格导致无法献血的同学，则有些失落感。据林韵梅回忆，班里组织大家献血，要求体重超过 50 公斤。可惜的是她只有 49.5 公斤，她不服气，偷偷在裤兜里放了几块石头，希望能超过 50 公斤，结果被人家翻了出来，血仍没有献成，伤心得很。

根据第十八陆军医院发给长春分院的表扬信，从 1951 年初到 6 月 11 日的半年时间里，“东北工学院长春分院同学为志愿军献血量 269855 mL，占长春市总献血量的 51%”。不足 2000 名学生的献血量居然超过全长春市几十万人的献血量，这种强烈的爱国热情正是继承了东北大学自建校以来光荣的爱国主义传统。

“54 煤”中还有一批出色的垒球运动员，郑马克、涂继正、马柏龄、王家琛等个个了不起。一垒手，接球万无一失；投手精准，犹如导弹，百发百中；

捕手眼观六路，判断正确，使对手难返本垒；二、三垒的铲垒动作则惊险准确，对方守垒员难以防范。他们先是在长春分院内夺得冠军，1951 年下半年回到沈阳又是打遍全院无敌手。沈阳市垒球队闻名前来比赛。市队队员个个身手灵活，动作准确，冲垒勇猛。可是比赛下来，也败在了“54 煤”的男子垒球队手下。“女生也组建了一个垒球队，当垒球如飞而来时，一垒手用球棒猛击一挥间，那球应声而返，人也像箭在弦上一般飞奔出去，”林韵梅回忆比赛现场时说，“那个开心，好比中了彩票，使大家至今难忘。”

1951 年，东北工学院男子垒球队员合影：钱鸣高（前排右一）、涂继正（前排右二）、郑马克（前排右三）、张明哲（后排左三）

1953 年，东北工学院女子垒球队员合影

五月的长春特别令人陶醉。空气清新，阳光柔和，花草竞相媲美。得益于有最可爱的人在前线浴血奋战，“54煤”有幸在这远离鸭绿江的城市中安心求学。中国人民志愿军的胜利保证了国家的安全。大家认识到只有国家安全才能保证学校及个人安全的朴素道理。抗美援朝战争的胜利极大地激发了大家的爱国热情、学习热情，大家暗下决心，要格外努力学习来报效祖国。

三、沈阳求学

随着抗美援朝战事的节节胜利，半年后“54煤”回到了沈阳。那时，南湖校舍尚未建成，大家的校舍选在一个原本是中专学校的地方，位置在铁西区。铁西校区设3个系：采矿系、冶金系和建筑系。采矿系有3个专业：采煤、采矿和选矿。采煤班的人最多，100多人开始分为3个班。后来学苏联专家的经验——大班上课，小班辅导，所以分为6个班，每个小班20多人。系办公室、教室、实验室等全部在一个采矿馆里。铁西采矿专馆端庄雅致，大门朝东，北面是运动场。

铁西校区专馆

1952 年，“54 煤”同学在东北工学院铁西校区教学楼前合影

“54 煤”部分同学毕业前合影

"54煤"这群以祖国利益为重的热血青年，团结一致，亲如兄弟姐妹。4年中，在党的阳光雨露滋润下，在老师们的辛勤教导和同学们的互相砥砺下，满怀信心地走上了德智体全面发展的道路。

第四章　“54 煤”的三次实习

除了课程学习和考试外，实习也将大家的专业技术和精神境界提高到新的水平。正规的实习有三次，分别是认识实习、生产实习和毕业实习。第一学年是认识实习，对企业全面了解，参加一般劳动。第二学年是第一次生产实习，参加辅助生产环节劳动。第三学年是第二次生产实习，参加主要生产环节劳动。第四学年是毕业实习，结合课题进行调研和劳动。

“54 煤”第一次实习是到抚顺西露天矿的认识实习。抚顺西露天矿是亚洲最大的露天矿，它记载了抚顺煤炭开采的历史。新中国成立前，日本霸占煤田 40 年，掠走了 2 亿多吨煤炭。矿场的每个边坡台足有几十米高，在远方排成梯级，上下相连的坡道像密布的网络，一道道矿层在脚下层层展开，蜿蜒曲折，似梯田般宏大绵延，一眼望不到底，大型装载车轰隆隆地来往着，那宏伟的场面是很难用语言形容的。1958 年，毛主席视察西露天矿时吟诵的诗——“大鹏扶摇上青天，只瞰煤海半个边”，是西露天矿的真实写照。

还有一次在抚顺西露天矿实习，因技术故障，一个电铲司机触电身亡。当时同学们并没有因为发生事故而惊慌，而是认为由于技术和管理水平不高，才发生这种惨剧。

1952 年暑假大家到北票矿务局实习，有十几个同学被分到冠山一坑。按实习大纲要求，需要请矿领导及工程技术人员介绍地质、开采情况。矿长很支持，但在介绍情况前他诚恳地说：“矿区地质是绝密资料，可惜我们没有自己的技术员来掌握地质情况，现在还是留用日伪时期的日本籍技术员，只能请他们介绍地质情况，希望你们学本领，将来为我们自己掌握技术权。”听了这番话大家大吃一惊，原来掌握了政权并不等于掌握了一切！

抚顺西露天矿

实习极大地激发了大家作为中国人必须掌握技术权的强烈愿望。中国人民站起来了，但要想富强起来，还需要大家努力奋斗，刚成立的新中国急需培养自己的技术人员！大家必须努力学习、提高技术水平，为国家第一个五年计划工业建设服务。

生产实习则要求大家在某项指定的工作中独立完成掘进任务。第一次下井的经历，同样值得回忆。当同学们站在老虎台矿，穿着工作服、围上白毛巾、头戴柳条帽、脚蹬大胶靴时，俨然专业十足的矿工，心中甚至美滋滋的，没有任何害怕的心理。走进巷道，头不时地撞到支架的横梁上，发出咚咚的清脆声音，令人又开心又着急。

同学们第一次与工人一起打钻，一起往炮眼里装碗口粗的大炸药卷。虽然这些实习劳动对于常人来说繁重不堪，但对于这些身强力壮的青年来说，却是小菜一碟。当完成任务大家一起唱号子时，甚至觉得自己享尽了神州大地的风光。实习结束之后，有同学曾说："咱们工人有力量，这句话像一股气似的将我们吹起来，我从来没有这么自豪。"

欢声笑语、豪情壮志总是有的，但下井实习从来不是轻松的事情。据王家琛回忆："上了一个班也未把眼打完，却累得浑身骨头都散了架。原来这 506

凿岩机很重，打顶眼用手抬不住，只能用头顶着，另一个人扶着，第三个人推着。压气机一开，三个人同时抖着。机器的噪声也是满耳灌着，以致上井后脑袋里还嗡嗡地叫。可我们的女同学居然也坚持到实习完成，实在不简单。”

毕业实习抚顺组女将不甘示弱

毕业实习抚顺组同学在井下向工人学习

毕业实习以分组的方式进行，其中辽源矿务局西安组由张知本带队。毕业实习的任务是以区段长身份工作，实习过程是：在调度室了解上一班的生产情况及草图→班前会布置任务→按图分工→班中下井检查并解决生产中出现的问题→上井向调度室汇报情况并交出工作面草图→开班后会等。

多次实习的经历向同学们展示了矿山的诸多艰苦与风险。比如参观兴安台竖井时，该井的涌水量近 90 米^3/时，吊桶里的同学一爬出吊桶，在比倾盆大雨还大的淋水下，身体立时彻骨冰冷。那是什么感觉？一是眼睛睁不开，二是手指麻木，三是牙齿捉对儿打架。本来在淋水中已神魂不定，再加上凿岩机的噪声，人的血似乎都要被震出来了。

工人们两人一组抱着机子打眼，同学们也只能低着头跟他们打个招呼。这样艰苦的环境，大约只有采煤这个行业中才有，可工人们天天如此，这就是采煤工人默默无闻作出的崇高奉献！尽管大家亲眼看到了煤炭事业的艰苦，可是没有一个同学退却。相反，这些实习经历更坚定了大家为矿业献身的决心。为什么？因为他们想的是：总有一批人去献身，才能让这个行业兴旺起来，才能让国家富起来强起来。由此，爱国思想、家国情怀已融入“54 煤”同学的血液了。

1954 年 3 月，毕业实习辽源矿务局西安组

（前排左起：田凤翔、丁冠英、叶蕾宾；后排左起：胡福欧、丁伯坤、王家琛、宋西陀、卞树中）

1954 年 3 月，毕业实习抚顺露天组
（左起：周国咏、何祖荣、徐小荷、矿员、华安增）

1954 年 3 月，毕业实习阜新组（其中矿山 5 人）

毕业实习抚顺露天组

毕业实习抚顺露天组同学与矿山工程师讨论学习事宜

第五章 “绝不允许任何一位同学掉队”

新中国的成立让每一个人欢欣鼓舞，大家恨不得使出浑身解数投入到为祖国繁荣的建设中。当时东北工学院采取了极好的教育与管理方法。一是高标准、严要求，一切行动听指挥。学生每天的生活极有规律，定时起床，按时吃饭，按时上课，晚上5点再锻炼1小时，集体上晚自习。这种纪律严明的班级生活令每个人身心健康、朝气蓬勃、互相关心、追求进步。二是善于引导，入学初就提出了“向祖国汇报成绩，绝不允许任何一位同学掉队”的口号。并规定：“哪一位班干部，如有一门课得不到优秀成绩，第二年就不可以再当。”班干部的模范带头作用无处不在。

“为祖国学习”的口号成为“54煤”每一名同学的学习动力。为了撑起祖国的煤炭事业，“54煤”同学们利用分分秒秒的时间抓紧学习，绝大多数同学大学四年的寒暑假都没有回过一次家。大家在“54煤”的熔炉里日益增长的爱国热情都转化到了课程学习上，无一人不争先恐后地将学好本领视为头等重要任务。

那时，学校采用五分制。5分是优秀，4分是良好，3分是及格，3分以下是不及格。老师出题的方法很巧妙：将一本讲义从头到尾拆成几十个段落。每个段落算一个题材，编出一个题目，任意选两三个这样的题目，写在一张考题纸上，就是考卷之一。全讲义的各个部分变成几十张考卷，放在桌子上让学生任意选一张，学生必须对讲义中的每一部分都熟悉才能过关。用这种方法考试，学生既无法作弊，也不能押题，全靠真功夫。

为了让大家适应这样高标准的考试，每一门课考前给三天时间准备。这时，各个课代表都写出自己负责的那门课程的复习大纲，包括主要的原理、定律、课程的难点、容易混淆的概念、复习题等，张贴在教室内墙上。看了这些材料之后，脑子里原来混沌一片的材料，似乎条理化了，自己的薄弱部分也被找出来了。因此大家打心底里佩服这些同样听课学习的同学，为什么他们能够搞得这样明白？

“54 煤”还掀起了互帮互助之风。朱敏（“机械原理”课代表）、费寿林（“电工原理”课代表）主动帮助学习吃力的同学复习。课代表的答疑，往往比老师更能解开认识之“扣”。有的老师不善于发现学生不明白的症结何在，只能将课堂上讲的内容复述一遍，结果学生仍然不明白。而课代表的答疑就不一样了，他能指出你哪个概念弄错了，或者哪门基础课没学好、哪些预备知识要补一补。

记得“电工原理”中有一节“变压器原理”很难懂。电磁场的作用中，几个向量加来加去，使人如坠云里雾中，于是课代表请涂继正同学为大家讲课，听众有几十人。讲完之后，涂继正说：“没听明白的请留下，我再讲一遍。”一些同学走了，留下的人仍有不少。于是讲第二遍，课代表将那几个向量用硬纸板做成大小箭头，让涂继正边讲边演示。讲到第七遍了，仍有个别同学表示愿意再听听，于是变成个别辅导。就这样，全班期末考试各科成绩总平均分为 4.75 分，其中确实有课代表们的一份辛劳。

另外，同学们毫无保留地互相介绍学习方法，也令众人受益匪浅。如林韵梅介绍说：“我采用三遍法来复习每门课。第一遍通读，消灭一切问题。第二遍分段记忆，并不断 PASS 其中已掌握的段落，而对其中不够熟练的段落再来一遍。第三遍闭目回忆，并记下尚不够满意的段落，直到自己认为不管抽到哪一张考卷，都会获得 5 分为止，这样准备工作才算完成。因此考试门门都是优秀。”

涂继正说：“期终考试之前，郑义生和我总是各自先写出一个全课程的提要，作为复习提纲。我们俩坐在教学楼通往屋顶平台的楼道口（那里由于自然负压作用，冬暖夏凉），以一问一答的方式对每一个要点进行复习。记得在复习矿井通风时，郑义生问了我一个问题，我答不上来，笔记上也没有。幸好郑义生这么一问，也真凑巧，我考试时正好抽到这一道题，对答如流。这种一帮一的互助方式真好！”

“54 煤”最值得一提的优秀品质就是团结友爱精神。班里每名同学不仅希望自己考得好，也希望其他同学考得好。甚至某个同学在考试的时候，同一小组的同学会跑到考场外面静悄悄地等着。有一个同学的“电工”课只有“及格”成绩，同一个小组的同学都十分着急，后来“电工”课的课代表用几个月的时间给他讲了3遍，他的成绩才上去，可见同学之间的感情之深厚。

由于每名同学都在不断地努力，在给“54煤”颁发奖状时，全体同学的总平均成绩达到4.75分，其中每门课都是5分（即全优）的学生由三年级时的16人增加到四年级时的44人，真正做到了政治、业务双过硬，向祖国交了一份有爱国心的答卷。

除了学习上互帮互助之外，“54煤”同学在体育方面也是相当出类拔萃的。前文已经提到，在长春时垒球队几乎打遍全院无敌手，甚至沈阳市队也败在了“54煤”垒球队手下。但实际上，在抚顺、长春时，由于条件的限制，“54煤”的体育锻炼还处于初级阶段。

回到沈阳后，锻炼身体逐步从兴趣爱好走向自觉。“54煤”锻炼的特点如下：一是体育锻炼的目的明确，大家认识到体育锻炼是强身的基础，是今后参加革命工作的本钱。二是锻炼项目全面、普及，不论是田径、球类，还是体操、游泳、滑冰，大家都感兴趣。三是在普及的基础上提高，院队代表人数占到全专业人数的百分之十几，这在其他班级中是很少见的。可以说，“54煤”是当之无愧的“体育大班”。

女同学还组成了“卓娅锻炼小组”，请男同学丁伯坤当教练。到了晚年，仍有不少同学感激当时养成的锻炼习惯，认为体育锻炼给大家带来了一辈子的健康。至于文艺活动，更是人人喜欢，像魏荣华与陈可清的舞蹈，她们那美丽的左右摆头姿势，至今令人难忘。

“卓娅锻炼小组”照片（一）

“卓娅锻炼小组”照片（二）

“卓娅锻炼小组”照片（三）

1954 年，舞蹈小组留影（铁西，东北工学院）

第六章　通令表彰

1954 年 4 月，东北工学院召开了一个罕见的表彰大会。大会在机电学馆西北方向的开阔地上举行。全校师生席地而坐，听校长宣读通令。

东北工学院召开表彰大会

关于介绍 54 采煤甲乙两班学习经验的通令

（东北工学院院部　1954 年 4 月 10 日）

采矿系矿区开采专业采煤专门化 54 年级（现在四年级）甲乙两班（简称 54 采煤甲乙两班）学生从 1950 年入学以来，和同年度的其他专业学生一道随着学校的发展，在党和行政的直接培养下，教师教导下，接受了三年多的专业和政治思想教育，经历了思想改造运动及其他社会改革运动，经历了学校业已展开的教学改革，即将结束他们的学习任务，走上祖国工业建设的岗位了。他们在三年级的时候，在思想改造运动的基础上随着学校教学改革的展开，开始表现出他们优秀的学习成绩。当他们转入四年级的时候，又进一步地提高了他们的学习成绩。两班学生四年级上学期考试成绩总平均为 4.75 分，全部成绩 5 分的学生 44 名，占总数的 45.8%。他们优秀学习成绩的取得是由于政治思想觉悟的不断提高、良好的学习态度和方法、正确的师生关系、同学中团结友爱全面发展蓬勃进取的精神，以及班内各种组织及干部正确而有效的领导。

他们的经验是我院学生在学习战线上的榜样，这些经验应广泛地予以介绍，便于我院各班学生把他们的经验和自己的实际情况相结合，用以改进及提高学习效率和质量。

54 采煤的经验，主要有以下几点：

一、他们十分重视政治思想工作，用一切办法努力提高他们的政治思想水平。把一切学习活动和祖国建设密切联系起来，明确为祖国而学习的方向。因此他们热爱专业，热爱祖国的建设，热爱党，热爱学校，热爱教师和同学，热爱他们的学习，使他们的学习不断地得到推进的动力。

二、他们在学习中，掌握了循序渐进、实事求是、刻苦钻研、联系实际的方法，团结互助、坚持不懈的态度，并努力提高独立思考的能力。他们对于自己的学习具有高度的责任感，把自己的学习成绩看成对祖国的汇报。他们根据客观的实际情况推行有计划的学习，不断研究和改进听课、复课、记笔记的方法。他们在三年级时，在全院中首先组织了学生科学研究小组，在苏联专家及专业教研组教师指导下做了多次科学研究专题报告。因为这些报告联系厂矿生产，所以这些报告受到厂矿的欢迎。由于他们掌握了正确的学习思想、方法和态度，他们便不断地获得了优秀的学习成绩，三年下学期到四年上学期考试总平均分数由 4.52 增至 4.75，全部 5 分的学生由 16 人增到 44 人。他们班内的女同学们由于学习努力，即将成为我国第一批女采煤高级技术人才，也给我院女同学树立了良好的榜样。

三、他们深切体会到教师对他们学习质量的决定意义，认识到我院教师在党和祖国培养下迅速进步的情况，日益明显地感觉到教师的辛勤劳动和对学生的关怀。因此，他们尊敬教师，依靠教师，和教师建立了十分亲密的关系。使得教师们感觉："教他们的课是幸福"，"和他们接触感到愉快"，"听到他们的掌声感觉到责任的重大”。表现了师生之间的热爱、亲密团结及共同为祖国事业而集体劳动的快乐。

四、他们深刻地领会了毛主席对青年“三好”的指示，认识到毛泽东时代青年全面发展的意义；并在克服资产阶级个人主义思想中逐渐发展着工人阶级集体主义思想。因此，他们在共同的学习生活中，充满了团结友爱、互相关心、批评和自我批评的精神和对生活的无限热爱的乐观主义精神。他们善于在学习生活、文化生活、娱乐生活中，贯穿着有思想性的内容，使生活的各方面不断提高和丰富他们的学习和思想。正因为他们具有日渐发展的为祖国服务的人生观，他们也就容易理解加强身体锻炼的意义。他们班中许多同学的体质是中等的，较弱的，但是其中 85.5% 坚持锻炼小组的活动，以至他们不仅在学习，而且在体力锻炼中也获得优异的成绩。

五、他们优秀学习成绩的取得还和两个班的干部的领导活动分不开。他们班的组织及干部善于把上级的指示和号召、他校学习经验和祖国建设事业和他们班的实际情况结合起来。各种组织配合密切，步调统一而力量集中，善于进行及时的宣传鼓动工作以启发群众的自觉，团结群众去完成各种任务。他们班内各种组织的分工重点也是明确的，党团着重思想领导及各种力量的协同动作，班长及其他干部着重领导学习及维持纪律，而学生会的班委会则着重领导文化娱乐、体育生活等，从各方面丰富思想和学习。他们的工作作风是朴素、实事求是，并联系群众的。

当然，54 采煤两班的优良学习特点的形成，是和祖国的发展联系的，是和学校历史联系的，是和学校党、行政、团及学生会的工作联系着的，和系的具体领导联系着的，和我院教师的进步联系着的，也和我院学生的一般情况联系着的。但 54 采煤两班由于他们突出的学习成绩、思想作风、师生以及班的工作而成为现在全院学生中最优秀的班次，他们的经验无疑应成为学校目前各班改进和提高学习的榜样，成为新生入学的学习榜样。

根据以上精神，学校决定授予 54 采煤甲乙两班以“学习模范”的称号。54 采煤同学必须再接再厉、戒骄戒躁、保持光荣。认真做好毕业实习及毕业论文设计，为圆满完成学习任务准备走上建设祖国的工作岗位而努力。

全院同学在学习 54 采煤学习经验时，必须根据自己的具体条件领会 54 采煤两班学习经验的基本精神，防止机械搬用和形式主义，以便有效地改进自己的学习，并不断提高自己、丰富已有的经验，为创造更多的学习优秀班次而努力。

院长：靳树梁

副院长：汪之力、张立吾、柳　文

第七章　人才济济

“54 煤”人人追求进步，个个追求入团入党。在“54 煤”的熔炉和摇篮中成长，同学们都树立了祖国利益高于一切的人生观。不仅表现在同学之间体贴入微地相互关心，努力学习，还表现在毕业分配中争先恐后地要求到最艰苦的地方去生根发芽。

毕业后，“54 煤”学子无怨无悔地一辈子献身于祖国的煤炭事业。他们为祖国终于有了自己的矿山而骄傲万分。不仅如此，“54 煤”毕业生更是不负众望。在这百人中，涌现了一位中国工程院院士（中国矿业大学钱鸣高），一位高校党委书记（东北大学费寿林），一位高校校长（安徽工业大学王端庆），一位哲学大师（东北大学陈昌曙），还有倡建岩石破碎新学科的徐小荷教授，东北大学第一位女博士生导师、发明岩石基本质量公式的林韵梅教授，以及中国东煤集团的总工程师王友佳……他们都是“54 煤”精神的缩影，而“54 煤”也只是东大人敢为人先、实干报国的一个缩影。

据不完全统计，在 106 名同学中有：中国工程院院士 1 名；司局级干部 12 名；教授 23 名，其中博士生导师 9 名；副教授 7 名；教授级高级工程师 14 名、高级工程师 24 名；高级讲师 2 名（都是所在单位允许聘的最高级别）。

历届全国人民代表大会或中国共产党历次全国代表大会的代表 3 人（费寿林、陆强麟、朱新和），省劳动模范 7 人，市劳动模范 1 人，享受国务院政府特殊津贴者 14 人，全国三八红旗手 3 人，省三八红旗手 2 人。为解放上海作贡献而荣获三等功者 2 人（杨荣新、龚淼）。

第八章 珍珠串成项链

时光荏苒，白驹过隙。“54煤”的同学们于1954年7月29日结束了大学生活，走出了东北工学院那再熟悉不过的校门，各自怀揣着理想抱负，奔向天南海北。

半个多世纪以来，“54煤”的同学们在为自己的理想打拼、实现个人价值的过程中，丰富了经验、增长了阅历。大家都自愿或不自愿地扮演了许许多多角色，经历过风雨，体会了生活的酸甜苦辣。“人生如逆旅，我亦是行人”，当回想起走过的人生，挥之不去而愈发清晰的便是那段在东北工学院的时光，那是只属于他们的记忆。

在毕业临别前，“54煤”的同学们约定：由留校的同学定期出版《54煤通讯》。王家琛、周国咏等几名同学，收拾了各自房间，卖废品得来的13元钱便成了第一、二期《54煤通讯》的主要经费。其中很大一部分用来买了出期刊的必需品——一桶蜡纸、一块钢板、一支铁笔，这些也算是《54煤通讯》初期的一段文史资料了。

《54煤通讯》创刊词如是说：“煤矿事业各个部门中都有‘54采煤’这一美好而又令人兴奋的名字。它曾伴随着我们生活学习了数年。过去是、今后也将是鼓舞我们前进的动力之一。我们时刻记着它，并珍惜这一集体的友谊和荣誉。为了在我们中间经常保持这种友谊，决定定期出版54采煤期刊。”简短的文字透露出深沉的同学情谊，集体的荣誉感则使这种情感来得愈发强烈而难以忘怀。这份期刊是一份见证，承载着岁月的重量，读起来娓娓动听、扣人心弦……

但历史的暗流却不在意这些，随着时代的风云变幻，《54煤通讯》第三期石沉大海，“54煤”的经验也被批判成“黑典型”。万般无奈下，大家只好韬光养晦，明哲保身。在那段日子里，虽然大家联系得很少，但友谊的种子一直埋藏在心底，期待着破土而出的那一天。

“浮天水送无穷树，带雨云埋一半山。”纵使时代的无情拉远了同学间的距离，但友情的根须仍紧密相连，“54 煤”精神不败不灭。终于，拨开乌云见青天，“四人帮”垮台，恢复高考，改革开放，知识分子的春天到来了。在 1985 年校庆之际，为庆贺关绍宗教授 80 寿辰，不少弟子回到母校送来祝福。多年未见的想念在此时此刻迸发出来，藏在心中许久的想法也被提上了日程。

1985 年校庆，回母校庆祝并为关绍宗教授庆贺 80 寿辰（一）

1985 年校庆，回母校庆祝并为关绍宗教授庆贺 80 寿辰（二）

第一次同学会

“久别重逢非少年”。1988 年 11 月，自踏出东北工学院校门的那天算起，已经整整 35 年，久别重逢的喜悦充盈了所有人的心田。第一次同学会定在镇江，要特别感谢时任煤炭科学研究总院院长邬庭芳、煤炭科技情报研究所副所长龚淼和镇江古洞煤矿高级工程师丁伯坤。

“人生不相见，动如参与商。”岁月的印记，在手上、在额头、在眼角、在心里。相互之间轻松地调侃，谈笑风生。胡又珠将程厉生叫成“郑义生”，汤士尧握着卞树中的手，转而问王端庆：“不知这次卞树中来否？”在场的同学拊掌大笑。数年同窗，久别重逢，不是亲人胜似亲人。大家聚在一起，共同分享着这几十年积压的心声，两眼泪汪汪者有，笑声不绝于耳者也有，都用自己的方式来倾诉着或安慰着。一句话：“疯了！”

想必老先生们回想起这次同学会，一定还记得在扬州旅游时的场景。每五个人在五亭桥前合一张影，照了 10 张则人人都有份了。还有任意组合的合影部分，如东北工学院的、鹤壁矿务局的、上海中学的、同年同月生的、同一个小组的……大家争着、抢着，兴致勃勃，就想与每一个同学多留下些照片的纪念。

最有趣的是，最后到金山寺时，底片剩得不多了，王家琛等想出了新招：“来！我们拍个白头发的。”华安增也来出招：一手拉着马克，一手拉着王培基，嘴里叫着李鸿昌说：“来！来！我们拍个头上最亮的啊！”俞国遗一听，不失时机地挤上去说：“带我一个！”华安增推他说：“你还不够亮！”话音刚落，哄堂大笑，大家笑出了眼泪，笑弯了腰，那片笑声由此存进了在场每个人的心中。

第一次同学会合影

第二次同学会

“今日良宴会，欢乐难具陈。”第二次同学会是在1990年，在黄山、九华山由何祖荣、程历生等筹办，参加者共计53人。

“楼台新紫气，云物旧黄山。”10月20日，众人乘缆车上黄山。山峰峻峭、层峦耸翠，黄山的无限风光尽收眼底。

10月23日，从九华山乘车返回马鞍山，一路上欢声笑语，大家神采飞扬的表演活跃了车上的气氛，笑声不绝于耳，一种莫名的放松、欢乐和闲适的情绪映照在每个人的脸上。在车上，大家纷纷拿出自己的“看家本事”，引得众人掌声阵阵，如华安增夫妇的《康定情歌》、胡人同的《草原上升起不落的太阳》、叶蜚宾的《我们是光荣的共青团员》、龚淼的《革命人永远是年轻》、宋琳的苏州评弹《蝶恋花》等。大家的即兴表演惟妙惟肖，就好像提前准备的一样。何汉生拿着汽车上的话筒唱了一段《长征组歌》，那雄浑的歌声就好像演出一般。在如此欢快的氛围中，平时沉默寡言的卞树中和吴朝鼐也表演起了合唱，舞蹈家陈可清还跳起了新疆舞。

第二次同学会合影

欢乐的时光需要珍藏，留待日后好好欣赏。龚琪玲将每个人的表演都封存在了照片里，那段似水年华也得以保留。

第三次同学会

第三次同学会是1991年，在南戴河的鹤岗工人疗养院，由朱新和等筹办，参加者共计39人。出站后，隔着老远就看到刘锦忠举着一个牌子。盛夏刺眼的阳光打在皮肤上有隐隐的灼烧感，地面的热浪一道道扫过。但刘锦忠总是那么吃苦耐劳，主动承担那些累活。

这次同学会实在开心，年过半百的同学们都过足了海游的瘾。林韵梅在游泳时丢失了眼镜，刘锦忠自告奋勇，要送她回家。可见“54煤”那种团结友爱精神继续保持着。

但令人始料未及的是，这竟是刘锦忠最后一次参加同学会。两年后，他因胃癌去世，令人伤心不已。

第三次同学会合影

第四次同学会

第四次同学会是在1992年的金秋时节，共计70名同学参加，还有40名同学的爱人。由任大本、程历生等筹办，定在风景秀丽的杭州与新安江聚会。多亏了涂继正，这番美景才能被装进相框，成为不变的回忆。别人都在欣赏杭州美景，放松心神，只有他与夫人两人扛着沉重的摄像机为大家记录。之后他们又花了不少时间将摄制的录像进行加工、剪辑，浓缩成124分钟的录像带。短短的124分钟，记录着“54煤”同学们的深厚情谊，一幕幕游历团聚的精彩瞬间，汇聚成了这充满美好回忆的影集。

在参观了新安江大坝后，大家走下新安江大坝那段长长的阶梯去登船。从坝顶到坝底的 100 多级台阶，由于狭小只能两人并行，大家不由得有些紧张。这时，队伍中有人首先唱起了《婚礼进行曲》，大家都开心地附和，紧张的情绪顿时烟消云散，好像回归童年过家家的情趣之中了。

第四次同学会参观新安江大坝

第五次同学会

1994 年 7 月 25—30 日，第五次同学会在沈阳的母校举行，由费寿林、郑雨天等筹办，共计 60 名同学参加，还特别邀请了曾在“54 煤”学习的张明哲、朱光夏等 6 名同学参加。1994 年正好是“54 煤”毕业 40 周年，40 年后重返母校，大家感触良多，所以日程安排得非常紧凑。

25 日当天，费寿林代表筹备组致欢迎词、合影，大家在夏宫共进午餐，随后参观了“大帅府”和东北工学院铁西校址。晚上在学校设宴，请到了曾在

“54煤”任教的11名老师光临。他们是：贾立德、徐敬达、马良骥、郑熔之、施永乐、范盛华、佟庆礼、王运桐、聂能光、张鹏、王金波。“新竹高于旧竹枝，全凭老干为扶持。”师恩重如山，大家都未曾忘却。

26日上午，回访原抚顺矿专校址。“54煤”的同学全体列队，在原矿专食堂高唱大家最怀念的两首歌：“整个的东北……”“嘿啦啦啦……嘿啦啦啦”。同样的地点，同样的人，从当年的风华正茂、意气风发，到如今平添了一份回忆的伤感。在汪德安同学的指挥下，“54煤”的每一个人都沉浸在美妙的回忆中，恍惚之间仿佛又回到了那个时代，一张书桌、一卷书、一位恩师、一份友情……四部轮唱时，指挥的手指向哪里，哪里的同学就沸腾起来。如此配合默契，就好似大家从未分开过。下午，大家参观了“东北民俗风光园”。

第五次同学会汪德安指挥集体唱歌

27日、28日这两天是回归自然的两天，大家一同去看本溪的真山真水：本溪水洞、关门山水库、关门山森林公园等。在自然纯真的熏陶下，大家似乎都年轻了，朝气蓬勃、精力旺盛，回到了那个属于自己的学生时代。

30日，“54煤”同学们乘缆车上千山五佛顶，然后步行下山。对于年轻人来说毫不费力的下山，对于年满60岁的人可不是一件容易事。魏荣华有高度近视眼加白内障，下山时连台阶的落差都看不清，于是汪维钦、朱敏两个男同学左右搀扶着她，还不断提示说：大台阶、中台阶、小台阶。

队伍中的男生们还不约而同地启动了“保卫女生战”，邬庭芳不声不响地陪着冯士安，还问道：“魏荣华有谁与她在一起？龚琪玲有人保护没有？”彼时邬庭芳已经是煤炭工业部的司长了，还是如此的朴实和平易近人。这一场“逼下千山”的集体下山行动，再现了“54煤”的互帮互助精神，历久弥新。

第五次同学会在本溪关门山森林公园合影

30日晚上，“54煤”的同学们陆续离校，第五次同学会正式落下帷幕。还有24名同学余兴未尽，约定前往东北大学秦皇岛分校旅游。

第六次同学会

第六次同学会在2000年10月11—16日，也是“54煤”的最后一次集体聚会。地点定在无锡的中国水产科学研究院淡水渔业研究中心留学生招待所，参加者共计48人。这次聚会由费寿林、俞国遗、程厉生、张明哲、卞树中和郑雨天等筹办。

10月8日，筹备组先期到达无锡做会议准备。结果10月10日上午，当大多数同学还在路上的时候，程伯良就在夫人罗文华的陪同下到达了聚会地点。原来，程伯良患胃癌刚做完手术，并已转移到肾及肠系膜。费寿林回忆说：“他形体消瘦、脸色灰暗，说话有气无力且行动迟缓，但他挂着吊针全程参会，喜悦之情溢于言表。”

虽然身体不适，但程伯良依旧精神亢奋，坚持参加所有在住所召开的会议和活动。当集体乘车外出游览时，他总是默默地站在门口或窗口，目送大家。他说，虽然由于身体原因自己不能参加各种旅游活动，但只要能看看大家、听听大家的声音，在一起拍上一张照片，就心满意足了。

程伯良唯一一次外出参加活动是去“三国城”，因为那次有车时刻跟随，他得知后喜出望外，坚决要求参加。当时他的病情还未完全好转，从徐州到无锡有470多千米的路程，不知他是以何种坚定的意志硬撑过来的。可能是那段大学的同窗时光太过珍贵，他舍不得放下；也可能是他深知自己的病情，只想把这最后的美好时光和同学情谊留给大家；还可能是他想为大家送上最后的祝福：别无恙，忆相逢。

第六次同学会在无锡鼋头渚合影

会议结束那天，程伯良向大家告别说："各位，希望你们旅游愉快，小弟先走一走，告别了！"谁知竟一语成谶，程伯良不幸因病于 2001 年 3 月去世。那份情谊，就算那人已经不在，那事也已模糊，"54 煤"的同学依旧会铭记，并珍藏心底。

第六次同学会的 6 天中，10 月 12 日全天下雨，大家在室内座谈人生、事业和煤炭工业的辉煌与沧桑等。钱鸣高院士作了《关于煤炭工业形势及发展建议》的学术报告。

考虑"54 煤"的老同学们都已年逾 70，体力不支，今后不再举办大型聚会，这便是最后一次。

有人说，记忆会随着时间的推移而减退，友谊也会随着分别的久远而淡薄。可"54 煤"没有，6 次聚会成了友谊的加油站。时间为同学会画上了圆满的句号，但那些令人难忘的回忆足够用余生去回味。

第九章　一摞沉甸甸的通讯录

一、《54 煤通讯》

1992 年 10 月末，第四次同学会临别依依、言犹未尽。在离开千岛湖的那天早晨，老班长郑雨天对吴朝鼐说："经过研究准备复刊《54 煤通讯》，想让你当主编。"吴朝鼐没有丝毫犹豫，当即拍板应和。1993 年 4 月，在众人的期盼中，以"交流信息、联络感情"为宗旨的《54 煤通讯》终于复刊。

在复刊的整个过程中，吴朝鼐一直默默奉献着，不叫苦不怕累，克服了征稿难、印刷难的重重困难，一个人负责了第 3~15 期的全部工作，从组稿、抄稿、审稿到打字、复印、胶印、装订再到邮寄给天南海北的同学们。只有细细品读他在第 8 期末尾的《写在〈54 煤通讯〉复刊六期之后》一文，才知道在那时一个人支撑一个刊物的工作有多难。没有印刷厂，他就只能去求自己单位（煤炭科学研究总院上海分院）文印科的同志帮忙。没有活动经费，他连象征性的印刷费用也要自己想办法解决。正是因为背后有吴朝鼐不辞辛劳的付出，其他同学才能如期收到一本本《54 煤通讯》，得以在惬意的午后，坐在沙发上静静地回忆与欣赏。

考虑到年龄日增和复刊后的压力，一己之力已经无法胜任，后来，"54 煤"各联络站采取"轮流坐庄"的方式，设立《54 煤通讯》流动编辑部。

《54 煤通讯》出版至 28 期时，因为大家年事已高，一度想要停办，这时王家琛站了出来："29 期，我负责！"就这样，"54 煤"的班风在同学们手中接续，生命不息，战斗不止！随后，30 期被涂继正抢走。甚至在 30 期的编后语中写道："寄稿涂与王。""只要办得动，就还要办下去"成为这对耄耋老人的豪言壮语。

从“点点繁星”到“皓月当空”，从吴朝鼐一手负责见刊13期《54煤通讯》到老班长郑雨天不辞辛劳将每一期如约送达，无一不体现“54煤”的团结与热情。更令人敬佩的是，老班长亲力亲为，将60年前用油墨滚子一页一页滚出来的油印版第1，2期设法复原。年头久远了，纸张泛黄了，字迹模糊了，加之现在与当时环境不同、对专业术语不熟识、对繁体字和简写方法不了解，导致打印出来的初稿错误百出，都靠他一点一点核对和修改。或许最终的结果不尽如人意，难免有些连蒙带猜，但他的“初心”令人佩服。期期《54煤通讯》承载了回忆，也镌刻下大家独一无二的青春印象，所有人重温这些文字时的冲动与开心更是无以言表。

二、《54煤同学回忆录》

除《54煤通讯》外，“54煤”同学还历时两年，在毕业40周年前夕编印出版了《54煤同学回忆录》。由王端庆、龚淼、周国咏、冯士安、蒋光熹等负责编辑出版，得到王友佳、邬庭芳、费寿林、郑雨天等的大力支持。这部回忆录真实地记录了“54煤”班的大学生活、成才之路、兴业之道和执着追求，唤起了淡去的印象，寻回了青春奋斗的起跑点，借此重叙旧情、交流信息、增进了解、展望未来，真是一件值得纪念和庆贺的事情。

这是“54煤”班风的又一次证明，尽管同学们分散在东南西北，但“54煤”永远是一个团结奋进的整体。

三、虚拟同学会——涂继正的万里行

2004年，刚退休的涂继正有一个心愿，希望能够参加“54煤”毕业50周年同学聚会，这是规划中的第七次聚会，也是最后一次。但当时大家都已年过古稀，身体恐禁不住鞍马劳顿，只能就地欢聚，这成为他心中的一大遗憾。失落之余，他化身“54煤”的感情使者，自2005年开始，与夫人李宜华不远万里从美国回来，寻访老同学。从南至北走了十几个城市，走访了81个同学的家庭，行程4000多千米。他用摄像机拍下了全过程，并制成DVD送给每个人留作纪念。这种“走访式”的聚会实现了大家毕业50年再相聚的愿望，这在东北大学、在中国，甚至在世界都堪称首创。2006 年和 2012 年又分别完成了第二、第三次走访。

第一次走访足迹遍布上海、马鞍山、南京、合肥、徐州、兰州、北京、邯郸、石家庄、太原、沈阳、阜新、常州等地，寻访了 65 名同学及爱人。

第二次走访足迹遍布福州、南宁、顺德、深圳、上海、苏州、湖州、双鸭山、长春、辽源、沈阳、唐山等地。此次还专门走访了第一次未见到的 16 名同学及爱人。其中南宁、顺德、湖州、双鸭山、唐山等地都是专程走访 1 名同学，令人感动。

2005 年 5 月 19 日，“54 煤”部分老同学相聚在东北大学外宾招待所，为这个中美“混血儿”接风洗尘。再次见面，他一改往日灰色土布中式开襟小褂的打扮，俨然一副洋帅哥派头，还是那么洒脱、风度翩翩。酒过三巡，他激动地向大家汇报进展：“到此以前，我已拜访完 50 余名老同学了。值得欣慰的是绝大多数老同学都很健康，生活质量也很高。”听闻此事，“54 煤”的王英敏教授赠送他一枚自制可拆卸风筝，并题字“志在高远 情系故土”。次日，时任东北大学党委书记孙家学专门会见涂继正，赞扬此举系全校学子的榜样。

费寿林、林韵梅陪同涂继正参观

在沈期间，他先后参观了东北大学校史馆、铁西老教学楼（当时沈阳工业大学内）、沈阳植物园，拜访了陈昌曙教授和罗茜教授，应东北大学资源与土木工程学院邀请作“资源与环境”学术报告。当被学生们问到“您认为‘54煤’这一先进集体为什么值得学习”的时候，他不假思索答道说：“因为这个集体的每一个人都共同前进。人人为集体，而不是为自己。”

2012年10月12日至11月6日，他带着所有“54煤”同学的祝福，开始了第三次走访。走访日记记录了他的行程：上海→哈尔滨→七台河见姜子良夫妇→沈阳见费寿林、郑雨天、宋琳、徐小荷、林韵梅、王英敏夫妇、王泳嘉夫人周霞飞→大同见于成斌夫妇与女儿→太原见金庆福→寿阳见倪永义一家→石家庄见施能为→焦作见魏荣华一家，夏宗绩则由女儿从获嘉县送来会面→郑州→上海。最难能可贵的是此次走访见到了夏宗绩——他因一次重大失误造成左侧偏瘫，虽行动不便，但他仍坚持锻炼，耳聪目明，博览群书。以他的身体状况根本无法参加同学会，可涂继正的出现，让他感受到了同学们对他的思念与敬佩。因此“虚拟同学会”这一创举值得传承下去。

四、“54煤”电子相册

为了将一些稀缺的照片珍藏共享，朱敏与李高祺夫妇想众人之所想，提议制作班级电子相册。于是，发函征集、来信整理、分类归口、录入电脑、认真校对、编制成册、分别邮寄。经过一年多的时间，两张名为“东北大学‘54煤’同学电子相簿”的光盘顺利抵达每一名同学手中。从学生时期的抚顺、长春、沈阳学习生活，到6次毕业同学会的点滴，再到1986—2011年同学互访的剪影，以姓氏汉语拼音音序为序，细心整理，渗透着浓浓的“54煤”情怀。

李高祺与朱敏编制电子相册

第十章 感恩石的故事

漫步于东北大学的美丽校园，不难发现，在南湖校区采矿学馆前面矗立着一块“感恩石”。“感恩石”由“54 煤”校友们捐赠。从它的外表看来同一般石碑并无差异，但它的背后蕴含着深厚的人文情谊和感人的故事。

一、缘起

2014 年 10 月 15—17 日，东北大学 1954 届同学毕业 60 周年甲子盛会期间，林韵梅发起倡议“建议东北大学在校园内建立一个较大的 54 煤群体艺术性雕塑，作永久纪念，经费由校方和大家筹划”。由此大家讨论起在东北大学建立“54 煤”纪念碑事宜。

二、筹备

2014 年 12 月 10 日，王端庆发出《致 54 煤同学的一封信》。该信称，经马鞍山甲子会议期间讨论及会前、会后 3~4 个月多方沟通、协商，有几点共识：

（1）东北大学和资源与土木工程学院领导同意在采矿学馆前立碑。

（2）采纳徐小荷等众人意见，主旨定为感恩。碑名为“54 煤感恩碑”。碑文为：感恩母校及老师培养，1954 年 4 月 10 日靳树梁院长发布通令，授予 54 采煤甲乙两班“学习模范”的称号。

（3）碑体设计：取花岗石或大理石天然石材，正面铲平，刻碑文。

（4）经费筹集及管理：以自愿为原则，由“54 煤”学生自筹为主。必要时可向有关方面筹集一部分。马鞍山与会部分同学及中国矿业大学6名同学每人集资1000元，部分同学集资500元，资金暂由东北大学校友总会陈昌曙技术哲学基金会刘晓萍老师代管。纪念碑落成后，由基金会公布账目。如因特殊原因不能落成，资金按原数退还集资者。

（5）筹建小组：马鞍山会议推荐由郑雨天、林韵梅、罗茜、胡又珠、王家琛、王端庆组成。后因工作需要加入徐小荷。

2015年3月22日，王端庆发出第二封信。指出：

（1）集资已有4.5万余元。

（2）碑文设计意见征集：

① 用烧瓷工艺（铜胎烧瓷，类似景泰蓝）烧印“通令”全文，镶在碑面上。下面用简明文字表明立碑感恩之意。

② 正面刻“感恩”二字，背面刻碑文。

（3）已联系厂家，河北某厂提供的石料开价2.8万元，沈阳相似的石料要4万~5万元。如确定在河北刻制，届时将请杨学涵、施能为、阎保昌同学去厂洽谈。有何意见请同学们回电。

2015年4月4日，王端庆发出第三封信。信中汇聚了这一阶段同学们的各种意见。五花八门，足见响应之热烈。

三、定稿

最后，“54煤”感恩石碑文字定稿如下。

正面：上部刻较大的“感恩”（隶书）二字，下部刻较小字号的建碑宗旨（楷体），三行共24字。最后为立碑单位及时间，比建碑宗旨字号再小一些，设计如下：

感　恩

热血青年 献身矿业

刻苦学习 敬业报国

饮水思源 感恩母校

54煤暨54矿53选同学 敬立

甲子仲秋

背面：6行排列，词为：

一九五四年四月十日靳树梁院长签发东北工学院院部通令介绍五四采煤甲乙两班学习经验并授予学习模范称号。

2015年11月27日，历时13个月，感恩石碑终于落成——“54煤暨54矿53选校友捐赠母校‘感恩石’揭幕仪式”在东北大学采矿学馆前举行。林韵梅、徐小荷、周霞飞等“54煤”同学代表，时任东北大学党委副书记、纪委书记杨明，以及东北大学校友总会、资源与土木工程学院负责人及学院师生代表共同参加了揭幕仪式。

杨明在讲话中表示，“感恩石”的矗立，就是要让“54煤”的感人故事在母校广为流传，让“54煤”的奋斗精神在东大学子中代代传承。真诚希望校友们继续关心、关注学校的各项事业发展，加强联系，共同为学校新的发展建言献策。

回顾“感恩石”筹建的13个月的历程，无时无刻不体现着“54煤”集体团结一致、乐于担当的精神风貌。郑雨天、林韵梅、罗茜、胡又珠、王家琛、王端庆、徐小荷……这些在地质学、岩石学领域赫赫有名的人都出现在了“感恩石”筹建小组名单中。从碑体选石到设计，他们都不辞辛劳、亲力亲为，甚至筹建石碑所需费用，也几乎都是他们自筹。

在寻找合适的石料过程中，王端庆教授为了不打扰沈阳的老同学，甚至动员了自己的儿子和儿媳。一听到有好石头的消息，王端庆教授的儿子就立刻开车同徐小荷教授和林韵梅教授去采石场参观。可以说这块碑石汇聚了“54煤”两代人的努力，身后的人文价值可见一斑。

再来说碑文。一块好的碑石，碑文必须字斟句酌。在“54煤”学子反复推敲之后，决定以“感恩”二字引领，下书“热血青年，献身矿业，刻苦学习，敬业报国，饮水思源，感恩母校”24个小字，通篇用朱红镌刻。

面对这块“感恩石”，不由得就会想起它背后的故事，无一不被“54煤”集体为国学习、献身祖国的精神感动，敬意油然而生。但是，这块碑石背后想对大家说的话，无疑更为重要。

“试问矿山巍峨，何谓以身许国。青丝化作白发，依旧铁马冰河。磊落平生无限爱，尽付无言高歌。”这阙词，或许是对“54煤”前辈们最好的赞誉。

暮年的前辈们，奔波操劳，忙忙碌碌，立下了这块碑石，目的无须多言：

传承“54 煤”精神，传承对母校的感恩。正如林韵梅教授所言：“回望艰难而又充实的大学生活，是母校教会了我们立身社会、奉献国家的本领，是母校教我们懂得了为人处世、回报社会的道理。尽管我们现在身处祖国四面八方，但我们对母校的情却与日俱增，无论时光如何转换，母校永远是我们永恒的精神家园。”

第二篇

时代记忆

为了更加生动、全面、真实地反映“54煤”校友的学习、工作和生活情况，带领大家原原本本、原汁原味地理解“54煤”精神的内涵实质，本篇对《54煤通讯》和《54煤同学回忆录》的部分内容进行了梳理，以求学、工作、退休、人生回顾等几个阶段为线索，整理了“笃志求学”“献身矿业”“老有所为”“诗词歌赋”“沧海桑田”“饮水思源”等6章。

第十一章　笃志求学

一、“54 煤”入学的历史背景

陶增骈

报考的是“纸上大学”

1950 年我报考的学校不是抚顺矿专，当然也不是东北工学院，因为后者是我们入学后才有的。那么，到底“54 煤”当年报考的是哪一所大学呢？原来，1949 年 7 月，中共中央东北局、东北行政委员会召开教育工作会议，并于 8 月 1 日发布了《关于整顿高等教育的决定》，在高等学校设置方面作出重大决策：接收原由外籍人（主要是日本人和英国人）办的学校，停办东北大学等国民党时期的公立、私立学校，在东北全境重新组建 14 所高等学校。其中一所是以东北大学工学院和长春大学工学院为基础成立的沈阳工学院，校址设在铁西区原奉天工业大学内。

东北全境解放后，工作重心转入经济建设，各类专门人才奇缺。既然政府部门可以创办单科高校，于是一时间辽宁大地冒出了许多高等专科学校，像东北商业专门学校、东北财政专门学校、东北银行专门学校、东北合作专门学校、东北计划统计学校、东北兵工专门学校、东北交通专门学校、本溪工业专门学校、鞍山工业专门学校、抚顺矿山工业专门学校等。这些学校均不在《关于整顿高等教育的决定》所规定的 14 所高等学校之内。对这样多头重复办学的局面，必然要进行整顿。1950 年 4 月 8 日，东北人民政府工业部决定将鞍山工业专门学校、抚顺矿山工业专门学校和沈阳工学院合组成东北工业大学。

这就是1950年春季到沪宁线各大城市招生的那所大学，这就是“54煤”学子当年报考的大学。东北工业大学只在对外招生时用过一次这个名称。“54煤”同学入学的地点是抚顺矿专。

东北工业大学更名为东北工学院是在1950年8月23日。直到1950年冬抗美援朝战争爆发后，学校迁到长春，学校的名称改为东北工学院长春分院。

东北只有“国高”毕业生

九一八事变前，辽宁境内在中国政府立案注册的公立、私立高等学校，有东北大学、东北交通大学、冯庸大学等6所，在校学生2823人。东北沦陷后，日伪当局以东北学生“狂奔排日，忘掉了学生身份”为由，关闭了全部高等学校。1935年以后才陆续办起了“奉天农业大学”“奉天工业大学”等5所大学，在校学生1110人，其中日本籍学生占到45%。像“奉天工业大学”（校址在铁西区，“54煤”进入东北工学院沈阳本部的地方）在校生287人中，中国籍学生仅有71人。伪满时期不仅大学数量少，中国籍大学生少，而且教学质量低下。1937年，日伪实行“新学制”，废除中学阶段初、高中两级制度，改为“国民高等学校”。中学修业年限由6年减为4年。同时规定每个学校必设一职业科，或工或农或商。这样，“国高”的文化水平只相当于职业初中。“新学制”还规定，大学招收“国高”毕业生入学，修业年限3年。因此，伪满时期大学毕业生的水平还不如九一八事变前大学专科生的水平。

东北光复后，经过三年解放战争的动荡，大学、普通高中的恢复和发展进展缓慢。工厂里原有的日本工程技术人员和管理人员绝大多数被遣返回国。待到东北全境解放时，各类技术和管理人才出现了断层。为解燃眉之急，国家决定将沪宁两地高校1947、1948、1949年三届大学毕业生约2000人调往东北，由东北人民政府分配工作。

如上所说，东北不仅缺少大学毕业生，普通高中毕业生也很少。刚刚成立的东北工业大学面临的最大难题，就是没有合格的生源。受沪宁两地支援东北大学毕业生这一做法的启示，东北工业大学决定，抢先一步，提前在1950年春季到沪宁线上各大城市单独招生。

一个春光明媚的日子，南京大学附属中学的校园里，众多学生围着一位中年汉子，听他演讲：“新中国工业化程度最高的地方在东北！新中国铁路最密集的地方在东北！新中国的鲁尔在东北！那里有钢都鞍山和煤都抚顺！东北工业大学就坐落在新中国重工业的心脏地区。同学们，欢迎你们报考，这里是培养工程师的摇篮！”“听说东北很冷是吧？”一位同学提问。“冬天室内有暖气，温度保持在 20 ℃左右。室外可达 –20 ℃。同学们不用担心，学校会发给大家棉衣的。”在他热切的演讲感召下，我心目中的名牌大学——上海交大、南京大学——淡化了，我愉快地报了名。

（摘自《54 煤通讯》第 16 期第 11 页）

二、看旧照　忆往事

费寿林

我手头保存着一张老照片，拍摄时间是 1950 年 10 月 1 日上午 9 时许，迄今整整 60 年（一个甲子）了。地点是抚顺市的“站前广场”，照片上的背景建筑就是当时的火车站，现在该建筑还原样保存着，但已改作他用。照片内容是庆祝新中国成立一周年的集会和游行活动，集会地点就在此广场。几位青年学生抬着的模型名叫“和平堡垒”，是学生们自制的仿苏纪念性建筑，模型赞颂苏联是世界和平的堡垒。抬模型的青年人是刚成立的东北工学院抚顺分院“54 采煤班”（甲、乙、丙、丁、戊、己）的部分同学，时年 17~20 岁。

在这次国庆节庆祝活动之前的半年时间里，我们曾为自己的人生道路作出了两项重要的抉择：一曰“上东北”；二曰“转采煤”。

这里需要介绍一点历史背景。

新中国成立之初，百废待兴，“优先发展重工业”是国家建设的重要内容之一。东北是我国重工业基地，东北工业的发展对于国家工业化建设具有举足轻重的作用。过去日伪统治东北时期，重要企业的技术和管理大权掌控在日本人之手。解放战争期间，东北又长期成为军事斗争的主战场，经济建设提不到日程上。因此新中国成立初期东北出现了严重的人才断层。解决的办法不外乎“引进”和“培养”。据说 1949 年末毛主席去苏联访问路过沈阳时曾说“现在是全国支援东北，将来是东北支援全国”（大意），这意味着“支援东北”是国家的重大人才战略。

1950 年国庆游行，抚顺火车站站前广场，“54 煤”同学抬着自制的“和平堡垒”模型游行

在这样的背景下，沈阳工学院、抚顺矿专、鞍山工专等大专院校应运而生。当时面临的最大难题是东北缺乏大量合格的高中毕业生。沈阳工学院的解决办法是派人员去北京，把被国民党当局迁去的原东北大学工学院等系科的师生迎回沈阳，教师开始筹备办学，学生集中政治学习。抚顺矿专则另辟蹊径，在经有关部门批准后采取抢夺先机的办法，去江、浙、沪等地单独招生，先期招生，提前在 1950 年的 3—4 月份招应届高中毕业生（以及少数其他高校的在校生）。我就是从已就读的江南大学中招来的，于 1950 年 4—5 月报到入学。

20 世纪 50 年代初，江、浙一带的学生投奔东北就读也不是一件容易的事情。当时国际、国内政治形势比较复杂，国民党败退台湾后仍不时对大陆进行轰炸、骚扰，国际上 1950 年 6 月爆发了朝鲜战争，继而激起了抗美援朝战争；生活上“鱼米之乡”与东北也有不小差距，听说吃不着大米，冬天有可能冻掉耳朵，这些都是顾虑；从就学条件来说，抚顺矿专是名不见经传的新创办的学校，而报考的学生大都是江、浙、沪一带较好中学的学生，甚至有不少是名牌高中的优秀生，并不担心考不上关内的大学。另外，学生年龄小且大都未离开过父母，未出过远门，“儿行千里母担忧”啊。今天我们的交通、通信很发达，上海到沈阳飞机只需飞行 2 小时就可到达，动车组也就跑 15 小时。想当年我们从上海集合到抚顺报到，火车跑了三夜两天半。今天手机一拿就可以与父母通话，有条件的还可以通过 QQ 或 MSN 的视频与家长面对面聊天。想当年我们同时期的同学极大部分在校四年没有回家探过亲。我记得 1954 年 7 月 27 日学校宣布毕业生名单，我被留校任教后，29 日就履行东北工学院助教职责带学生去鸡西煤矿实习，所以从 1950 年 5 月离家，直至 5 年后才再见父母。因此，“上东北”确实要克服许多思想障碍，尤其是父母的思想顾虑。今天来看，对于“上东北”，每个人的具体原因会有所不同，但最基本的、共同的是拥护共产党的领导，响应国家的号召，愿将个人的前途、命运融汇到投身祖国建设的洪流中。

1950 年 8 月 23 日，东北人民政府命令，“决定将沈阳工学院、抚顺矿专专门部、鞍山工专专门部合组成东北工学院（简称本院），院址设在沈阳，抚顺、鞍山设分院”。抚顺矿专变成了东北工学院抚顺分院。

抚顺是我国的“煤都”。煤在我国的燃料构成中居于绝对优势地位，尤其是新中国成立初期。政府给抚顺分院的任务是要以培养采煤方面的人才为侧重点。当时采煤专业只有甲、乙两班，于是校方召开全校新生大会，动员学习其他（非煤）专业的同学，自愿报名，转学“采煤”。广大学生经过一番思想斗争后分别从机械、电机、化工、建筑等专业转入采煤专业，使“五四采煤”由原来的甲、乙两班变成了甲、乙、丙、丁、戊、己六个班。特别要提到的是，有十多位女同学也转学采煤，后来她们成为新中国历史上第一批女采煤工程师和女采矿教授。

若说这批转专业的学生当时对采煤专业并不很了解，这是事实。但干采煤这一行相当艰苦，而且有天然的不安全性，属高危行业，这也是人所共知的。因此“转采煤”并不是一时的冲动，而应该说是“明知山有虎，偏向虎山行”。尽管各人转采煤专业的具体想法会有所不同，但最基本的、共同的东西是响应祖国的号召，勇于作出奉献。用现代的“术语”来说，“上东北”“转采煤”只是对我们这批处在特定条件下的青年学生在塑造“爱国”“奉献”等社会主义核心价值观方面的一次锤炼吧。

我们这批出生在江南鱼米之乡、从未出过远门的青年，刚来东北时生活上确有不少不适应之处，譬如吃饭就是成天吃次等高粱米，很少见到大米。尤其是抗美援朝战争打起来后，当时人们的“恐美”思想还相当普遍，家长也担心美军如打过鸭绿江，甚或切断了山海关，我们可别成为流落东北的“流亡学生”。因此，不少家庭给同学发来“家母病危”之类虚假电报或信函，劝说“弃学南归”。到底是往南走还是往北走，对于我们来说不只是个地理方向问题，而是包含着对共产党的信任度、对祖国前途的信心、对人生的责任等一系列原则问题。事实上，同学们都经受住了考验，坚毅地投入保家卫国的行列。

在校几年中我们对自己的选择是自豪的，我们常用苏联电影《顿巴斯矿工》主题歌中的一句歌词来鼓励自己，歌词说：“（采煤）是给人们带来温暖和光明（的职业）”。毕业分配时，同学们所填的志愿基本上都是去矿山生产第一线，去艰苦的地方，去边疆。我们大班共毕业了一百零几名同学，约43%的同学分配到矿山生产第一线，仅黑龙江省的鹤岗、鸡西、双鸭山三大矿务局就分去了18名。60年过去了，百余名同学中已有30%多的人作古了。他们没有愧对自己谱写的人生。我对从毕业分配到退休一直在矿山第一线工作的同学从内心里表达深深的敬意。用社会上流行的一句顺口溜说，他们对采煤事业是“献了青春献终生，献了终生献子孙”。他们在退休前大都是工程师或总工程师，付出的辛劳很多，承担的责任很重，但所得到的报酬甚低。不过他们赢得了人们的尊敬，获得劳动模范、人大代表等光荣称号，用自己的行动和贡献实践了人生的选择。

时代在变化，认知在提高，给人们带来温暖和光明的煤炭又存在着给人类带来灾难——环境污染——的另一面。人们需要它、依赖它，但又想远离它、摒弃它。世界正在向低碳时代迈进，这是世界性的又是世纪性的难题，需要一批批新人来解决，也会让一些人在人生道路上作出新的选择。用朴素的话来说，每一个人来到社会就要承担一些责任，愿为人们美好的生活作出努力，就是正确的人生。

（摘自《54煤通讯》第24期第2页、第26期第10页）

三、忆抚顺

徐同汶

“54 煤”和抚顺是不可分开的，我们都是在抚顺开始学习的。

1949 年，新成立的中华人民共和国亟须建设，东北不仅要技术、设备进关，而且人才也要进关。在这种背景下，我们怀着学好技术、报效祖国的心情，报考了抚顺矿专。学校组织大家参观了露天矿、龙凤矿、制油厂等。我们这些没见过工业的南方学生，大为振奋、激动。大家都觉得到工业化的东北来学习工业是走对了路。

抚顺矿山工业专门学校

学校让我们去露天矿劳动。当我登上巨大的 200B 挖掘机和亲自放炮时，觉得既新鲜又自豪。去老虎台矿下井，穿上新矿工服，戴上有矿灯的安全帽，同学们纷纷去照相留念，我也照了一张。

学校组织大家政治学习，自五四运动讲到共产主义，系统学习了政治。并写自传，交代历史。分小组讨论，我在“54 煤”乙班，同班有周有为、涂继正、蒋志和、程厚坤、俞国遗、许时等。

学校政治风气很浓，强调组织性、纪律性。我们就像考入军政大学一样，给我们革命熏陶。

学校条件差，伙食也不好，天天吃高粱米饭，半个月才打一次牙祭（有肉吃）。同学们意气风发，不怕艰苦，锻炼身体，以便适应以后的工作，也没听说哪位同学营养不良。

学校在永安台，被街道分为三部分，有电气机车通过。周围没有商店，所以还比较安静。

抚顺是一座工业化城市，白天街上人很少，下班后人才多。暑假我们就去浑河游泳，很有乐趣。当时校长是林干，他很想把学校办好。抚顺市委李书记来学校和大家聊天，当时的领导和我们学生十分亲近、融洽。

学校对我们采矿系学生提供无条件助学金，全包吃住，给发书、棉衣，还发30工薪分的零花钱。70万元东北币，折合人民币7元。我们如同参加革命队伍一样，得到组织的教育、爱护。

9月份开学了。由于有许多同学来自江南著名高中，有上海中学、苏州中学、杭州高中、中央大学附中……其基础较好，对教师的要求也高。我班换了化学老师为贾立德教授、物理老师为张立中教授等，只有俄语老师斯特罗干诺夫保留。至今还怀念他们，尤其是贾教授。

不久传来喜讯，成立东北工学院，抚顺矿专更名为东北工学院抚顺分院，并计划在瓢儿屯建新校舍。

冬天来了，大雪纷飞，遍地皆白，非常美丽，富有诗意。东北虽然冷，但同学们的心像火焰一样热。

正当我们努力学习之际，朝鲜战争爆发。学校又组织了爱国主义教育，并动员同学参军。全校同学都报了名，最后批准了20名同学参军，我们班有两位，按常规戴大红花，骑大马。大家热烈欢送，他们都加入了空军。我们还在操场后山坡挖了防空洞。

东北工学院抚顺分院欢送抗美援朝参军同学

（摘自《54煤通讯》第29期第43页）

四、在长春的大学生涯

王家琛

每个人都有他自认为一生中最宝贵的年代，我就认为青少年时期最令人珍视。这段时期最难忘的当然是学生生涯，而我们有幸在人生最美好的年华与那时颇有特色的长春城市历史相嵌。这成了我们班级最美妙的一段学习场景，令人长久不忘。

或许与长春经历解放战事有关，或许与当时抗美援朝战事有关，或许与我们到长春的季节有关。总之，1951年初，我们见到的长春是一片洁白且极其安静的大城市。这印象始终与我们相伴，在回忆中起了神奇的温馨的衬托作用，令人格外向往。而我们正好是在青少年的末期来到这里，待到1951年夏天，经历了专业与政治学习后，离开时已经是小青年了。我们在此告别了从小学、中学一直学过来的数理化，从此要博汲专业知识。我们在长春长大成人了。

青少年人爱玩，我属班上爱玩一族。在各个回忆片段中，玩仍属首选。寒假里整天打康乐球（克郎球），玩兴未减。所以开学后一下课，首先扑向球杆，先拿到手的四人分两组对打。噼啪几下子把两人淘汰出局，立即有等候的两人接上，短短十分钟可打好几局。有一次下课铃响，我们注目球杆的急相，老师似有所察觉。老师前脚刚迈出教室门，我们已冲到门后摸到了球杆。这时老师突然回头扫视我们，弄得大家面露窘相，深感惭愧。

过了不久，体育老师教我们打垒球的规则，又给了球和接球手套，于是玩兴又转到投球与接球上。这一来，课间的十分钟更紧张了。老师一出门，大家一哄而下，从四楼飞奔到大白楼一楼侧门外的操场上。站好位置，你投我接，很识相地又交给别的同学，跑到卫生间再急忙回教室，已是铃声紧跟了。

可别轻看了这个游戏，后来“54煤”出了一批出色的垒球运动员。先是在分院内取得冠军，1951年下半年到沈阳又是打遍全院无敌手。最后，沈阳市垒球队慕名来比赛。我第一次见到那紧身戴帽的垒球运动服，市队队员个个神采飞扬，灵巧、精准、有力。谁知，比赛结果是他们也败在我们班手下。我们的马克是天生的一垒手，左脚在垒右手接球，活动半径两米，任何角度来球只需右手轻扬，稳稳接住，似乎是一张八平方米（宽四乘高二）的天网，万无一失，且立即投球，向需要的各垒激射而去，有如导弹，使对手无法上垒。而哇哇高叫的捕手涂继正，纵观全局，判断准确，指挥及时，使个别垒上对手想回本垒难如登天。马柏龄铲垒动作如箭，三米外即飞身近乎贴地平铲，使对方有球亦难以防守。

功课中最耗时的实际上不是数理化而是俄语。天天早自习总是背生词，下午空课也是背生词。早操跑步沿斯大林大街绕纪念塔广场一周后，还未回教室就在广场边的人行道上背起生词来了。纪念塔上有一个飞机模型，环境比较开阔，路上几乎无行人。坐在人行道上背生词并无干扰，这一点现在长春市民大约已难以想象了。

早春的长春市天气还是很冷的，马路上积雪仍像沙子一样，被踏实了的雪则如坚冰。一天晚上，听说志愿军的一批伤员要来长春，由我们学生组成担架队到车站去接。我们早早去火车站站前广场上足足等了两个多小时火车才到。当时足底已冻得失去知觉，抬着担架走的时候，我实在弄不清楚，对已失去知觉的脚后跟是踩下去好还是不能踩下去。一会儿觉得，如果表皮血管都结了冰的话，踩下去是不是就会碎掉；一会儿觉得，踩踩它也许会快点恢复知觉。于是一会儿踮着脚走，一会儿踏着走，不知如何是好，一直走到八大处那边的医院里。

接下来，我们同学都给伤员献了血。学校也十分照顾同学的身体健康，给献血的同学开了一个月的营养伙食。同学们也开始注意到加强营养的重要性。正好长春鸡蛋十分便宜，二三十个鸡蛋只需东北币两万元，合当时的人民币两角。每日晚自习后，怀揣鸡蛋一枚（早放在课桌里），到回宿舍时路过的煎饼铺，请老板摊一煎饼（东北币两千元）。递去鸡蛋一枚，笃的一声，摊在饼上，挑起来又热又香，一边吃一边走回宿舍，心里感到今天营养够了，十分满足，十分充实，十分高兴，把加强营养的重任满怀信心地全部寄托在这煎饼里了。

从学生伙食上来看，长春比抚顺是明显改善了。一是吃大米的次数多了，主食大为改善。二是荤素菜品种多了，副食质量也提高了。三是不得不提的长春国营食堂，距大白楼也不远，偶尔可去解馋。最便宜的是大葱炒肉丝，菜名叫葱爆肉，两万元东北币；干炸里脊三万元；滑溜里脊四万元。滑溜里脊之所以要四万元，大概是因为在早春能吃到其中的西红柿很不易吧。寒假和春节一天两餐，不太习惯，去吃过几次。后来自己感冒发烧时去四院那边校医室看病回来，去吃过一盆葱爆肉。吃完回大白楼烧就退了。有点奇怪吧?

我们“54 煤”丁班就在大白楼顶层（顶楼是四层，后来照片上五层是以后加上去的）的拐角上，可以看到广场和对面的银行。那银行据说曾是国民党长春守将郑洞国的司令部。还能见到墙上被子弹打出来的一个个石块剥落的小坑。我有幸在丁班认识了几位做功课有特色的同学，如朱志祥、涂继正等，可以说“班上藏龙卧虎、奇才济济”。例如有一次上俄文课，课文是《伏尔加船夫曲》的歌词。老师斯特罗干诺夫忽然兴致所至，竟唱了起来，并叫同学们一起唱。这个歌调大家都熟悉，所以顿时室内歌声响起。忽然老师叫停，直指周志钦说，你是天生的男高音喉咙。并当即请周志钦独唱，老师以男低音和之。下课后周志钦说，他也是第一次感觉到这样唱不错。我们还有周有为的幽默、胡介元的篮球、郑马克马柏龄的垒球、钱鸣高的“高斯”。总之，在长春我们一起晨间跑步、课间小玩、体育课大玩、课外活动疯玩。在学习与体魄上一起成长，我们长进了。

终于，长长的冬天过完了，五月的长春最令人陶醉，空气是那么清新，阳光是那么和煦。五一节下午，我们几个同学一起沿斯大林大街往外走（火车站反方向），想一探长春市的边界。马路一直延伸出去，还是那么宽阔，却有好几个缓坡起伏。走了一个多小时，一路上未碰到几个行人。终于走到像郊区的地方了，路窄了，路边房屋稀落，见到了田野。看到远处有一片房子，不知谁说那就是东北（长春）电影制片厂。我们不想往前走了，大家尽兴而归。终于见到广阔的郊区了，这是一座多么明亮又多么安静的大城市啊！

我们在这里每日早起跑步，背俄文生词，贪玩，无忧无虑，认真听课，做作业，热心体育锻炼，晚自习后一起归寝，构成了一天天的学习生涯。在这里我们完成了大学的基础课程。有幸在这安静明亮的城市中安心学习，在学习与游玩中培养了同学情谊。这情谊又是那么明亮祥和，那么醇厚绵长，以至在六十年之后，每当想起在长春的学习，心中泛起的总是充满阳光的温馨和幸福感，深深地感到那半年的春天永留心中，那大学生涯真好！

后记：涂继正同学后被沈阳棒球队邀请参加市队的比赛，1952 年暑期好像为了赛事未能参加实习。待他回学校来，我们实习正好结束了。他创造了一个运动员的奇迹。

（摘自《54 煤通讯》第 24 期第 6 页）

五、文娱助学习　文娱增友谊

华安增

读到《回忆录》勾起了我对“54 煤”文娱活动的回忆。我们的特点是兴趣广泛，校内的话剧团、舞蹈队、合唱团中都有我们班的同学。大家永远不会忘记陈可清、魏荣华的新疆舞；耳边也不时响起陈昌曙、冯士安、吴朝鼐的歌声；何汉生的小提琴和他的音乐家风度，甚至使人怀疑他不是学工的；胡介元、祝熊庆、汪德安的舞步，当年风韵，今日犹存；马克埋没了几十年的绘画天才，今天才开始展现到建筑艺术中……这里值得书写的很多，但篇幅有限，只能写两件参与者最广泛的活动。

俄语联欢晚会

记得在 1951 年，我们“54 煤”乙班，为配合俄文学习，举行了一次俄语联欢晚会。在这个晚会上，从陈昌曙的班长致辞开始，到我的节目主持，以至各个演出节目，一律讲俄语、跳俄罗斯舞和乌克兰舞、唱俄文歌。对于这样别开生面的晚会，谁都想一试身手。从准备晚会开始，全班就掀起了俄文学习的高潮。晚会上，全体人员都是演员，同时也都是观众。一些从不跳舞的同学也踏着节拍跳了起来，不慎绊倒也兴高采烈。我们从此形成了一个俄语会话的环境。

与音乐系同学联欢

1953 年，“54 煤”和“54 矿”联合举办了一次与鲁迅艺术学院音乐系同学的联欢晚会。联欢会那天下午，我们就把客人请到了铁西。先请他们参观实验室。系领导积极支持，将实验室全部开放。由我们的同学向客人们介绍他们从未见过的矿山模型、五颜六色的矿物标本：“这是玛瑙”“这是绿宝石”……然后分别到各小组寝室进行座谈。他们人少，我们人多，大概一个小组只有 1~2 位客人。他们走进寝室时十分惊喜，主人们买了些糖果、花生，并且摆成“欢迎”字样或矿徽图案。

座谈中大家各自介绍了自己的专业，浸透着热爱专业、决心为之献身的热情。同时又非常好奇地询问对方的爱好，感情交流十分融洽。会餐的时间到了，虽然没有酒，但大家仍然用俄语合唱：“Выпьём и сновальнальём（干一杯，再干一杯）”。饭后我们在采矿馆阅览室举行舞会，舞会中穿插了音乐系同学的演出。原先我们也准备了一些节目，但由于他们的节目很多，演出又很主动，我们相形见绌，也就免了。

这次联欢之后，音乐系同学主动派代表来邀请我们到鲁艺做客。他们说，起初有些同学对于东工邀请他们联欢兴趣不大，“不就是要我们去演出吗？”但在参观和座谈过程中，东工采矿系同学对专业的热爱、对友谊的尊重，深深地感动了他们，因此一定要求我们做一次回访，也看看他们的音乐室、练声房，也领略一下文科同学的学习生活。我们当然欣然前往。通过联欢和回访，我们两校的同学建立了深厚的友谊。此情此景，直至今日仍历历在目。

东北工学院长春分院的舞蹈队

（摘自《54煤通讯》第6期第21页）

六、互帮互学　携手并进

王家琛

我们“54煤”同学能全部按时按质完成学校布置的学习任务，与我们在学习过程中经常互帮互学有关。针对大家感兴趣的问题，由某个同学来介绍学习心得，不仅解决了学习中的难题，还增加了同学之间的情谊。这种携手并进的精神已成为“54煤”的精神财富，至今回忆起来仍令人激动不已。

四年中，同学间互帮互学的事例不胜枚举，兹列本人印象较深者追述一二。

1952年冬天，“机械零件及设计原理”课程将近结束，本课习题中有关零件受力分析及类似于材料力学的零件设计计算，比以往的习题范围大，有点小型设计题的意味。特别是其中的试算逼近方法与过去一次得出明确答案的格式不同，令同学感到陌生，做题时费了很多时间。针对这种情况，课代表朱敏同学在宿舍二楼的活动室里，向大家介绍了解题方法，以一颗螺钉的设计为例，讲解了如何按书中意思分几个较规范的步骤来解习题，使大家得益颇多。我至今仍认为，正是由于这种累进的学习锻炼，我们才能保质保量完成以后的课程设计和毕业设计。

1953年冬天，“矿山力学”课程临近结束。在复习过程中，大家对尤浪切克公式的表达形式感到十分陌生，大约也有几个未知数是要试算的。为了帮助大家克服困难，徐小荷同学作了专题讲解，介绍了他对这一公式的认识。我记得是在宿舍楼的一个房间里讲的，同学们站满了整个房间，用了半个晚自习的时间才讲完，他还解答了同学提出的问题。讲授该课的聂能光老师也在场旁听，连声夸奖：“徐小荷同学学得深，讲得好！”

1953年初，俄语课代表王友佳同学提醒大家多读点俄文书。我想，辛辛苦苦学了近五个学期的俄语，该是收效的时候，该去应用了。这时班上有部分同学已能看俄文专业书刊，其余大部分同学已掌握了基本的语法，只要多记一些专业生词，也可以阅读俄文书了。

应同学们的要求，在宿舍二楼走廊里，王泳嘉同学向大家介绍一种循环记忆法。他首先讲述循环记忆法的原理，对大脑的多次短刺激要比一次性的长刺激更有效。他举例说，例如你在室内坐着，有个陌生人进来找人，坐等一个小时之后走了，过几天你可能记不清这个来人的模样了。而如果这个陌生人进门问你一下之后走了，过两三分钟又进门问你一下走了，再过几分钟又进来问你一下。就这样与你打了四五次照面，虽然见面总时间还不到三分钟，但你却更能记住这个陌生人的模样。他说的这番话，我至今记忆犹新。接着，他介绍具体的操作方法：用小纸条做成生词卡，钉成一叠，每次记3个生词，逐次累进，如此去头加尾，循环复进。以36个生词为一小组，108个生词为一中组，324个生词为一大组，以每小时记完一中组的频率复习下去，弄得好一天可记300个生词。我觉得言之有理，当即制作生词卡，边看专业书边记生词。我找了近600个生词，再请叶蜚宾等同学帮忙，把注释写在生词卡的背面，钉成六本，循环背诵，三天后就记完了。1953年寒假是我学俄文的收获季节，我终于能和大部分同学一样，看起俄文杂志和专业书了。

在1952年上半年，基础课和专业基础课的习题越来越多，许多计算都要用到计算尺。学校早已发给我们的那种铝制计算尺，大家也用得相当熟练了，对其中L尺已无师自通，但对LL尺却因没有说明书而不会用。班上请涂继正同学先看完说明书再给大家介绍一下用法。也是在宿舍二楼活动室的门外，涂继正同学边说边拉，讲得简洁明了，使我们听了就会使用。我感觉自己又掌握了一个计算工具，对小数字的各种带小数点的指数和开方都可以从尺上拉出来了。这使我不仅加快了做习题的速度，而且在后来完成研究生的一连串指数参数的整理中受益匪浅。参加工作后，我还无意中发现，带有这类计算的问题别人之所以要我来做，原来就因为我会用LL尺。居然从没有人问过我LL尺怎么用，可见同事之间问一个不懂的问题启齿之难。

毕业后在工作中，我虽然也曾与同事研讨过问题，但总觉得讨论得较为肤浅，难以深入。不像当年同学之间，在学习上相互切磋，不懂就问，知无不言，有一种定要把问题弄清楚的钻研精神。我体会到只有在同学之间才有这种推心置腹的讨论，令人感到同学情谊之可贵。

在学校后山开小组会

1995年1月20日

（摘自《54煤通讯》第7期第13页）

七、“54 煤”是东工的“体育大班”

俞国遗

德智体全面发展是那时对新中国大学生的衡量标准，“54 煤”就是走这样的道路才被评为东工的模范班。本文就体育方面来回顾一下我们“54 煤”的成长过程。

在抚顺、长春，由于受到条件的限制，我们班的体育锻炼处于初级阶段。1951 年回到沈阳后，我们锻炼身体逐步走向自觉和有组织地进行，并向高级阶段过渡。运动场上有人就必有“54 煤”的同学，自觉的程度简直达到了自动化，班上很多同学都成为院代表，有的还当上了队长。我至今还保存着一张非常珍贵的照片，照片上全院共 17 名队长，其中我班就占了 6 名，有郑马克、吴锦甫、费寿林、胡又珠、朱新和、俞国遗。至于院代表就更多了，现在记得的有涂继正、董云龙、丁伯坤、胡介元、曹广贤、汤士尧、程厉生、陈惠芬、李高祺等，还有一些记不清了，董云龙、丁伯坤还是沈阳市代表。

1951 年，东北工学院体育代表队队长会议后合影

“54 煤”同学代表铁西参加运动会

我们班的特点：一是体育锻炼的目的明确，这已经成为每个同学的自觉行动；二是锻炼项目比较全面，田径、球类、体操、游泳、滑冰等大家都感兴趣；三是在普及的基础上提高成绩，院代表人数要占到全班人数的百分之十几，这在全院其他班级中是少见的。因此，我认为“54 煤”是东工的“体育大班”，这是当之无愧的。

1954 年，“54 煤”同学参加校运动会

东北工学院篮球校队，胡介元是队员

俞国遗、华安增、汤士尧（自左至右）在铁西东工院内锻炼

我自幼身体虚弱，年轻时只知道瞎玩，不晓得怎样锻炼，但有一点认识是清楚的，体育锻炼是强身的基础，更是今后参加革命工作的本钱。我对什么运

动都感兴趣，自从1951年参加院技巧队后，训练科学化了，并逐步形成了习惯，特别是在沈阳的三年中，哪怕学习再忙，每天清晨锻炼及下午至少一小时的课外锻炼是必不可少的，这样的习惯一直保持到参加工作后数年。这全要归功于“体育大班”的熏陶，以及同学们之间的相互关心和帮助。如果下雨、下雪，不能去运动场，我们也要在宿舍走廊上锻炼，做体操、练倒立。如果有一天不锻炼，全身都会痒痒。有一年全班有几十个同学从夏天开始，每天清晨坚持冷水淋浴，直到整个冬天。那年冬天我就没有生病。我四年寒暑假均未回家，都在学校中度过，虽然放假，仍要每日锻炼。记得有一年暑假参加院内组织的短期体育训练班，训练短跑。夏日炎炎，大家头顶着太阳，都很高兴地在操场上晒，练起跑，学习正确姿势，目的是得到进步。经过四年平时的锻炼、院代表队的培养、培训班的提高，我的身体逐步强壮，为我能度过若干年的艰苦工作条件，并能活到今天还基本保持着身体健康打下了坚实的基础。从这个意义上讲，我要感谢“54煤”“体育大班”的培养。

我是班上年龄最小的弟弟，在院系的正确领导下，在全班大哥哥、大姐姐们团结奋进的帮助下，我在学习上取得了进步，体质有了提高。现在一回忆起在东工的1500多个日日夜夜，无忧无虑，感到非常愉快，真想再去体验一回。可惜在今年毕业四十周年之际，我都退休了，“体育大班”只能是美好和愉快的思念。

愿“54煤”“体育大班”精神长存。

（摘自《54煤同学回忆录》第20页）

八、共同庆祝国庆的日子

王家琛

在学院学习的时候，领导讲话时最喜欢说我们是新中国的第一代大学生，我们也为此感到自豪。我们是在新中国成立后仅半年就到东工求学的，在学院度过了共和国的一、二、三、四周年的四个国庆节，因此我们有幸共同参与了共和国最初的四个生日庆典。

1950 年 10 月 1 日，我们在抚顺庆祝共和国一周年国庆，大家十分兴奋，却又不知道在抚顺如何过节。后来得知是全市人民一起过，会场就设在火车站广场。

抚顺市区面积很小，各单位的职工、各学校的师生不多。不过车站广场的面积也不大，所以参加庆祝大会的人还是把会场挤满了。我班的队伍就在广场最南边的店铺门前。记得我们采矿系有个腰鼓队，队员基本上由我们这个年级的学生组成，杨荣新是击钹打点的指挥。采矿系就跟着腰鼓队走，腰鼓的节奏感挺强，其优点是无论队伍是走是停，它都可以进行表演，所以一路走去都很热闹。

去车站集合时，行走路线是从矿务局门口经过，直到车站广场。庆祝大会结束后，游行队伍走一条斜向东南的大街，到团市委门前向东到游泳池，再向南直达第三宿舍转到学校大门。队伍回到学校大门口时，也没听到有人说解散。只见领队的人走进去了，大家意识到游行到此结束，也就自动解散，三个小时的庆典及游行就完成了。

1951 年，二周年国庆节我是在沈阳度过的。沈阳不比抚顺，沈阳市区太大，参加集会的人很多，党政军单位、工商企业、部队人员，以及工人、农民、学生，那是好几万人哪！一周年国庆节时，各路队伍在十字路口互相阻塞、无法通行。今年总结经验，传下话来，要我们学院的队伍在凌晨 2 时离校，去市府广场集合。于是，晚上 9 时半熄灯，凌晨 1 时起床，穿衣吃饭，既嬉闹喧哗又迷迷糊糊，排好队就跟着出发了。东北秋天的夜里是很冷的，我们几乎把能穿的衣服都穿在身上，一路上走走停停、互相阻塞的情况时有发生。黑夜里，但见各路队伍匆匆走过，然后轮到我们前进，终于在早晨 6 时前进入市府广场。不久天也逐渐亮了，才看清这广场很大，前后左右看出去都是人，也还有队伍不断开进来，大家就等着开会了。这两个小时的等候也是很吃力的，难免有人要去方便，只见人来人往，但整个队伍依旧十分整齐。

庆祝大会开始，东北人民政府领导人讲话，讲话完毕后是检阅，所有广场上的人都要通过检阅台再去游行。先是检阅部队，海陆空三军人数很多，衣着鲜明，步伐整齐，声音嘹亮，十分威武雄壮。我们是第一次现场见到这一壮观场面。接着是党政军人员、工人、农民，最后才是学生。等我们走过检阅台时，已快到中午 12 时了。游行路线极长，走过的街道几乎都是我们还未到过的地方，因而颇有新鲜感。在太阳照射下，我们走得浑身冒汗，只好把衣服一件件脱下来，拿在手里游行。到下午 2 时才回到铁西校园内。从出发到结束，整整 12 个小时。

1952 年国庆，三年过渡时期的任务已胜利完成，即将迎接第一个五年计划，理当举行大规模的庆祝游行。学院给各系分派了制作海陆空大型模型的任务，采矿系与另一个系合作制作一艘很大的主力舰模型。临到 9 月 29 日下午系里才把车制炮管的任务下达到班里，也记不清是谁通知的，只记得叫汤士尧和我晚饭后去院内小机厂待命，学生会的人说得很简单，要车制约 60 厘米长的炮管 28 根，另外还有短小的炮管若干。材料就是地上这堆小方木，用刀去掉四角就是八棱，再修一修就可夹在车床上车了。车刀是像凿子一样的半圆扁刀。他交代了规格尺寸，说明天早上要云云，就走了。

这任务叫汤士尧做是游刃有余，叫我做似乎有些难度。我对此的认识仅是小时候看到过车木店里用脚踩着车圆木，觉得挺好玩的。于是两人一起先劈木头，也报废了一些，3 个多小时下来完成了 30 来根。又一起车制，我手劲大，进刀深些，利于粗加工，索性一口气先把木头车圆了，然后再按尺寸精加工。到凌晨两三点钟，我坐下歇一会儿就睡着了，猛一惊醒，天将破晓，见汤士尧已车完最后一根炮管。

国庆节那天在市府广场集合，天亮以后，终于看到我们学院制作的飞机、坦克、主力舰的大模型。模型全都漆得很漂亮，炮管是黑色的，十分威武。游行时这些模型受到了观众的称赞。

1953 年，我国的经济建设有了很大的发展，新建大工业企业相继投产，抗美援朝战争捷报频传，在大好的形势下迎来了共和国的第四个生日。因为每年劳动节和国庆节都有集会游行，积累了经验，集合更加有序，规模也小一些，所以我们就不必半夜起来上街，而中午也就回到校园了。

转眼 40 多年过去了，我们都已老了，但青年时代绚丽多彩的生活化成了美好的记忆。正因为有了这些共同的记忆，我们同学至今仍然维系在一起。然否？

1996 年 4 月 9 日

（摘自《54 煤通讯》第 9 期第 17 页）

九、记一次暑期旅游

王家琛

1953 年夏，系里为了丰富同学们的暑期生活，举办了一次规模很大的暑期旅游活动。活动地点是北京和大连，学生任选其一，时间为半个月。来回路费只收单程一次，伙食费由学校代转，借住学生宿舍不收费。

我当时不假思索就选择去北京，我班大多数同学亦如此。8 月 5 日，每人带了点简单行李，就从沈阳动身了。到北京后，立即有人领我们到东四附近铁狮子胡同内的中国人民大学城内分部。该校舍好像是利用了一座很大的老式祠堂建筑，虽都是平房，但布局却十分规整，有正殿、有后厅、有厢房、有长廊。其新建部分就是用席棚隔成的露天淋浴间。在一个较大的房间里，放有很多折叠床。我们按组组合，找好床位，放下行李，挂上蚊帐，就把住的事解决了。之后领我们去看了食堂，换了餐券，把吃的事也解决了。接下来是休息，自由活动，说是从第二天起有集体旅游活动。

我们的第一个反应就是立即去看天安门。我们打听了一下交通情况，得知出门就是环城有轨电车，南边有个胡同，穿出去就是王府井大街。环城指的是由四条街围成的一个矩形，其四条边的中点分别是天安门、北海后门、东四和西四。大家一起先到天安门广场。当时广场还未扩大，长安街也未拓宽，除北京饭店为四层楼房之外，沿路均系低矮平房，但天安门确实高大壮观，雄踞于一切建筑之上，再加上金水桥、华表、石狮等建筑，的确能反映出历史上帝王统领天下的威严。面对这古代建筑艺术，我们感到十分景仰与自豪。

晚饭桌上，已绕城一周的同学们谈起了各种新鲜见闻，如东北的“借光”换成了北京的“劳驾”，到处是名称奇怪的胡同，一大片一大片的平房等。我是循原路步行，从王府井大街穿金鱼胡同，经过和平宾馆回到东四的。那赫赫有名的八层宾馆是 1952 年为迎接世界和平大会在京召开而用 84 天时间建起来的，在当时的北京已经是鹤立鸡群，是最高的建筑了。而名声很大的东安市场只不过是一群歪斜的小平房，且其杂乱程度能使人产生如入迷津之感。

接下来就开始游览北京的名胜古迹。真是大长了见识，大开了眼界，一次又一次地觉得兴奋与惊奇，并且一再对先人的建筑才能钦佩得五体投地。譬如天坛公园内的圜丘，都以九为基数，拼砌得丝毫不差，令人惊羡。回音壁的传音、北海的布局、颐和园的长廊等，无一不让人叹为观止。记得在昆明湖划船，划到湖中心时，马克一声号召，我们有三五个同学跳入水中游泳。正在兴高采烈时，被管理人员驾小船喝令回到了船上。回宿舍后给在校的华安增写信报告游泳情况，华回信说："你们游泳时被管理人员捞回船上。"这个"捞"字用得很有趣。

1953 年，北京之游，在天安门广场

晚上洗过澡后，大家就在宿舍里交谈见闻、发表感想，海阔天空地谈。边谈边吃西红柿，2 分钱一斤，当水果吃非常实惠。有一次，涂继正一下子买回一大盆，只花一角钱，说是买到便宜的，叫大家吃了个痛快。后来到 70 年代，我在北京仍能看到市场上有 1~2 角钱一堆的西红柿卖，自然就会想起当年这一面盆"水果"。

旅游的后一阶段是去几所大学参观，到过有名的清华、北大和中央民族学院。这里的大学不像东工校园那样开阔与宏伟，却也如小桥流水似的宁静与儒雅，各有特色。我们在中央民族学院还与少数民族的同学一起联欢，在中国人民大学校内有两个晚上观看了他们为我们演出的节目，也有系里为他们表演的节目。相比之下，总的感觉是他们比东工的同学更活跃些。有两个节目我至今还记得：一个是京剧《将相和》；一个是女声二重唱《牧羊姑娘》。后一个节目对我影响很大，我至今一直偏爱各种多重合唱。如此这般，每天都沉浸在游玩的欢乐中，半个月很快就过去了。

1953 年，北京之游，在北海公园

8 月 20 日晚上 8 点钟，中国人民大学的同学将我们送上大客车。挥手告别时一再祝我们一路顺风，谁知不顺风的事却不知不觉地临近了。我们刚上火车就迷迷糊糊地听到车外不停地下着雨，第二天天亮车到锦州时天已经晴了。这时有人突然叫大家下车，说是前方铁路被水冲毁，火车不开了。下车时我们的头脑还不大清醒，以为下车活动活动也好，不料这一下车就滞留了整整 10 天。

1953年，北京之游，在中央民族学院与少数民族同学合影

在锦州的10天，可把我们的兴致从沸点一下子降到了冰点。幸好集体安排，借住在一所小学校里。我班男同学分到一个教室，每四张桌子拼成一张床，把自带蚊帐挂上，铺上被单就可以睡了。只是此时东北的夜晚已过于凉快，上下只一条被单是不够的，只得把衣服也都穿上，就这样每晚仍冷得缩成一团。而白天只有去市内图书馆打发时间。伙食由学生会与火车站的职工食堂联系搭伙。总之，这10天是在盼望和等待中度过的。

车站对学生还是十分照顾的。第10天当火车能开时，我们都上了第一车。但火车并不是直接到沈阳，而是经阜新进入内蒙古通辽，再北上到白城，东向长春、吉林，南下梅河口，经抚顺城回到沈阳，绕了一个半径约200公里的大圆圈。第一个晚上我们还在座位上睡，第二个晚上就撑不住了，不管三七二十一，钻到座位下面席地而卧。迷糊中只觉得不断有尘土从椅缝中落到脸上，想了好久才想起找一张纸把脸盖上，总之人是疲倦极了。第三天早上车到沈阳站，已是9月2日，开学了。初游北京，见到的还是老北京城，新建筑很少，西四牌楼等还未拆掉，印象极深，故难以忘怀。而被困锦州十日，事后也颇觉另有一种闲情逸致。北京在1959年十大建筑完成后，城市面貌有了变化，天安门广场也更雄壮了。而这以后的建设更是突飞猛进，日新月异。现在要说北京的特点是一大片平房加上名称古怪的胡同，就实在对不上号了。

“54煤”固然有紧张的学习生活，也有这种旅游生活。可以说，这四年生活得既充实又多彩，有拼搏也有休闲。我们的学生时代是值得回忆的。

1996 年 9 月 12 日于合肥

（摘自《54 煤通讯》第 10 期第 16 页）

十、走上工作岗位的前一天

王家琛

在毕业已近 40 年的今天，我回想工作时的经历，其中不乏很有些特色的日子。但在校的最后一天留下的一丝惆怅，却让我至今依旧记忆清晰如昨。

1954 年夏天，我们共同有过一段没日没夜做毕业设计的日子，似乎还有两句工作语言：一是设计的一般部分要严格按大纲的要求去完成；二是设计的专题部分没有深度和广度的限制，唯一的限制是时间。据说时间对于写论文的学生来说，犹如约会对于恋爱中的青年人那样，可以说是“时光飞逝”。接着就是按部就班的毕业设计答辩，捏着一把汗走上讲台，说着自己也不知怎样说才算好的话。待我走下讲台，忽然间觉得学习生活到此结束。作息时间表中，学习这个主心骨内容被抹去了，简直有点不知所措。接下来是 7 月 27 日宣布毕业去向，28 日买票，29 日各自起程。

1954 年 7 月 29 日早上，和之前四年中任何一个早上一样，同学们从各自的宿舍里出来，盥洗完毕，只是以收拾行李代替了早操。这依旧是一个十分有效、十分整齐的集体活动。收拾好后，我们坐上车子一起去火车站。到了火车站，我们一批批分开的时候，虽感到有些异样，但思想上仍未意识到这就是告别，也未意识到这是一个生活历程的结束和另一个生活历程的开始，我们已经匆匆地走上难以预卜的人生道路了。

直至 11 点钟我一个人回校，也还未觉察到这个告别所引起的变化。令我吃惊的是，当我回到宿舍走廊的时候，突然觉得好像到了一个陌生的地方，可这明明是我们的宿舍呀！后来才想到，原来是环境中一个大的因素改变了。这是一种声音的变化，原先由 100 多人发出的各种声音混合而成的熟悉的组合音，消失了。彻底安静下来，静得过了头。我感到几年来一直延续到当天早上的那种情景不复存在了，一种真正的人去楼空的感觉充满脑际，一种捉摸不定的茫然感代替了熟悉的定式。前后不过三四个小时，而境况全变了，这就是分别。我一个人坐在寂静无声的房间里发呆，不知如何是好。我感到十分空虚、十分陌生、十分孤单、十分惆怅。我想听到走廊里同学的脚步声，然而没有。食堂里也是冷冷清清的，我就餐时只碰到周国咏一个人，他也刚从车站回来。

午饭后又回来了几名同学。系里要求我们把各个房间清理一下。显然这房间要迎接新的同学。我们几个人把各房间里的杂物，诸如废纸、旧书、破衣、被单、枕头、鞋子等，通通堆到一个房间里，足足堆了有 1 米高。之后我们找来一位收破烂的，被他狠狠杀价，以 13 元成交。这 13 元钱就是第一、二期《54 煤通讯》的主要资本。记得我们买了一筒蜡纸、一块钢板、一支铁笔，就花掉 11 元多。而保存了三年之久的那筒蜡纸实际只用去三四张，其余九十几张就扔掉了。这也算是《54 煤通讯》的第一个文史资料。

7 月 29 日晚上，我接到任务去辽源矿务局接隋老师的班，带“55 煤”的生产实习，与胡又珠、周志钦、叶蜚宾、黄绍明等同学一起坐夜车去辽源。随着北去的车轮，我带着别离的惆怅，接手陌生的工作，极其疲乏地告别了这难忘的一天。

毕业前夕，“54 煤”同学在校内合影

（摘自《54 煤通讯》第 3 期第 19 页）

第十二章 献身矿业

一、争取用一年时间完成党和人民的委托

徐小荷

党和人民交给我重要而又艰巨的任务——当矿山企业建筑研究生，这也是我最大的光荣。

本专业的学生已经是二年级了，可是教研组还是空空的，仅贾竹堂老师一人而已。矿井筹备处的同志一定为此着急，这个迫切的任务要由我们来担当了。

新加入矿建研究班的有我及四矿的刘清荣。至此我班学采煤出身的仅二人。老的研究生在过去一年中做了俄文、微分方程、采矿方法及马列主义基础等准备，我们补一些其他课程。据说，专家不久就要来院。我们感到有些紧张，其他课程尚可逐步补起，就是俄文有些迫不及待。这也是我最感困难的。

困难摆在面前，它考验培养了四年的我，是否已经具备克服困难的意志和能力。我要以最大的勇气来迎接及战胜它。因为这是社会的需要。我将会得到各方面的支持而将困难克服。老研究生在方法上和业务上给了我真诚的帮助。“54 煤”的集体生活使我懂得了党的事业和过渡时期的任务：独立工作、循序渐进，紧张的规律生活已成了我的习惯。这两方面的取得与发展是战胜困难的保证。

争取用一年时间完成党和人民的委托！

（摘自《54 煤通讯》第 1 期第 4 页）

二、来信集锦

抚顺龙凤煤矿 吴朝鼐 1954 年 7 月 29 日

到抚顺的第一个感觉是责任重大。赵工程师要我留在龙凤矿上。有三个工作可做：走向长壁试点、瓦斯、生产地质。其他工程师也非常欢迎我。

赵工程师说："立场子试点，要在最困难的场子内搞，这样推广就方便了。"人最好都是新的，没受到型掌子影响的人。过去都以为首先要突破薄弱环节再加以推广，这次反而要先突破困难环节。

这些都说明自己身上担子的沉重，我一刻没忘记在我身上还担负着亲爱的母校的校誉，代表着我们班来到这里。同时我又是党亲手培养出来的技术人员。责任是重大的，也有信心，同时感到有必要用新的方式来工作、学习、待人和生活。

阜新煤矿学校 程伯良、王培基 1954 年 7 月 31 日

我们两个到了阜新煤校，虽说还有两天，已听到了几次"程老师""王老师"的称呼，我们懂得称呼里包含着很高的要求，真正要为人师表了。我们借了几本有关教师修养和威信的论著，开始钻研起来。今天校长又送来一摞教学工作的总结，这就开始我们的业务了。

北京矿业学院 钱鸣高 1954 年 7 月 30 日、1954 年 8 月 6 日

上午，我们领了学院红底白字的教职工院徽，当时的心情你们是能够理解的，它意味着新生活的开始。学校的照顾使我们敏锐地感到我们已不是学生了，使我们深深感到责任与委托。

大学的教师们！今天轮到你们把知识去教给别人了，再也不会有严格的学习制度或课堂练习来督促了。因此，不断地在工作中、在系统的学习中提高自己，这已成为目前迫切的任务。

北京地质学院 胡福欧、俞国遗 1954 年 8 月 2 日

我们到学校报到后，马上就收到了院徽。这院徽不是普通的，而是红的，

是人民教师的。在我们内心中有着说不出的愉快，我想你们也会有这种感觉。同学变为老师是多么大的转变啊！我们马上就被编进了教研室——机械教研室掘进组。

董云龙和宋西陀二人由地质部转到了北京地质学院。

淮南煤专　张知本　1954 年 8 月 3 日

我们离别了四年来一起成长的东工，尤其是在我们这个班中，革命的友谊是最深厚的。和我们祖国过去所取得的伟大胜利，而今天和今后在社会主义和共产主义建设事业中将获得的伟大成就一样，我们的友谊亦将日益发展和巩固，不断地鼓励我们创造出丰功伟绩来。

像马露霞一样，我们也要把生活给予我们的幸福加倍地还诸生活。

我热爱我的终身职业——教育工作，我一定尽我的力量来满足工作对我的要求，不辜负党和人民给我的重大责任和信任。

淮南煤专　何祖荣　1954 年 8 月 3 日

我们学校目前的情况和 1950 年东工当时的情况一样，是在迅速发展着。

的确，如郝主任所说的那样，这里的老师们都说我们做了毕业设计，是专家，又是“54 煤”，所以必定不差。其实，自问如何？要做一个名副其实为人师表的教师，今后还需要不断努力，虚心地向别人学习，依靠组织的帮助呢。

鹤岗东山矿　屈钧　1954 年 8 月 5 日

我们九个人都被分配到斜井去了。一开始听到这样分配的时候，我的思想突然波动了一下。但立刻我就认识到，个人主义思想实在是太危险了！我和汤士尧被分配在东山。我们对东山还比较熟悉，但它和以前两样了。我深深感到祖国发展的迅速，我的思想意识远远没有跟上。当团支部书记问我是否加入组织的时候，我简直一句话也说不出来。我的心情怎样？你们是知道的。我很后悔为什么以前不努力。局长责成坑口负责同志把我们这些人放到大场子（是水砂充填、金属网、木板假顶等）去当班长，这样让我们能够在短短的半年见习期中既能领导工人，学会行政工作，又能理论与实践结合，以保证在竖井移交生产后能真正地掌握某些工作。

鹤岗东山矿 汤士尧 1954 年 8 月 5 日

我们来到鹤岗之后，心情是非常愉快的。屈钧在东山二坑，我在三坑。我们都很愉快地服从了组织分配，兴奋地走上工作岗位。我像一个新工人一样，领到了工作服、帽子以及矿灯等，职工签到簿上也有了我的名字，因此从昨天开始我感觉到了肩上的责任。现在自己感到已经真正走上了劳动生活，真正做了生活的主人，我已是一个平凡而有趣的采煤工作者了。工作中是有困难，如怎样团结工人、怎样开展工作之类的问题，但只要自己主观努力，困难是能够克服的。我们的见习期是六个月，来到鹤岗的小伙子们都有信心提前转正，以满足组织对我们的要求。因此，脚踏实地，抓紧时间，在实际工作中提高自己是头等重要的。

北京矿业学院 华安增 1954 年 8 月 6 日

我们学了一些教学工作的文件，感到大有钻研的必要。我们对它是生疏的，但它本身却是丰富而困难，大概遇到丰富及困难时便会有兴趣了。我们面临的任务是困难的，必须同时完成教学工作和科学研究……苏联专家说，按中国人口该办 60 个矿业学院（苏联有 20 多个）。其余 58 个专业学院还得我们分出去！我们这儿有一名助教说得很深刻："我可以做一个全国有名的工程师，可毕竟只一个。而教师则能培养几十个几百个。"那么就让我们来完成这些任务吧。……本院只有八个助教做过论文，今年没有本科毕业生，"54 煤"的工作经验的小册子已经发到这儿。因为东北比较先进，所以别人也对我们十分重视。而当别人重视和关心你的时候，你就要更加自觉，就更要对自己严格，生活就不像总是有同志在管你那样安心。

鹤岗南山矿 阎保昌 1954 年 8 月 22 日

介元工作很好，代理了几天班长，给工友贯彻计划，差不多是钻进工作里去了。工友们对陈可清同志的吃苦耐劳精神十分称赞，坑口负责同志限制她每天下坑不能多于 6 小时。我现在是大掌子的值班技术员，每天下坑学习各种操作。一到井下就很像到了战斗岗位，没事就混在他们堆里干。工友对我们的印象都很好，因为我们下到哪里就在哪里干，并且很虚心。我们遵守各种制度与纪律，绝没有大学生特殊的想法。

鸡西穆棱矿　邵润荪　1954 年 8 月 22 日

我现在被分配在鸡西穆棱矿第二号井。穆棱矿在去年才为鸡西矿务局所接收，以前由中国长春铁路经营。穆棱矿在技术条件上比较落后，至今仍在使用手打眼、人力搬运、马拉车等原始生产方式。但接手后的一年中，这里的面貌在剧烈地变化着，上述落后方式是遗留下来的残迹。刚来时人地生疏，工作也没插上手，比较难受和不快。离开学校，似乎有些孤寂之感，但这过程很短，几天便过去了。我又投入集体，开始新的、从未经受过的劳动生活。我现在是以见习技术员的名义参加工作。穆棱矿还没有来过大学生，所以我来这儿，矿上同志们都感到很高兴，这样就更增强了自己的责任感。我时刻记着郝主任的话，坚决彻底放下大学生的架子，虚心向周围人学习。二十天来我交了不少新朋友，大家很快就熟悉了，并且相处得很好。

义棠煤矿筹备处　倪永义　1954 年 8 月 4 日

对于组织的分配，我能经得起考验，因为我的心里深处，想的不是生活艰苦困难，而是祖国对我的信任。现在我被分配到地质勘察科工作，目前做助理保管员。我非常愉快地做这项工作，下决心老老实实做好祖国交给我的第一个职务。

如何真正地做好工作呢？我在这方面信心很足，相信坚决依靠党和群众，在自己的努力之下是不会有太大问题的。党多年教导下的我，必能克服困难做好工作。

此处非常重视我这个来到本矿的第一个大学生。我的好坏会直接影响矿上对大学生的看法。因此，我在各方面严格要求自己，多从集体利益上考虑。

西安矿中央竖井　周志钦　1954 年 8 月 4 日

前天，我们参观了竖井工地，我感到非常兴奋和激动。近乎 1 平方公里的土地上，一片敲打声，地面的布置、井架绞车房、联合大楼……地下也是如此，煤仓、水仓等洞室也在紧张地施工。如果说建设鞍山的人们是幸福的，那么做一个中央竖井的工作人员也是不相上下的。

西安矿中央竖井　叶蜚宾　1954 年 8 月 31 日

我们生活得很有意思。

我们现在的身份是见习技术员，以工人身份实习，以技术员身份观察和研究问题。但是我们亦不放过做老师的机会。我们承担了给筹备主任讲课的任务。

我们是：未来中央竖井——中国顿巴斯式矿井的“开国元勋”、骨干、基层干部，新型大学毕业生，“54 煤”的一员。

相信我们会不辜负这些光荣的称号。

西安矿中央竖井　胡又珠　1954 年 8 月 22 日

来到竖井后，我学习技术设计。一星期后，我来到富国三坑见习（工人身份），主要学习架棚子。这下子有些操作本事了。

现在，我实习的掌子是施玉海小组的，非常好，让你不愿意离开它，我有时就那样不愿上坑。在离开“54 煤”时也有这种心情，现在也是这样。

我们青年人，看到别人对你热情，就会全身激动起来。这里的人们对你很好，也都是发自内心的。但刚到这里时，感觉好像有我们和没有我们都一样，拿我们的话来讲是“冷冰冰的”。这使我产生了矛盾心理，就像处在门外似的难受，没有家里的感觉。但几个星期以来，他们并不是我们所想象那样的冷冰冰，而是热情的，是发自内心欢迎我们的。当我们一回到筹备处，多少双眼睛看我们，问我们“好不好”。所以我们不应该为一些表面的东西而气馁。

峰峰矿　邹寿平　1954 年 8 月 4 日

8 月 1 日我到了峰峰矿。矿区范围很大，北大峪、和村是一百四十一个矿区项目中的两项。我现在被分配在局里技术科工作。

这个矿正在发展中，一批工人来支援这里的生产，但同时也存在着不少问题，如：还比较混乱，对工科工友的政治思想教育不够，推广机械化还刚开始等。这些都是建设过程中的问题。我已做了思想准备，不是等待，而是去迎接困难。支部和班对我的希望，我一定会记住的。任何时候也不忘记它！

和村有两个特长：有炼焦煤，有丰富的水果。我需要这些就够了。

这里没有电影院，有一个剧场。新华书店有一些技术书，一般要求是够了。

这里，我很喜欢花圃，有很香的月季花。矿务局的葡萄棚很多，这里还有南方的青竹。

本溪彩屯竖井　李鸿昌、丁冠英、董云清、刘锦忠　1954年8月6日

接受国家庄严的委托和伟大的信任，我们四人在7月29日到达了工作地。我们已到这里学习了。在竖井移交生产后即在竖井工作。

领导给我们拟了一个全面的学习计划，并请工程师作指导。现在我们兴致勃勃地学习着。

焦作矿39号井　魏荣华　1954年8月7日

我们刚来时，职务是实习生，一面下坑，一面给工人、干部上技术保安课，给干部上俄文课。

焦作的一切，无论是生活还是街道、建筑风格，既不像南方，又不像东北。所以一下火车就感到生疏，但是一到39号井的工地，我立刻感到熟悉而亲切。走进工地，我就观察着新安好的井架，井架的样子就同煤杂志封面上的一模一样。

淄博矿　裴永年　1954年8月7日

今天我刚知道被分配到生产技术科，就接到一项任务，即一掌子的革新技术计划要我作出来。到矿上几天，我深深感到实际知识的重要性。没有它就寸步难行，就要到处犯错误。

工作岗位上任何一项措施的施行，都关系到祖国人民的千亿财富，关系到人民的宝贵生命。任何措施都要对人民负责。我深切地感到知识的缺乏和责任

的重大，越发感到自己要努力学习了。

大同煤矿　洪忠达、于成斌　1954年8月8日

现在我们感到困难的是工作无从下手。局里给我们6个月见习期，现在已经过去了8天，连煤层走向、煤田大小都不知道。真担心，过6个月怎么提转正报告呢？我们想，只有结合工作来适当地照顾见习工作，做好分配给自己的工作，有机会下生产的矿井去实习一下，充实实际知识。

鹤岗兴山矿　王友佳　1954年8月8日

我们七个都是非常高兴和激动的，工作的劲头都不小，热爱自己工作岗位的心理都是一致的。

周道二本来很想到水砂充填场子，但是后来被分派到兴山二坑（没有水砂充填），因而他有些不高兴。可是他很快就认识清楚了，因而积极性是同样高涨的。

我大约在这星期三开始从事技术员工作，负责一个大场子的技术问题。这对于我来说真具挑战性，只有虚心学习，才能做好工作。

学校里的环境容易使一个知识分子进步。但是在现场，只有真正具备了一定的进步自觉性，现场的条件才是一个锻炼的好机会。能考验自己是否自觉、主观是否明确、是否能克服困难。

开滦煤矿　赵继忠　1954年8月8日

到达唐山后的十几天里，碰过钉子，但碰到了更多的令人兴奋的事情。遇到过困难，但获得了更多的帮助。整体来说，是出乎预料的顺利，出乎预料的好。

领导对我们十分爱护，十分体贴。分配工作前召开了座谈会，管理处主任和处长给了我们很多宝贵的指示，对我们寄予很大的期望，勉励我们要虚心、勇敢、钻研，也特别强调了要注意关系和谐。

我觉得唯一的不足是自己努力得还不够，进步太慢。祖国到处都美好，祖国对我们这些青年人体贴入微。我热爱祖国，热爱唐山，热爱开滦。

鸡西恒山矿　涂继正　1954年8月9日

首先我要感谢你们热情的欢送。我虽然没有能够参加我们全班同学彼此离别的那个难忘的场面，但是你们在8月5日的这一举动，却弥补了这个损失，而且给我留下了深刻难忘的印象。我将时常用你们的话，作为检查和督促自己的力量。

我现在被分配到恒山矿工程师办公室工作，我已经正式走上工作岗位了。但是由于这几天工作变动不定，还没有来得及整顿一下自己的思想情绪，所以只能在以后发表我的感慨吧。

国家计委　施能为　1954年8月9日

我们这儿政治空气较浓厚。在首长们、老干部、老党员的作风感染教育下，深深感到自己实在锻炼得太差了！这儿的工作人员党员比重大，绝大部分是老干部。与他们接触的机会很多，对于我们工作上、学习上、思想上提高有很大的帮助。

潞安煤矿筹备处　何汉生　1954年8月13日

8月2日，离开了陌生而又熟悉的首都，在火车上第一次感到是一个人了，好像突然寂寞起来。睡了一觉，第二天上午经过石家庄来到邯郸。公路被清流河切断了，不能通车。就这样，我们一天又一天地等待着！今天是我到邯郸的第十一天了！可怜的天晴不了，两天就要下回雨。

还好，给我找到一个钻探队长，是个年轻小伙子，东北人，刚从东北调来不久。他成了我旅途中第一个伴侣和朋友。

要知道山西省的煤占全国的50%，而潞安的煤又是最好的炼焦煤。这里将成为新的工业中心。

长春　朱新和　1954年8月14日

我在8月10日到长春市立医院进行了复查，基本上病已经好转。为了更进一步不使以后旧病复发，根据大夫指示，继续在休养所休养。

我以团员称号鼓舞自己，很好地和病魔作斗争，培养自己的意志，望能早日参加祖国建设。

燃料工业部　七个小伙一个姑娘　1954 年 8 月 15 日

工作还在发展阶段，有时候我们什么都要做。机关工作中技术和行政工作是分不开的。这里对我们的要求都很高，因为我们是全国煤矿的司令部，是领导机关。而在政治思想上、政策水平上，也是要求更高的。因为一字之差，就会影响到全国。所以细小的工作也有不平凡的意义。

我们要学习宪法、联共党史，还有党课，所有的学习都是比较系统而深入的。条件很好，只要我们自己主观努力就行。每星期还有工会和党团活动，除此之外还有业务学习和俄文学习。

虽然我们天天坐办公室，但我们和各矿都息息相通。每看到一个矿的情况时，就会想起那里也有我们的小伙伴在呢。

双鸭山　郑义生

离别 4 个月，竖井工地已使你难以认识了。井架已高高耸起来了，空地上已盖起了较东山竖井短 8 米的联合大楼，大批机械设备都堆在临时仓库里，到处是交错的小铁道和自翻车，人们总是在匆忙地行走……一句话，这幅图画是够使你兴奋的，写一篇出色的通讯的材料是具备的。

见了筹备处主任，他照例地说对我们寄予很大的期望。但是不同于“照例”的是，听了情况以后，每个人都会感到自己肩上的责任重大，觉得有那么多事情必须去做。使你督促自己，使你不敢偷懒。

筹备工作的特点之一是事情太多，千头万绪。但是，如果你不主动去找它们，便会闲得无事可做，吃饭等睡觉、睡觉等吃饭。

我们住的是席棚，远差于一般的板房。你们不是看见过北门口的席棚吗？就跟它差不多，甚至还要差些。因为我们的“服务月限”过短，四周和屋顶都是席子围成的，用木板搭成炕，床底下还长着各种草……实在说在某些地方，它比专馆和二宿舍还强的，至少空气是非常流通的，你即使不开窗，也会闻到那草儿的芳香。不过，这种住房，对于我们来说，每个人都感到十分（不打折扣）的满意。因为我们意识中根本没有想到会有这样好。

西安矿中央竖井　丁伯坤　1954年8月31日

28日晚，16位小伙子和姑娘们夹道欢送，使我忘却了我们是在离别。我仅是从一个家去了另一个家，没有感到任何寂寞。同学们的热情使我增添了无限力量。

半年没见到西安矿，面貌又改变了。新的工人宿舍还在修筑，中央竖井的井架已经耸入云霄。我的心已经飞向你巍然庞大的建筑。亲爱的伙伴们将要在那里贡献出自己的劳动，为祖国的工业化早日实现努力奋斗。

我喜欢西安矿，我是志愿来西安矿的，请你们放心吧。我已回到了自己的家，亲爱的同志们，一切均好，平安抵达。谢谢你们的关心！

大同煤校　卞树中　1954年8月5日

我在探煤专业任教，下学期就要开课。学校现在还处于混乱的状况。摆在我面前的是一个艰巨的任务。我正考虑如何与矿业学院、交大的同学一起发挥作用，如何取得党的坚强领导。这个任务对我是一个严峻的考验，我有信心克服困难，改进工作。

国家计委　陈惠芬　1954年8月6日

我所做的工作是生产和消费煤的平衡，即具体分配。一般以统计表格、公文为主，但数字内必须有明确的技术概念……“既然祖国需要，为什么要让困难的给别人做呢？有什么理由要挑肥拣瘦呢？”四年所学的80%（不夸大）要没有用处，不是浪费了吗？但反过来想，祖国组织分配，难道也希望浪费吗？这是过渡时期的困难。

相信我，我会慢慢熟悉起来，情绪是安定和愉快的，这点上你们不用担忧。虽然80%学的都丢了，虽然以后遇到的是算盘、计算机、表格、公文，但我要爱这些伴儿，要培养起一个战士对他心爱的枪一样的感情。

西安煤校　吴锦甫　1954 年 8 月 6 日

西安煤校，它的任务是培养西北区的煤矿中等技术干部。

学校刚成立，学生只有 98 名，教师只有 7 名（其中懂得煤矿技术的只有一位上了年纪的老工程师）……学校在五年计划内要培养 1500~1800 名学生，明年要开设机电及探煤两个专业。同时我们的学校还担负着培养新疆兄弟民族技术干部的责任。

我们两人（我与蒋宝书）是今年第一批分配来的新教师，而且是探煤专业。领导对我们很重视，说我们是学院毕业的，说我们学得也很好。我们却有些坐立不安，我和蒋宝书都做了一两次教不好书的噩梦。

找到了副校长，我和蒋宝书表明了我们的决心。首先我们表示将安心我们的工作，如果组织上不调动，我们就一辈子在这个学校内，当一名中等技术学校的教员。同时我们将无条件地接受组织上交给我们的工作，并尽最大努力来完成它，并表示我们将紧紧地依靠党和接近党。

包头煤矿筹备处　胡人同　1954 年 8 月 8 日

本处现在的主要任务是按地质资料准备明年开始基本建设。我来了之后被分配在地质勘探资料科。我还得先学会骑马，因为它是这儿的主要交通工具，很有意思的。我想也许会从马上滚下来，你们看见了一定会笑我的，是吗？

摆在眼前的困难很多。任务重、业务不熟悉，但是困难不会压倒我。因为党、群众在支持着我。我并不是一个人在工作。虽然来这里仅有几天，但是组织上和同志们都很关心我，使我很快就与大家熟识了。现在才知道离校以前的那种过惯学校集体生活害怕一个人生活的幼稚想法的可笑。

燃料工业部　周有为　1954 年 8 月 15 日

我是被分配来搞基本建设工作的。旧有的知识，一部分需要搁置起来，而新的知识强迫自己努力地去学习。其中最困难的是对全国煤矿建设情况不了解，而且实际经验特别是施工工作经验大大缺乏。虽然困难是有一些的，但是决心和信心也是足够的。只要有一颗为人民服务的心，一切事情都是好办的。共产党员不是生来就会革命的，问题在于共产党员是有心人，他们有的是为人民服务的心。现在不懂就要钻进去，半年、一年也就会熟悉起来。

离开了学校，离开了你们，真是离开了家一样。老实说和过去不一样！真舍不得离开你们。但是不管怎样，我们的心仍然联结在一起。我们不过是由一个小型的集体扩大为全国人民的大集体而已。我们仍然在一起工作、学习和进步。

（摘自《54 煤通讯》第 1 期第 4 页）

三、在鹤岗的一个月里

郑雨天

我在鹤岗带领学生实习的一个月中，同我们分配在鹤岗祖国边疆矿山的 8 个小伙子和姑娘们生活在一起。我亲眼看到他们是怎样迎接祖国交给他们的工作任务，是怎样进入他们所生疏的团体当中去，是怎样开始了他们的新生活的。他们 8 个人生动的形象深刻地刻画在我的脑海中，他们的感情时刻感染着我，使我现在，在离开他们已经将近 10 天的今天，提起笔来仍然像看见了他们一样。这种感情也促使我不得不在我们这个创刊号中写几句话。

亲爱的同学们、朋友们，要我完完全全地描写他们 8 个人是不可能的，甚至描写一个人的一天也是不可能的。内容真是丰富极了，这里我仅把记忆最深的两件事情提一下。

有一天下午，我到南山教育科去联系工作，碰到在那里工作了 10 多天的胡介元。从他的话语和表情上看到好像有什么重大事情就要发生一样。过了一会儿，在他们的坑口干部大会上，宣布了要他和其他技术员开始下坑去跟班，要他们担负起实际的生产工作，要他负责制定生产计划，保证工程质量……会后他问我："能行吗？可以吗？"我立刻回答："能行，一定能行。"是的，看到他那兴奋但却表现得相当冷静的表情，听到他那样虚心和激动的询问，我不能不迅速地给予这样肯定的答复。不仅是他，在兴山的王友佳刚到三坑还不足一个星期，就叫他做该场子的专职技术员，以后又叫他负责做该场子的作业规程设计。当他们刚参加到工作中的时候，领导就给予他们极大的信任，给予他们重要的责任。我亲眼看到他们就这样慎重而兴奋地迎接了祖国交给他们的第一个任务。他们看到了困难，但他们更想到工作的需要，想到分别前学校和同学们对他们的期望。我想，他们会迅速地克服前进中的困难，他们定会成功的。

临别的前一天晚上，我搬到王友佳、周道二和王行住的一个临时小房间里去住。大概是晚上 10 点多了，外面已经下了好几个钟头的大雨。鹤岗的道路是多泥的，那时道路已经泥泞得几乎不能走路了，可是远在兴山四坑工作的王行还没有回来。正在为他担心的时候房门开了，满脸煤粉、满身湿淋淋的王行走了进来。周道二把他叫作“鬼”。是的，真是有点吓人，立刻引起大家哄堂大笑。王行也笑得合不拢嘴。饭厅快要停卖了，王行顾不得洗脸和换衣服就很快跑去吃饭了。第二天早晨听他们说，去吃饭的路上，他滑跌了一跤，搞得满身是泥，但是又找不到水洗，结果连食堂吃饭的同志也大声地责备他。他在向我们叙述的时候，脸上带着微笑。这是天真的骄傲的微笑，让我们笑得肚子都痛了。亲爱的朋友们，这难道仅仅是值得大笑的吗？不！我们内心想到的就是我们的王行不怕吃苦、不怕困难的表现。这种不以工作所带来的生活和肉体上的痛苦为苦，反以为乐的人，才能钻进工作中去，不断地提高。不仅是他，我们去鹤岗的几个小伙子每一个都是如此。为了工作不论是白天还是黑夜，无论是工作日还是星期日，他们都工作着，下到他们所喜爱的矿坑中去。

讴歌为社会主义工业化而辛勤劳动的人们的任务，交给我们的文艺工作吧！我所写的这些，只是为了表达我兴奋的心情，是为了告诉我亲爱的朋友们，在鹤岗的 8 位同学没有辜负学校这四年多的培养，没有辜负“模范班”一员的称号，没有辜负同学们的期望。我知道，这种勇敢而虚心的精神、这种不怕艰辛的作风，是党多年培养的结果，是在我们集体中成长的。我知道，我们分配到祖国各个角落、各种工作岗位上的同学们，也都是以同样的姿态在工作着。我深信，继续着这种精神和作风，并紧紧抓住实际工作中很好的锻炼机会，我们全班同学会迅速地提高，会不辜负学校在送别我们时对我们的希望。我们的事业会因为这一批新生力量而更加迅速地发展。

（摘自《54 煤通讯》第 1 期第 14 页）

四、祖国的勘探事业是我们终生的事业！——地质实习片段

俞国遗　宋西陀

我们——北京地质学院的所有伙伴，于1月8日—2月1日，在湖南桃林及广西泗顶厂二处进行勘探实习。这对于我们来说是具有重要意义的一件大事。这次实习是在本教研室苏联专家的指导下进行的。下面谈谈实习的情况。

首先我们到达湖南桃林 ×× 勘探队，那里的钻探机密布满山。当我们到达后，大家说“我们到家了”。这说明大家已开始对勘探事业有了热爱。在桃林实习实际操作，目标定为钻井、爬山、地质参观等。我们的先辈在七八十年前，就在桃林矿进行开采了。那里的岩石 $f=8$，但是先辈们能创造出各种凿岩爆破方法进行开采，这对于我们是一次深刻的爱国主义教育。

在桃林实习完后就直奔广西泗顶厂，它位于柳州北。那里是很好的喀斯特地形。我们实习以硐探为主，其他和在桃林一样，不多谈了。

我们感到，祖国的勘探事业是我们终生的事业，正像春天的竹笋一样，蓬勃地发展着，为我们将终身献给她——祖国的年轻的勘探事业——增添了无限力量。

下面再谈一些学习专家的体会：专家这次来是领导我们实习的，他的领导方法是非常值得学习的。他经常检查我们的实习情况，给予具体的指导。每天要抽查实习日记。他很相信群众，他认为必须重视群众提供出来的资料，许多人的脑瓜总比一人要强得多。专家每天工作12小时以上。专家的知识是非常广博的，思想水平相当高，我们要好好地向他学习。

本学期任务相当紧张，我们四人全搞掘进，还要助课，搞课程设计。老胡、老董均要讲课。

最后，希望各位不要忘了地质学院的小伙子。

（摘自《54煤通讯》第1期第21页）

五、我的工作

倪永义

住在山沟，到处是山，买东西可真困难。住的是窑洞，吃饭几乎在露天，天气可真冷……但是这些对于一个新中国大学生来说又能算作什么？任何一种苦我都不怕。最为担心的是，我目前还不能参加到火热的社会主义事业中去。我只有全力抓紧我所能遇到的一切工作，如总结工作、科内一些零星工作、教员工作等。此外把我的全力放在学习上，真正在各方面严格要求自己，在任何地方都发挥一个大学生、一个青年团员所应起的作用。我和所有老技术员团结得很好。大家互相关心，虚心学习。他们都亲切地叫我小倪，这使我感到温暖，建立起集体主义的感情。我不与别人比较，不幻想，而是老老实实地根据自己的具体情况提出如何办，再按此做下去。我们组织了本科的篮球队，且在国庆节的篮球赛中获得亚军。我们又参加了国庆节晚会上小合唱的演出。最近我考虑了入党问题，准备第一次提交入党申请书。我第一次担任了团小组长，负责组织联共党史学习和时事学习。因为我的政治水平差，所以完成这些工作有很大困难。但当我想到祖国的社会主义事业，想起母校，想到我亲爱的同志们，我就有了勇气。我会努力同困难作斗争，并通过困难的考验获得提高。

（摘自《54 煤通讯》第 1 期第 29 页）

六、回忆两件事（其一）

李桂馨

我过早地离开了优秀的集体“54 煤”，于 1953 年末就投入了我所热爱的煤矿工作。我工作的矿井是阜新矿务局高德八坑，其设计能力为年产 30 万吨。通过两年的学习，到 1955 年末，我已初步掌握了采煤技术工作。

1955 年初夏的一个晴朗的日子，在高德八坑技术组，我意外地见到了钱鸣高同学。我惊喜地问他：“你怎么到这里来了？”他回答说：“我怎么不能来呢？我在北京矿院，搞一个课题，到这里研究巷道地压问题。高德八坑是特厚煤层水砂充填的巷道布置，有很多巷道地压数据需要调查研究。”接着又说：

"我不麻烦你，你只要把我领到整修班那里去就行了。"就这样，老钱人未沾凳子，连白开水也未喝一口，就离开了技术组。

在整修班的小土屋里，我把老钱介绍给头发斑白的整修班班长魏洪林。老钱说要看一下巷道维修记录，魏班长很尴尬地说："我们什么记录也没有，只有每天出工维修的原始传票。不过，大的维修工程都在我脑子里，什么时间、什么地点、架棚子数量，我心中都有一个谱。"当时我就说："魏班长，钱鸣高是我的老同学，你就将脑子里的东西统统搬出来。他问啥，需要啥，你就毫无保留地告诉他。"钱鸣高笑着对我说："李桂馨，你先回去吧。你那里事挺忙的，在这里不牵缠你。"未及寒暄，没能叙叙别后之情，我就傻乎乎地回到了技术组。

尔后我真未过问他的生活和工作情况，每天只见他身穿蓝色作业服在井上井下忙碌着。偶尔在井下七路运输大巷遇到他几次。他单独一人，手拿小钢尺与小本子，量呀记呀。他从来也不闲聊，总是默默无言地工作着。这期间，他仅有几次到技术组来，向我了解井下工作面的开采时间、落煤方式、推进速度及各个工作面与运输大巷的法线距离等。

几个月过去了，钱鸣高以坚强的毅力、过人的才智、艰苦的劳动，换来了上千个数据，得到了开采特厚煤层主要运输大巷布置在煤层中受到采动压力影响的诸因素。这时我服了，一个人孤军作战，人地两生，短时间内取得如此切实的成果，不知要熬过多少个不眠之夜！

当时生产实际情况也是这样，煤层和各生产环节都有潜力，采用顿巴斯I型康拜因落煤，水砂充填与割煤平行作业，源源煤流却不能及时运出，就是因为巷道急剧变形，水平运输能力受到限制。经钱鸣高的指导，我们积极地改善巷道布置，将运输大巷重新布置在开采煤层的底板薄煤层里，收到了良好的效果。1956年以后，高德八坑就能超设计能力生产了。

今天，钱鸣高同学在教学和科研方面取得了巨大的成就，这不是偶然的，这是他几十年艰苦奋斗的结果。旧事重提，正说明了这点。他为全班争了光，我们感谢他。

（摘自《54煤通讯》第10期第18页）

七、一封迟到的信——胡人同夫人王静芝的首次来信

王静芝

《54 煤通讯》北京组的同学们，你们好！我是胡人同的家属。这封信本不该我来写，但我又不能不写，原因是看到一期又一期《54 煤通讯》篇篇感人至深的文章，有的催人泪下，有的激人向上，从中感到同学情谊是任何情感所不能替代的。胡人同是内向的人，平时不善交谈、不善表达，又因 2001 年以来一直生病无法动笔，近来尤甚。他以前神志清醒时有过写稿子的想法，也委托过我动笔。我想借此机会，对他在内蒙古 50 年来的生活情况做一简述，并表达几十年来对同学的思念之情。

内蒙古 50 年

胡人同于 1954 年秋毕业于东北工学院“54 煤”。当时由于自己的家庭出身，也由于自己强烈要到最艰苦的地方去，接受对世界观的改造并严格地磨炼自己，就到了这个“兔子不拉屎”的地方。来到内蒙古自治区包头市石拐矿区一干就是 28 年，直至 1983 年元月才正式调到内蒙古煤炭工业局（今内蒙古煤矿安全监察局）。

说起来，他考取东北工学院也有与同学们不一样之处。他原是浙江省立宁波高级工业职业学校的毕业生，待分配之际，只是听了他长兄的话，让他再读几年书，多学些文化知识技术才能，就报考了东北工学院。

毕业后经再三要求到最艰苦的地方去，就被分配到内蒙古来了。他当时怀着一颗赤诚火热的心投入祖国大西北的开发建设。可当时的情况真是白手起家，先是无房可住，住的是帐篷。交通工具就更有意思，从工程处到筹备处有事要办，遇上去市里拉材料的卡车，那就是最好的了。尽管在车上让西北的风沙吹成“土猴”，但它毕竟是快呀。要遇不上卡车，那就是常被年轻人称为“矿区吉普”的小毛驴来代步了（真是苦中作乐呀）。

头一年的冬天，胡人同就是穿着东北工学院发的棉衣（很薄）在零下三十六七摄氏度的气温下度过的。后来筹备处领导看他们几个年轻人要到野外去干活，内蒙古风沙又大，就那种衣服怎么能抵御严寒？就发给他们一件毛朝里的皮大衣和一双大头棉鞋。这才顺利度过寒冷的冬季。

他们那时吃水也是靠小毛驴车或牛车拉水供应。至于说生活必需品就只有一个供销社，一间十几平方米的屋子里面一个“7”字形的柜台（不足三尺），墙上各种货架，里面包罗万象，什么针头线脑、胭脂粉、烟酒糖茶、花椒大料、布匹鞋袜、纸张笔墨等，都在其中，真可谓生活资料大全。另有一间储蓄所、一间邮电所，最主要的一个部门是粮油供应站。还有老乡临时设摊出售蔬菜，常年就是山药（我们称土豆）、疙瘩白（卷心菜、牛心菜，只是更大一些，一颗有 20 多斤重）、芋头（苤蓝）、胡萝卜。要说维生素也算够了，就是口味显得单调一些。后来外地人来得多了，蔬菜品种也有所增加，如菠菜、水萝卜、豆角之类，我们对此很满意。

说起我们这儿的自然环境，没来过的人真想象不到。山上不长树不长草，平时干旱，一遇雨天或本地不下雨上游下雨，山洪就会暴发，一点都不玄，解放牌大卡车在河槽里翻跟头，半吨一吨重的石头转眼就搬家。1958 年，一场大洪水将当年日本人在矿区建的铁路桥桥墩、桥体都冲垮了，包头矿务局（原筹备处）在河槽建的职工宿舍像多米诺骨牌一样依次被推倒。当时一对刚结婚的电影放映员不知深浅爬到屋顶去躲水，哪知一个洪峰过来连屋带人都被推跑了。人们在山坡上眼看着所发生的一切，却无能为力，无法营救，因此人们管此地叫“穷山恶水”。

胡人同的工作是很辛苦的：每天与工人一起下井，一起采煤，了解每班每日的生产进度、安全情况等；有时工作需要一天下两次井，有的工作面及巷道 45°角，很难走且走得很长。所以几十年来腿脚倒是练出来了。他这个人工作还特认真，认死理，所以容易得罪人。他分管采煤更重视安全，有时因生产进度与安全隐患发生矛盾就和领导顶牛，领导们既烦他又怕他。他深知安全生产的重要性，稍有事故隐患他都要求停产处理，不处理妥当绝不继续生产。他经常强调的是，煤矿安全规程是多少采矿工人用鲜血和生命换来的，是血的教训，执行安全规程决不能打折扣，这个原则谁也不能违反。

在生活上，老胡是非常简单的。他是南方人爱吃大米，可我们这儿常年买不到大米，有时过年才按人头供应 2 斤。你要照顾他给他多吃点是办不到的，一定要跟大家一样。那时他的定量是 42 斤，困难时期每月节省下来 10 余斤接济我的弟妹们，使他们在成长过程中没有营养不良。

他在矿上住，而家在机关本部，不能每天回家，十天半个月回来一次，带上预先在家给他晾好的干面条，用布袋盛上。他自己在矿上放点油盐煮干面条吃，偶尔放点葱花小虾皮，那简直就是奢侈了。至于说到穿，那更是不能再简朴的了。矿上发的劳动布工作服、几年一双的翻毛大头鞋，从冬至夏均是这种着装，一穿就是 30 年。至今他也不肯穿西装，最多就是夹克衫、休闲装。

现在条件好了，环境也有所改变。特别是 1983 年以后从矿区迁至内蒙古自治区首府呼和浩特市，孩子们逐渐长大各自成家，工资也涨了，生活条件得到改善。退休后我们参加了老年大学的学习，学书法、学绘画，虽无成就，但我们用这些有意义的活动打发退休后的时间，觉得很值。本打算还参加电脑学习，由于老胡的身体状况，这一愿望未能实现。

胡人同身体一直很好，可不知为什么 2001 年夏秋之际，发现有放射性胸痛。经医院检查是冠心病，住院 10 余天渐好。2003 年 3 月开始发高烧、咳嗽，经查为肺部感染，经骨穿进一步检查说是 MDS（骨髓增生异常综合征），后发展成浆细胞白血病。家人在他面前都有说有笑，鼓励他战胜病魔，他也没有思想负担。医生已两次下病危通知书，现仍发烧、昏迷、大小便失禁，饮食为流食。目前就靠输血（5~10 天一次）维持。由于长期缺血，脑供血不足，缺氧，神志不清，思维混乱，更不能写字。早在还能说话时，他就委托我写个情况给《54 煤通讯》寄去，并有他自己篆刻的一枚印章。虽经努力，但终因手无力而有“东北”二字未能完成。现在的“东北”二字是由外行的亲戚补刻的，虽然刻得不好，但总归是胡人同的一片心意，留给大家作个纪念吧。

“54 煤”同学 50 年北京聚会我们不能参加了。在此预祝同学们玩得愉快，身心安康，万事如意。

2004 年 3 月 1 日

王静芝代笔

（摘自《54 煤通讯》第 19 期第 25 页）

八、今天的姑娘们

罗茜

1949年新中国诞生了，东北的恢复建设在轰轰烈烈地进行。这时东北还担负着支援解放全国的任务，一切都缺，而最缺的就是建设人才。

1949年8月1日，中共中央东北局、东北行政委员会发布了《关于整顿高等教育的决定》，决定在东北全境重新建立14所高等学校，其中一所就是以原东北大学工学院和长春大学工学院为基础成立的沈阳工学院。校址设在沈阳市铁西区原奉天工业大学校址。1950年4月8日，东北人民政府工业部决定将鞍山工业专门学校、抚顺矿山工业专门学校和沈阳工学院合组成东北工业大学。当时到上海招生，招生介绍有化工系、电机系、机械系、建筑系、土木系、采矿系、水利系等，最后在江南包括上海、南京、扬州、苏州等城市的中学招了几百名应届高中毕业生。

1950年4月初，我们这批被新型工业大学从江南高中（少量大学生）招来的200多人到了抚顺。到校后学生按系分开，组织政治学习，一边学习一边就相互认识和熟悉了。正在政治学习时，忽然发生了一声巨响。大家都非常惊讶、害怕，完全不知道发生了什么事情。过后才知道是抚顺煤矿冒顶了。什么是“冒顶”？怎么会发生？死人了吗？大家似乎都不明白、不清楚，也没有人详细说明。

没过几天学校开大会，记得是校长作报告，说国家现在正在恢复建设，急需各种技术人才，最缺乏的是采矿技术人才，所以号召大家学采矿，使国家迅速有一批采矿工程师，发展国家的采矿工业。国家建设急需，我们不就是为国家需要而远离父母到东北来的吗？既然急需的是采矿，那就学采矿，解决国家急需吧。没有多少犹豫转采矿系吧。

这是我们这批同学最初的、大致的、基本的想法。但是，冷静下来，一系列问题要考虑啊：首要的、最最基本的是安全。刚刚发生冒顶，是偶然还是经常？艰苦，无疑是艰苦，而且是终身啊。弱小的身体能吃得消吗？父母能同意吗？能放心吗？众多同学在进行着激烈的思想斗争。国家急需采矿工程师，女生行吗？男女都一样嘛。既然有女司机、女拖拉机手、女飞行员、女战士，为什么就不能有女采矿工程师呢？

经过政治学习的再三动员，机械系、电机系、建筑系、冶金系、化工系、地质系、水利系等，许多同学纷纷报名。很快，竟然有200余人投身采矿系。女生也有十几名。

我们这18名巾帼是：林韵梅、李高祺、胡又珠、宋琳、冯士安、赵长白、陈可清、龚琪玲、陈惠芬、马逸吟、王伟琦、张平娟、李耀娟、吕碧湖、何娟姿、魏荣华、王煦华、罗茜。

采矿系迁回沈阳后就开始分专业分班，专业是自己选择报名，结果这18名姑娘的专业分配是：

采矿系采煤专业：林韵梅、李高祺、胡又珠、宋琳、冯士安、陈可清、龚琪玲、陈惠芬、张平娟、魏荣华；

采矿专业：李耀娟、王煦华、马逸吟、杜兢中（1952年从哈尔滨工业大学矿山系转并过来）；

选矿专业：何娟姿、罗茜；

选煤专业：赵长白；

吕碧湖、王伟琦支援电机系。

四年以后，我们中国就将有第一批女采矿工程师啦！

1956年，苏联教授来到东北工学院。令他们惊奇的是，采矿系有那么多女学生，而且个个都准备成为中国第一批女采矿工程师，准备终身从事采矿事业。苏联教授是既惊讶又佩服。

60多年过去了，活泼美丽的姑娘们都干得怎么样呀？都去哪里了？

1954年，“采54”全体女同学在东北工学院铁西教学楼前

"采 54"戊班部分女同学

（前排左起：何娟姿、林韵梅、宋琳；后排左起：李高祺、胡又珠、陈可清、魏荣华）

（一）矿井通风专家李高祺

个人生平详见本书第五篇《永恒星光》，第 284 页。

（二）东北大学第一位女博士生导师林韵梅

个人生平详见本书第五篇《永恒星光》，第 310 页。

（三）文武双全的采矿工程师王煦华

王煦华，1930 年 11 月 2 日出生于辽宁锦州。1954 年 5 月毕业于东北工学院采矿系采矿专业，被分配到北京有色冶金设计研究总院采矿科工作。1989 年退休，整整工作了 35 年。其中前 15 年主要从事矿山开采设计和矿山开采标准设计工作，参与设计的矿山有：通化铜矿、云南锡业公司规划、白银厂高硫矿床开采、金川二期工程、红旗岭镍矿等，以及做了一些业务建设工作。

工作的后 20 年一直从事冶金科技刊物《有色矿山》的编辑工作和翻译国外矿山科技资料。多次参加国内各单位情报交流会议，编辑工作曾多次受到表扬。

（四）离不开热爱的煤矿的“两口之家”陈可清

个人生平详见本书第五篇《永恒星光》，第 302 页。

（五）勇敢探索的探矿地质学家冯士安

个人生平详见本书第五篇《永恒星光》，第 276 页。

（六）矿工的好朋友和好老师胡又珠

个人生平详见本书第五篇《永恒星光》，第 321 页。

（七）冻土专家宋琳

个人生平详见本书第五篇《永恒星光》，第 294 页。

（八）优秀的煤矿设计工程师陈惠芬

个人生平详见本书第五篇《永恒星光》，第 307 页。

（九）坚强的、专攻煤矿瓦斯的魏荣华

个人生平详见本书第五篇《永恒星光》，第 352 页。

（十）选矿教授罗茜

由于国家急需选矿人才，所以刚分完专业就通知“54 选矿”要提前一年毕业，于是我们就变成“53 选”了。1953 年选矿和选煤班毕业，我留校了。

1954 年，苏联的选矿专家来华。教育部经过调查，认为中南矿冶学院选矿教研室的水平比东北工学院高，决定请苏联专家到中南。我也成为去中南随苏联专家学习的进修生，并在中南矿冶学院随苏联专家学习两年。

1956 年 5 月，我们在长沙人民会堂听了共青团中央书记胡耀邦的报告，都被他热情、激动的讲话鼓舞。青年是全国向科学进军的主力军，我们马上就可以向科学猛冲了。随后，我接到学校来信，要我回校任系秘书。回校后知道，我们选矿专业已经不属于采矿系了，学校成立了有色冶金系，这是包括选矿、有色金属加工、重金属冶炼、轻金属冶炼、稀有金属冶炼 5 个专业的大系，系里设教学、科研、学生、行政各方面一位秘书，还有一位教学管理员。

5 个专业的教学秘书，从基础课到专业课教学，专职都很紧张，而我还要开课、做科研呀！又被选为系团支部书记，我这个刚刚回来的小助教就身兼数职了。

1959 年，几所学校开始组织编写教科书。《重力选矿》一书由中南矿冶学院主编，东北工学院、昆明工学院等学校参编。我就又到长沙参加编写工作。由于有苏联教授科罗里可夫的讲义和我们自己近年来的教学体会，编写工作比较顺利。1959 年 12 月基本完成后，我又立即到抚顺选煤厂收集有关选煤的资料补充到我们新编的书中。在 1959 年底我们就完成了《重力选矿》一书的编写，由冶金工业出版社出版。

1960 年 1 月初，我生下了一个女儿，迎来了困难时期。女儿出生后几天我父亲就患脑中风了，而教研室让我和梁洪老师去东鞍山攻克超声波破碎矿石的难关。我要回家看望我父亲，此时父亲的病情略有好转，教研室又派不出其他人，我就和梁老师去东鞍山日日夜夜地拿着高压气的大管子破碎矿石。当然没有成功，我们还不死心。而就在这个时候我父亲去世了，令我抱憾终生。

1976 年唐山发生了震惊全球的大地震，河北矿冶学院受灾非常严重。我和陈昌曙反复考虑，决定支援唐山。支唐一年帮助河北矿院培养了两个年级（“74 选”的学生在地震中死亡了一半，“75 选”学生完整）。他们非常希望我留下，我思想斗争激烈，其原因是舍不得已经准备试验的选矿离心机。

我在 1976 年支唐前已经和沈阳矿山机械厂共同研制了离心选矿机，并且准备试验，它是我的“心头肉”，几十年的夙愿终于实现了。回校后，经过教研室老师和沈阳矿山机械厂工程师以及选矿厂工程技术人员的共同努力，1600 mm×800 mm 大型离心选矿机在鞍山弓长岭选矿厂成功应用并得到推广，该项成果获得辽宁省科技成果二等奖。

由于我们已经在 50 年代末将水力旋流器成功地应用于南芬选矿厂，所以我招的第一个 1977 届选矿毕业生的硕士、博士论文就是利用激光测速仪研究水力旋流器中的流场，研究结果获冶金工业部矿山司科技成果二等奖，研究生徐继润撰写了《水力旋流器流场理论》一书，由科学出版社出版。后来接续这个研究方向的一个博士生的博士论文是《水力旋流器式浮选强化浮选过程》，该论文获评教育部优秀博士论文。

通过科学研究体会和大量的检测工作，我开设了一门“选矿测试技术”

课，编写了教材，由冶金工业出版社出版，该教材获评优秀教材。

由于我们长期研究产品的脱水，即固液分离，已经形成“固液分离”学科小组，和化工学会的分离学科逐渐联系密切，所以我被这个学会聘为理事，后来被聘为《过滤与分离》杂志的理事，而不久后我就退休了。我们的研究论文主要刊登在《过滤与分离》《金属矿山》《有色金属》《化学工程》等杂志上。

由于我在重力选矿，选矿产品的浓缩、过滤以及过程测试技术等多方面有一定的工作成绩，所以在2000年获得国务院政府特殊津贴，成为博士生导师。

选矿系教师研究认为科学技术的发展必须非常重视环境保护，于是向学校建议成立环境工程系。因为我组建的固液分离学科小组和环境关系更加密切，所以我们固液分离小组进入了环境系，而我就在此时退休了。

2004年，陈昌曙复发脑血栓，我从此就以帮助他康复为主要的生活内容，同时编写已经签订合同的《液体过滤和过滤介质》和指导最后一名博士研究生。

（十一）献身煤炭设计一辈子龚琪玲

个人生平详见本书第五篇《永恒星光》，第345页。

（十二）十里钢城女总指挥赵长白

赵长白，江苏镇江人，高级工程师。1953年毕业于东北工学院采矿系，1962年加入中国共产党。历任石景山钢铁公司研究所技术科科长，首都钢铁公司总调度室调度长、高级工程师、副经理、总经理。

这就是“弱不禁风”的赵长白。看看首钢的报道：

首钢总调度长赵长白同志，她1953年毕业于东北工学院后被分配到首钢工作，1976年到总调度室，先后任副调度长、调度长。总调度室在赵长白同志的组织下，多年被评为冶金战线的先进单位和红旗单位。赵长白同志也被评为全国三八红旗手。作为一个大型联合企业的调度长，她胸中装着全局。对全公司的生产过程，主要设备运行情况、检修情况，影响全局的环节，她都了如指掌。公司所属的厂长、矿长、调度都既愿意听她指挥，又都怵她。愿意听她指挥，是由于她有丰富的生产调度经验，指挥准确，有问题能够及时合理解决；怵她，是由于她掌握情况准确，了解情况详细，在她面前不能有一点马虎。

随着首钢经济责任制的落实，赵长白同志不断积极地探索怎样使调度工作更科学化、数据化、正规化。全公司调度系统共建立了329种台账，每天要提供78853个数据，依靠这些科学的数据，正确地指挥。调度室昼夜24小时掌握生产动态，按日掌握合同发货销售款收入和实现利润动态，并且及时分析生产经营状况，及时采取必要措施，调节不相适应的环节，保证公司经营目标的实现，改变了调度只管生产、不问利润的状况。企业的日常生产组织工作，开始适应了企业从单纯生产型向着生产经营型转变。

赵长白在首都钢铁公司落实承包制，强化生产组织，在加强经营管理和提高经济效益等方面成绩显著，于1979年、1983年两次获得全国三八红旗手称号。

赵长白非常关心母校的发展，积极支持"54煤"校友感谢母校建立纪念碑的活动。

（十三）安全技术工程战线上的战士马逸吟

个人生平详见本书第五篇《永恒星光》，第353页。

（十四）海用雷达研制者吕碧湖

吕碧湖是由采矿系支援电机系的，并于1953年从东北工学院电机系毕业后被分配到吉林电力装备学校。

由于吕碧湖已经在2011年离世，所以有关吕碧湖的资料都是她的亲密"战友"沈教授提供的。

中国工程院院士俞大光老师是对碧湖有重要影响的恩师。碧湖在1957年调入哈工大电机系电工基础教研室工作，哈工大的电工基础教研室与俞老师本人对新中国工科院校电工基础教学的贡献，已被国内同行首肯。

碧湖调入电工基础教研室后，在教学上先是作为俞老师的助教，得到了极为严格的锻炼。接着又担任电机系电工基础课程的主讲教师，她的讲授得到了学生的肯定。

对于她来说，这些经历，不仅是对从事学术组织工作的锻炼，更是对电工基础学科视野极为难得的开阔。

碧湖与“海用雷达”

1971—1975年，碧湖与我在安徽省六安市六机部的605厂参加某型号海用雷达试制。新中国成立以后，我国雷达经历了从无到有，再由仿制到自主研制的发展历程。20世纪70年代我国雷达正处于由仿制到自主研制的阶段。

1970年，我们奉命随哈工大内迁。内迁后碧湖与我都愿到第一线去磨炼自己。在哈工大内迁那段时间，毛主席提出“要抓一下雷达”。根据我们的理论基础，我们认为经过努力可以胜任雷达试制工作。于是，碧湖与我来到了605厂，在那里工作四年有余。

605厂让碧湖担任该厂海用雷达液压平台系统的技术负责人，我则参加微波、发射、显示各系统的试制，最终再参加雷达总体组。

碧湖的身体较弱，在哈工大期间因为工作繁忙且缺乏养生知识，经医院确诊患有萎缩性慢性胃炎。试制组工作十分繁重，经常要加夜班，往往阶段性连续加班三个月。一般同志加班后都能享用厂方提供的加餐，她则不得不放弃，加班后回到宿舍，匆匆梳洗就寝。长此以往，对身体必然有影响。

为了满足试制工作的需要，她必须恶补自动调节原理、雷达总体、雷达控制以及电子线路技术、液压技术等各领域的知识。白天上班需在车间从事各种试制业务，晚饭后是自我补充的最好时间。那时候的物质生活条件落后，夏天酷热，电风扇是奢侈品，更无空调一说。为了能安心阅读，碧湖与我常在寝室外临街的走廊上，借助于夜晚的些许凉风，在廊灯下读书。

海用雷达安装在舰上，舰艇在海中不断起伏摇摆，为了保证雷达对目标的测量与跟踪精度，必须给雷达提供一个参考海平面。碧湖负责的“液压平台”就是提供这个参考海平面的系统，它的精度对于海用雷达的精度与试制成败有举足轻重的意义。面对重任，她未曾有丝毫怯意，而且以“真诚”“努力”“踏实”的态度按期保质地完成了任务。

雷达必须通过严格的环境试验。陆基雷达的环境试验包括环境温度、湿度、振动等环境因素；海用雷达则规定必须再经过海上七八级风浪条件下的试验，雷达必须在这种条件下各项指标达到设计的要求。碧湖作为液压平台系统的技术负责人，与工厂雷达试制组的各个技术负责人一起出海去完成这项环境试验。试验由青岛登舰，然后驶向公海，一年之内前后进行三次，最终完成海上试验，雷达各项指标达到设计要求。

对碧湖来说，这是她平生最艰难的一项实地试验，因为参加液压平台系统海上试验的技术人员就她一个人，她在七八级风浪的情况下，独立完成接线、调试和临场运行情况的分析与掌控。应对七八级风浪对于一般舰上人员也并非易事，而对于碧湖来说，那是意志的考验。她曾告诉我，在青岛登舰时，先有小船来接试验人员，然后小船驶近军舰，由小船登舰时要独立步经一个连接的跳板，跳板下面是汹涌的大海。落笔至此，仍难以置信她是怎样完成此艰难任务的！不禁感慨，“做学问”往往必须做好“学问以外”的事情。

碧湖在完成第三次出海试验返回工厂时，正值全厂停工，在厂内空地挖防空洞。碧湖虽然已十分疲劳，但她认为自己长期忙于“试验”的技术业务，缺乏体力劳动，因此坚持与试制组其他同志一起挖防空洞。岂知一脚踩下挖镐，就此坐在地上，再也不能自行站起！最后经医生确诊，碧湖患的是“腰椎间盘突出”，她从此开始了一段医治与康复的征程。

考虑当地医疗条件的限制，工厂方面同意我们的工作调动要求，我们在1975年调入中国科大。

吕碧湖在605厂的业务工作得到了厂方的肯定，被评为工厂先进工作者，在工厂宣传橱窗中有她的照片与厂方题字。

碧湖作为新中国高校早期电工基础教学的参与者，很幸运地参加了海用雷达试制，实践说明她出色地完成了她担负的任务。

（摘自《54煤通讯》第29期第6页、30期第8页）

编者注：本文未收录王伟琦、张平娟、李耀娟、何娟姿的个人事迹，编者也未查找到相关事迹报道，深感遗憾。

九、随感

胡又珠

今年4月，收到王家琛的信，他写道：“煤炭这个行业，很难被社会理解，这也颇为无奈，我们算是去理解了一下，也看到了人性的最好方面的品质。我们从心里敬佩那些默默无闻的老工人，那比侠义还要义、比君子还要谦、比勇士还要勇、比信士还要诚的，直爽而善开玩笑的工人，我们见过了，有了交情，有了友谊，觉得很幸运。”

是的，这些朴实的语言是写给所有从事煤矿事业的工人与干部的，一点也不过分。只要你曾身历其境，就不会忘记在这炼狱般的生活中结交的友情。读后感慨万千，总觉得该说些什么。

在我提笔写这篇文章的时候，有许多张脸浮现在眼前，他们年轻、强壮、勇敢、善良、无私无畏。有的人已经走了，我们这些幸存者也都老了、病了。当我们谈起往事时，不无伤感，但也觉得人生过得很有滋味，一个字，值！

首先谈谈西安矿，她在献出自己的全部后，将在地球上消失——采完报废。这就像自己十月怀胎，在希望中生了个宝贝孩子，又在自己手中活脱脱地逝去那样的感觉，心中特别不是滋味。

为此我在井架前留了个影，因为它竖起时那种喜悦、兴奋、激动的情景还历历在目。我也曾登上高高的井架，极目远眺整个矿区，常矿长还夸我胆子大呢！井架上有一颗红星，当我上夜班时，只要看到这颗亮星，双脚就有力气，也不怕黑暗了，走四里路不在话下。

我校“54煤专”有个姑娘叫李英娥，与我被分在一个矿，我们一起去太信矿实习，一起在西安矿搞采煤，她被分在充填段，搞水砂充填，我俩同出同进，情同手足。她虽生在广州，却有北方姑娘的性格。有一次，充填井冒顶，使地面塌陷，时值雨季，她当机立断，晚上领着工人去“偷”建井工程处的木头，直到把木垛搭好。建井处告到矿上，矿长在调度会上还表扬了她，说抢救及时，否则损失会更大。

就是这个姑娘，在她结婚的那天，周志钦、丁伯坤、程逵和我都去祝贺。那时结婚很简单，男女双方把铺盖行李搬到一处就妥了。我们几个人在新房里包饺子以示庆贺，大家剁馅、擀皮、包饺子，忙得不亦乐乎，李英娥自告奋勇，到外屋去下饺子。那时是火炕，烧的大锅，火挺旺的，时间过去10多分钟，还不见她回来，我马上跑出去问个究竟，只见她在望着锅里发呆，说：“饺子怎么都化了呢？”我说：“你是水烧开后放饺子的，还是水没开就放下去的？”她说：“煮饺子还有那么多麻烦？我以为只要放在水里就行了。”这时男士们听见了对话，大家拥到灶边，叫快捞，可哪里有圆吞吞的饺子，早已成了一锅面片汤。第二天，西安矿上上下下都知道冷水下饺子的故事了。

1962年6月13日星期三，那是一个不吉祥的日子，早晨上班时遇到李英娥，她说："今天要下井组织各矿充填段干部下井参观。"就这样匆匆地分手了，谁知这竟是我们的最后一次见面。约11点钟，工会王主席打电话来叫我去调度室，才知道李英娥等10名干部均被冒顶压在煤下。我预感到大事不好，眼泪夺眶而出，午饭没吃就往她家跑，一见到她的儿子我就哭了，觉得孩子太小，太可怜。孩子那天正好一周岁，说好晚上为他过生日的，谁知竟出事了。我也不知道为什么又往井口跑，思想已不支配自己的行动，就像只无头的苍蝇，团团转。在井口见到她丈夫，他说："没救了！"我一听竟当着众人（市长、总工程师、各处处长）的面失声地哭了起来。到了晚上11点钟，我在医院里见到了她，只见她很平静，像累了、睡着了。在以后很长的一段时间里，我在梦里见到她时，好像还在井下工作时那样。

李英娥走了，还有不少工人不知什么时候也走了！他们都是为了煤炭事业而献出了宝贵的生命。

当我行将搁笔时，联想到了冰海沉船——"泰坦尼克号"。80多年来被人们称颂的是，在生死的危险关头，他们把生的机会留给别人，而自己却选择了死亡。然而，我们的煤矿工人在与大自然作斗争时，明知山有虎，偏向虎山行。他们的精神不亚于冰海沉船中把死留给自己的那些人，只是他们像埋在地层深处的煤炭一样，默默无闻，造福人类，这种精神特别让我敬佩。现在我只能提笔追忆往事，深深地怀念他们了。

1998年5月写于上海

（摘自《54煤通讯》第12期第4页）

第十三章 老有所为

一、生命不息 战斗不止（一）

庞振国

我于1946年参加革命，1956年从苏联学成回国，参加石油系统的科研工作。

在苏联学习时，米丘林的“搞科研工作两个生命都不够”的名言对我有着深刻的影响。“生命不息，战斗不止”的思想一直支配着我的行动，我要为石油科研事业干一辈子。

形势在发展，情况在变化，80年代普遍实行了退休制，我于1988年离了休。下来后，又用了4年时间把我负责的课题搞完，以后就全退了下来。

我的身体尚好，理应再为人民干一些事。干什么？经过分析，我觉得还是继续搞老行业收效会大些，于是我把早就想搞的研制新型高效抽油设备作为首要研究课题，开始了攻关。比较要好的同志劝告我说：“你已经下来了，还搞啥科研？在职的人由于经费不足都难以开展工作，你上哪去弄经费？”这话也是实情。但我想，查阅资料、走访专家以及构思方案，没有经费还是不难完成的。再说，如果能提出好的设想，也不会得不到支持的。于是我继续干了下去。

在近4年的时间里，我查阅了大量资料，走访了清华、北航、中科院电工所及工程热物理所等8个单位的30多位专家，他们无私地给了我多方指教。在此基础上，我写了三份建议，提出了四种解决问题的设想。尽管在今天我的设想尚未能进行实验，但从研究过程中，看到方案一个比一个更完善，使我体会到“世上无难事，只要肯登攀”这句话的正确性和它对人们的鼓舞作用。常言道："有志者事竟成"。我一定要攻坚到底，不达目的誓不罢休，即使我不能攻克，但我把剩余的生命用到了祖国的石油事业上是十分有意义的，故死而无憾！

1997 年 3 月

（摘自《54 煤通讯》第 11 期第 1 页）

二、生命不息 战斗不止（二）

庞振国

1988 年，我年满 60 岁，按现行政策，我离了休。我身体尚好，下来后干什么？经过对各种情况的分析，我决定还是搞石油方面的攻关。由于我是自愿尽义务，项目可自定，时间可自行安排，无人催，无人管。我选择的第一个项目是搞新型、高效、节能抽油机，以它取代某些井上现用的磕头机。

我是学采油的，对机电并不内行，但北京科研单位多，我可以去请教。

早在 1979 年我就有过用直流电机带动井下柱塞泵抽油的设想，为论证其可行性，特去中科院电工所请教，在认为可行的情况下，向我院提出建议。几经周折，于 1999 年被列入总公司课题，由我院采油所做模拟，由大港油田做样机，我算是完成了一项任务。

考虑到在研究中可能遇到的困难，我又就此课题继续想其他办法。经走访十几位专家，我又提出了水力（或液力）长冲程抽油机方案，于 2003 年全民抗击非典期间，我写完了书面建议，经院领导审核同意列为课题，并让我与在职人员一起攻关。我退下来后 16 年（已 76 岁）又上第一线攻关，在我院尚属首例。2004 年 8 月，院对我的建议召开了专家论证会，肯定了我的设想。"世上无难事，只要肯登攀"，我要继续努力，不达目的，誓不罢休！

据我所知，20 世纪 60 年代，我国搞油的同志曾提出打倒磕头机的口号。我看这口号绝对了一点。因为在某些情况下，磕头机还是有竞争力的。如果我们下功夫，把工作做到家，在某些井上是可能取代它的。

（摘自《54 煤通讯》第 18 期第 35 页）

三、我的近况

邬庭芳

1991年底我从岗位上下来，1994年退休，到2002年也有8年了。刚下来不久，正好朱学范、钱伟长、程思远和能源界一些知名人士20人创议成立孙越崎科技教育基金会。领导推荐我去，参加基金会筹备和建立工作，到现在已经有10年了。

说起孙越崎科技教育基金会，就得先介绍一下孙越崎先生，因为基金会是为纪念他而成立的。1992年孙越崎先生已是99岁的老人，他1995年去世，享年103岁。百岁老人思维很清晰，平易近人，每次我们去看望他，临走时他总要亲自送到电梯口。1993年，他出席水利部三峡工程论证领导小组会议，作长篇发言，建议缓建三峡工程，被称为中国共产党的诤友。孙越崎先生原是国民政府的政务委员、经济部部长、资源委员会委员长。新中国成立后，曾任民革中央副主席、名誉主席、全国政协常委。他的一生很有一些传奇色彩，李瑞环为他纪念册封面题词"越崎"，是对他一生的很好概括。他最重要的贡献是在1948年底解放前夕，冒着生命危险，想方设法拒绝蒋介石下达拆迁工厂设备去台湾的命令，包括南京熊猫电子集团的前身南京无线电厂等。他领导资源委员会所属上千家工厂企业和大批技术、管理人才留在大陆，为新中国的经济恢复和建设作出了重大贡献。1992年，江泽民主席在接见孙先生时充分肯定了原资源委员会为国家作出的贡献，肯定了原资源委员会是唯一的国民党政府有组织留在大陆的部级单位。

为了纪念孙越崎先生70多年来为工矿事业作出的突出贡献，于1992年建立孙越崎科技教育基金会，10年来在钱伟长、何鲁丽两位基金会主任先后领导下，我作为一名工作人员，做了一些具体工作。例如，每年在煤炭、石油行业对科技工作作出贡献的人员，组织一次评审奖励、颁奖活动；资助能源软件科学研究和学术活动，推动在孙越崎先生家乡建立越崎中学和孙越崎纪念馆；组织出版有关孙越崎文集、纪念册等。

2002年是孙先生110岁诞辰，也是基金会成立10周年，我们和民革中央一起在人民大会堂召开了一个隆重的纪念座谈会，缅怀这位爱国老人，也回顾基金会走过的10年旅程，自己感到在退休以后有机会还能为煤炭、石油能源科技进步做点有益的工作，也算是一件值得欣慰的事。

（摘自《54煤通讯》第16期第2页）

四、我的晚年生活

施能为

1990年底，我从河北省煤炭工业厅退休。虽说人已到老年，但自觉身体不错，还能继续工作。经厅领导批准，我开始筹建两个机构：一是省煤炭工业技术委员会，并在年底成立，任厅总工兼主任，我负责常务工作；二是河北矿井防治水技术联合开发中心，1991年3月由省科委批准成立，由开滦、峰峰、邯郸、邢台、省煤研所共十个成员单位的科研、工程勘探和防治水机构参与经营活动，提供技术服务。由于经常遇到合同纠纷、三角债这些烦心事，牵涉很大精力，常年在省内外奔波，到1993年底我就不想再干了，辞去了总经理职务。

至于技委会，主要是协助厅总工对全省各局矿（含地方，不含开滦）逐个进行矿井能力鉴定，并在此基础上编制河北煤炭工业远景发展规划，提出实施规划的总体报告。这项工作于1992年底完成。到1993年也就结束了。这是我退休后的第一阶段生活。这段工作比机关在职时还忙，所以心理上没有退休的感觉。

1993年，原厅领导想通过技术委员会编写一本总结新中国成立以来河北煤炭工业开发技术方面的文献式图书。筹划初期，我正忙于承包山西霍州矿务局某大型矿井的治水工程，有一段时间厅领导还返聘我作京唐港6号运煤码头的可行性调查论证，所以我不想接受编书任务。该书后来由厅总工主持，阎保昌任副主编负责常务工作。但碍于与总工的关系，我还是参加了编书工作。自己除写了水体下特殊采煤外，还参加其他篇章的审稿和总审工作。这本书从筹划到出版历时3年，动员了各局矿总工、专家百余名参加撰稿，210余万字、700多幅插图，到1996年上半年完成。这是我退休后第二阶段生活的主要内容。

进入2000年，好像一切事情都停滞下来了，儿女们都到了而立、不惑之年，孙子辈也上学了，自己也年逾古稀。为了老有所学、老有所乐，我开始到省老年大学参加书法、微机、英语会话等各种学习班。早晨去公园活动，上午做作业，下午上课或去老年活动中心下棋或游泳。春秋季节也偶尔结伴旅游，去三峡，去川、滇或去北京小住。近两三年才真正过起退休后的休闲生活，夕阳虽好，只是已到黄昏时分。

“人生岂能尽如人意，但求无愧我心”，愿共勉之。回首往事，历历在目，十分想念同学们，想念东工那段单纯、真诚又激情难忘的日子。祝愿同学们抓紧时光，过好快乐、幸福的晚年。

2003 年 9 月 1 日

（摘自《54 煤通讯》第 17 期第 13 页）

五、人生在于搏

夏宗绩

毕业后由于一次重大失误，脑部右侧运动区域出血，造成左侧偏瘫。幸好对意识、思维、记忆领域无伤害。经治疗后下肢能行走、爬坡及上楼梯，但左手部分丧失功能，个人生活尚能自理。

病残后，工作由生产矿井调回矿务局，先后在局夜校俄文班、高中班、矿山救护班函授，并在矿中任课。我除完成正常教学工作外，又加深扩展了外语学习。从 1972 年到 1980 年耗时 8 年自学了德语。一天，张知本来看我，知道了我自学德语的情况非常高兴，又半信半疑地拿出一本他刚弄来的题名叫《井下石膏密闭墙》的德文原版小册子让我翻译，并示意译完后他还可以让他的一名懂德语的学生校对。不久，这篇 1 万多字的译文在 1980 年的焦作矿院《外文译丛》期刊上发表了。接着在矿院任教的张绪良又给我送来联邦德国最新一期期刊，其中一篇题名为《从井下打大钻孔抽吸瓦斯》的文章，译文约有 2 万字，又在河南省煤炭期刊上发表了。20 世纪 70 年代末 80 年代初，矿务局办的刊物《焦煤科技》上，几乎持续都有我的俄文煤矿译文，累计达 12 万字。就在这同一时期，市里搞改革开放，引进外资，欲出版《焦作今昔》书册，其中有 180 幅图片需用英文说明，均由我一人完成。不仅如此，在近半个世纪中，我还为市内大小厂矿单位翻译了不少德、俄、英文科技资料，不一一提名了。

另外，也做了一些帮助青年学生学习英语方面的工作。经我辅导后有考上广东某大学英语系的，也有考上北京某大学英语系的。

在个人家庭婚姻生活方面，很遗憾没有画上一个完美句号。直到 35 岁才与一农村姑娘结婚，十年中生有两男一女后，她又离我们而去。至今我 72 岁仍孑然一身。她走的时候大儿才 8 岁，三儿才 2 岁。大家可以想象到，一个半残人身在异乡无一亲戚，既要完成分内工作，又要当爹当妈，困难实在是太大了。我的人生遭遇是多么不幸啊！可我咬咬牙从这不幸中挺过来了。如今 3 个孩子都已成家立业。要问我这辈子活着的动力是什么，我说我坚持遵循了意大利诗人但丁的话："人生路上多灾难不幸，但这种不幸的程度决定于人自己对这种不幸的看法。"

近 50 年来，我在帮助人、帮助社会的工作中也体验到了自我幸福和美丽人生。因为具有帮助他人和帮助社会的能力就是幸福，而把这种能力付诸实施就是一种美丽。

2003 年 6 月 10 日

（摘自《54 煤通讯》第 17 期第 17 页）

六、退休十载继续培养大学生实践

邹寿平

我退休后在服务和培养大学生方面做了一些工作，历经 10 年得出的结论是：退休教师，如果关心学生成长，其实就是对自己的关心，这对高校对个人都是互利双惠的好事。

1981 年，经局党委批准，我被调到河北矿院（今河北工程学院）教书。当时我 50 岁，这是我人生的重大转折。感谢许局长，他代表党组织落实党的政策给了我发挥才能的空间。我在教书育人期间，先后四次被评为优秀教师。我退休后身体尚好，但常因没有事做而思想苦闷。1995 年秋天一个偶然的机会，想到可以为大学生照相，于是我买了相机，院领导照顾我年老，为我配备了三轮车，允许我在校园内流动照相。我能吃苦，不怕烈日晒，不怕寒风吹，常年坚守三轮车岗位与大学生朝夕相处，这也使我立下终身为教师的信念，走上继续培养大学生的道路。

1999 年，我接触了一名贫困家庭学生，她出生在唐山市滦县，初高中住校，一日三餐吃咸菜，是在苦水中度过的。她告诉我，她是受到一名高中数学老师的启蒙，才考上了大学。我对她提出了几点希望：政治上要求进步，争取入党；努力学习，提高素质，年年拿奖学金；大二之前不谈恋爱。她答应下来并后来兑现了承诺，她以苦为乐的高尚情操，自强不息、顽强拼搏的精神，出自内心的坦诚和敬重老人的美德感动了我，使我感到这些有困难的学生是值得去关心和培养的。我喜欢这个姑娘，胜过自己的女儿，是她坚定了我终身当教师的信念。

这成为我今后培养大学生的一种方式：具体来讲就是生活上关心他们的健康，思想上鼓励他们进步，他们作出成绩时多表扬。我常常用谈心的方式告诉他们，当今社会为大学生发挥才能提供了前所未有的机遇，他们要自立、自主、自强、努力提高素质，勉励他们要关心别人，多为别人做好事，这种精神是我们中华民族心目中的东方明珠，一定要发扬光大。

从此，每年大学新生入学后，我都用这种方式帮助培养大约 15 人。这样迎来送去，4 个年级加在一起，我帮助培养的学生达到近 60 人。所有这一切，靠的是一辆三轮车、两张凳子，一边照相，一边交谈，我的能力只能如此。

我接触、帮助、培养学生的第二种方式是创造条件，争取机会，为各种协会的大学生作思想报告。例如，2003 年我给资源系摄影协会赞助 300 元活动经费，他们聘请我当摄影技术顾问，我为他们免费讲 6 个小时摄影技术课。分两次讲，每次讲课要插入半小时的思想教育，题目是“大学生如何提高素质”。2004 年秋季，我为两个大学生协会（资源学院环境保护协会和资源学院先锋社会调查协会）各赞助 300 元活动经费，于是也借此参加了协会成立大会，我在会上和同学们交谈了一个小时，题目是“搞好学习，提高素质，少谈恋爱”。2005 年秋季，我为校大学生摄影协会讲摄影技术课，分三次讲，每次 3 个小时，每次讲课要插入半个小时，讲大学生如何提高素质，教材是自编的。

我接触、帮助、培养学生的第三种方式是帮助部分大学生做好毕业就业工作，包括思想启导、素质教育、牵线搭桥等。这些大学生都是平时通过照相与我认识的，数量之多、工作量之大很难用几句话讲得清。对每一个大学生而言，毕业后找到一份理想的工作至关重要，我尽我所能去帮助他们。其中还包括推荐就业，这10年中，推荐沈东海、贺哲去山西古交矿区西曲矿工作，申晓东去屯兰矿工作，李兴才去唐山开滦煤矿钱家营矿工作，苏高峰去山西太原煤矿设计规划院工作，李瑞杰去中铁二十局工作，张峰去北京某煤矿设计院工作。

我接触、帮助、培养学生的第四种方式是社会实践。从2003年开始，连续3年，每年带3名大学生在暑假进行社会实践。

2004年7月暑假，我带领3名大学生到唐山开滦煤矿搞社会调查，主要目的是为资源学院采矿专业学生的毕业实习经费问题求援。开滦有4个矿井的矿长是我的学生，我决心以老师的身份亲自去开滦请求他们免收实习费用。

我们一行四人到开滦煤矿第一天，该局副局长冬伯文校友以亲身经历给我们讲述了“过三关”的故事（即当区长是第一关，当矿长是第二关，当局长是第三关）。讲述一个大学生来到煤矿，与广大矿工一起劳动，在劳动中赢得矿工们的认同、信任和尊敬。之后几天分别参观了钱家营矿、范各庄矿、唐山矿、吕家坨矿以及河北理工大学及唐山大地震遗址。

这次开滦之行，从与校友们的谈话中我深刻认识到，一个年产2400万吨的开滦矿务局正面临采煤技术人才短缺、后继无人的问题。他们殷切希望我回去后转告母校领导，多作宣传，欢迎采矿专业大学生毕业后到开滦矿工作，4位矿长一致表示愿为母校学生提供免费实习。对3名大学生而言，这次社会调查也收获很大。

2005年暑假，我带3名大学生去温州和台州访问了两个学生家庭，和学生父母探讨了学生毕业后就业的方案。

一个退休教师，从教师岗位上退下来之后，若身体尚好，喜欢大学生并爱上教育事业，那么他可以继续为高校做点工作。例如，继续关心培养大学生成才，参与校方某些公益性事业的建设，在高校与校友之间发挥“请进来、走出去”的纽带作用，也可以到高校的学生社区负责政治思想工作。总之，可以为高校精神文明建设作出贡献。笔者用10年的时间做了大量的事情，才有了上述感悟。

2005年11月30日

（摘自《54煤通讯》第21期第28页）

七、走访“54 煤”同学有感

涂继正

去年的《54 煤通讯》里，我提出了一个设想：走访各地“54 煤”同学，留下一些访问的镜头，汇编成一光盘。这一设想得到许多同学的热烈回应。

2005 年 4—6 月，我基本上实现了这一计划，光盘已分寄各名同学。从光盘里，可以看到同学们的近况，我这里只分享一些光盘里没有表现出来的内容和感受。

首先，我个人的收获很大。有些同学自毕业以来就没有见过面，这次相逢，十分难得，毕业后 50 年的经历，即使只挑重要的讲，在短短的一两天里也说不完，但总算见面了，而且留下音容笑貌，同时让其他同学也能看到。我刚退休不久，还没有就如何安排自己退休后的生活理出一个头绪。这次走访活动，包括事后的编辑、刻录和寄发光盘，用去了半年时间，等于把回答退休以后怎么办的问题回避了至少半年。

这次见到的同学，大多数身体健康。少数因疾病困扰，行动有些不便，但大家精神上很愉快，谈笑风生。而且每个人都有自己丰富的退休生活。换句话说，都没有闲着、虚度时光。学生时代的“54 煤”精神，经久不衰，使我深受感动。我也因而跟大家一样，觉得自己人老心不老。

所到之处，我发现同一城市里同学经常有来往，一直保持着联系，包括一些与“54 煤”有渊源、后来分道扬镳的同学。如我在南京、上海遇到一些“54 矿”的同学，常参加当地同学的聚会，共叙往事。每一个这样的城市，都有一两名积极热心的同学，起着联系和纽带的作用。上海的吴锦甫、胡又珠，每有外地同学去上海，总会设法邀集其他住在上海的同学，大家聚一聚。南京的汤士尧，这次联络了许多人，阵容庞大。合肥的王家琛，又是东北大学合肥地区校友会的秘书长，一直是当地“54 煤”同学的联络中心。徐州有华安增，北京有祝熊庆，沈阳有郑雨天……我要特别提到邹寿平同学，他不仅联络邯郸、邢台的同学，还经常同石家庄和山西的同学保持来往。他事先已联系了这些地方的同学，为我去探望作了铺垫。

走访中，除了大家叙旧谈新以外，有一个共同的话题，就是关切和渴望了解其他地方同学的近况。这时候我往往是主谈，没有机会把谈话内容录下来，不过光盘里也有一些反映，如朱志尧刚去过沈阳，向北京的同学介绍了沈阳同学的情况。

50年时间，有些地方已经是沧海桑田。我本想多记录一些铁西校舍的镜头。徐小荷陪我一起去铁西，竟找不到原校址了。那一带完全成了高楼密布的繁华市区，没有一处可以识别的旧地标。问来问去，找到一处沈阳工业大学，进去转了一圈，看不到一幢认识的建筑物。退出校园后，问了几个迎面走来的学生，才知道沈阳工业大学有两处校园，他们指点了我们去旧校园的路。旧校园门口当然也完全不是老样子了，里面唯一尚存的旧建筑物，就是我们曾经上课的主楼，外表没变，里面也基本保持原样。那天下雨，只匆匆拍了几个镜头，无法包含我们旧日的美好回忆。可见岁月之无情。

到阜新，李桂馨、王培基两人自称“病号”，行动不太方便。见到我特别高兴，居然陪我走了不少路。新邱是我毕业实习和毕业设计的旧地。胡又珠特别叮嘱我要拍新邱竖井和新邱招待所的照片留念。一打听，新邱竖井早已采完报废。那里只剩下一片废墟，不去也罢，看了反而令人伤心。于是带我到五龙矿看了看，至少还有一点生命的气息，拍了一些竖井的照片充数。回想我们做毕业设计的矿井，那时还没有诞生，只是在纸上“实现”了。我们过去学过矿井怎样建设、怎样生产，却没有学过怎样收摊，也没有想到在我们的一生中会面临这个问题。而现在，我们“54煤”同学工作过的矿区，包括一些著名的大矿区，到处都有资源日渐枯竭的问题，真是又一个岁月不饶人的现实。

这次走访，去了12个城市，见到了约60名同学。大概和过去每次聚会参加的比例差不多。每到一处，都受到热情接待。就我自己来说，收获远远大于付出。最大的收获当然是我们大家参与包饺子，吃得兴高采烈，我的体力和精力也经受了旅途奔波的考验。

有些同学这次没有机会见到，我愿意在2006年，趁自己还有精力，再进行一次走访，补上这一课。由于剩下还没有见到的同学住得比较分散，每名同学又有自己的旅行计划，要一一访问到，需要比较周密的安排，希望尽早跟我联系。

（摘自《54煤通讯》第19期第1页）

第十四章　诗词歌赋

清明忆念

陈惠芬

英俊少年，远离故乡，愿为祖国工业兴起努力：
艰辛一生，无怨无悔！
希英灵归来，喜见：
国家富强、人道正义、山河秀美、红色一片。
（特别献给逝去的同学！）

2017 年 4 月 4 日
（摘自《54 煤通讯》第 30 期第 2 页）

四字歌

王端庆

“54 煤”校友在毕业 40 周年之际，回母校欢聚，即兴作歌为志。

四十年前闯关东，四方学子汇东工。
四年学成蒙师训，四煤经验争传颂。
四壁乌金存壮志，四旬岁月有峥嵘。
四度欢聚话别后，四面笑语庆重逢。
四目相视似相识，四次三番名不同。

四载同窗情谊深，四十风云也轻松。
四手紧握依依情，四季平安多保重。
四十年后再相会，四代同堂百岁翁。

1994 年 7 月 29 日于东大
（摘自《54 煤通讯》第 6 期第 14 页）

联欢词调寄《西江月》

王英敏

“54 煤”学友毕业 40 年聚会留念

昨夜星光灿烂①，绿茵桑巴壮观②。
长歌曼舞七月天，迎来学友同欢。
昔日翩翩学子，归来两鬓斑斑。
朝风暮雨四十年，喜庆师生团圆。
人生贵在知己，常颂友谊诗篇。
一样痴心作奉献，最爱锦绣河山。
依恋白山黑水，思念鱼米江南。
携手健步新世纪，重览华夏新颜。

注：①太空中彗木相撞，五彩缤纷，揭开了人类认识自然的新篇章。
②地球上第 15 届世界杯足球赛引人入胜，为全人类增加了欢乐。

1994 年 7 月 25 日于沈阳
（摘自《54 煤通讯》第 6 期第 15 页）

赞“54煤”精神

魏秀媛

榕绿花红倍思念，赤心报国越大江。
青春舍弃鱼米乡，寒窗苦读四余年。
千里煤海拓乌金，踏遍塞外北江南。
欲感此后无怨悔，夕阳花絮皆开颜。

1996年7月

（摘自《54煤通讯》第10期第21页）

恩师情

王英敏

兴工浑河畔，荒冢起校园。
风丽三十载，花开艳阳天。
恩师用心苦，丝丝细语甜。
赤诚报国心，一代奠基人。

1987年12月9日

（摘自《54煤通讯》第11期第4页）

献“54煤”同学

魏秀媛

风华正茂赴辽东，一颗赤诚报国心。
胸怀壮志拓乌金，学成建业为人民。
千里巷道曲弯弯，低矮掌面似战场。
四十春秋经风雨，艰苦坎坷等闲看。

岁月催老鬓发衰，满园桃李尽英才。
健壮情怀增乐趣，老树吐芳花自开。

（摘自《54煤通讯》第11期第17页）

赞“54煤”

——献给2000无锡聚会全体学友

祝熊庆

响应号召赴东北，千里迢迢离家乡。
服从需要学采煤，艰苦危险何所惧。
学习四年打基础，思想业务双丰收。
好学上进讲团结，先进班级美名扬。
毕业分配遍全国，单位部门当骨干。
实干苦干加巧干，先进模范捷报传。
回首当年奋斗史，深感此生未虚度。
如今退休享天伦，君与老伴共长寿。

2000年10月1日
（摘自《54煤通讯》第15期第4页）

赞成昆

宋西陀

（一）

崇山峻岭泥石流，悬崖深谷鬼见愁，
金江蜿蜒群山中，险滩暗礁水急流。
叠叠重山客断行，双双猢狲嬉丛林，
惊涛骇浪天上来，八仙无奈镇神灵。

（二）

千万雄师战昆成，英雄豪杰献忠诚，
马革裹尸尽未还，永是深闺梦里人。
铁军不畏筑路难，穷山恶水只等闲，
钢铁长虹南北架，兄弟民族喜开颜。

1979年冬，我踏上东归的列车，随着“咯嗒、咯嗒”奔驰的列车声，心潮澎湃，感慨万千，标志着新生活的开始。在淮南矿务局甩开双臂干了10年，夕阳无限好，只是近黄昏。1990年，鬓发斑白，解职归田，定居上海，全家团聚，物贫心宽，无忧无愁，知足常乐，强身健心，欢度晚年。

2002年8月

（摘自《54煤通讯》第16期第37页）

悼吴朝鼎学友兴

吴锦甫

蹉跎岁月经磨难，坎坷人生顶风浪。
勤奋为民凭天良，垂乎归去长空昂。

（摘自《54煤通讯》第16期第44页）

与同窗谈心

朱德和

正迎国庆甲子春，我辈多已临八旬。
路遥难以同欢聚，笔墨畅谈意更深。

昔日七十古来稀，而今八十不足奇。
体力难有新作为，体察人生悟真谛。
悠悠岁月回味多，荣辱磨炼不多说。
幸是祖国日昌盛，暮年豪情弹红歌。
五四同窗已不齐，有的驾鹤早归西。
世间若有英灵在，遨游神州会欣喜。
健在诸君各西东，耳聋目翳讯难通。
有病治养三七分，健康长寿不是梦。
自然规律不可动，顽疾来临耐相共。
常言心身齐修炼，听其自然奔宇空。

2009年4月

（摘自《54煤通讯》第23期第47页）

老同学聚会镇江抒怀

胡又珠

金秋十月古洞会，白头红心青春在。
欢歌笑语似当年，童心不改喜颜开。
青年立志献煤海，疆场坎坷志不改。
笑谈蹉跎岁和月，热泪盈眶望未来。

（摘自《54煤通讯》第23期第48页）

忆往昔岁月峥嵘 看如今晚霞情趣多

（杂感两首）

周志钦

煤海巾帼

——赞女采煤班长胡又珠

井架高高红旗飘，中央竖井投产了；
不尽乌金滚滚来，采煤一线女班长。
头戴帽盔矿灯亮，不着红装穿矿服；
桃花粉脸染黑尘，夜班超点是经常。
产量指标逐月升，放炮支护运输忙；
指挥若定节节胜，青春无悔报中华。

1956年4月某日上午10时，我在西安矿负责54排风大巷，遇采煤班长胡又珠带领矿工夜班后升井，她满脸汗水、煤尘，自信地走在队伍的前面，只简单地和我说了一句“升井后还要开班后会”，就又大踏步地继续向前赶路。在她的面前我感到十分惭愧，因为她领导一班人在采煤一线战斗，而我却在二线搞地质……

矿山英雄

——赞全国人大代表、黑龙江省劳动模范、鹤岗南山矿原矿长朱新和

暮春初夏方南山，三十年后又逢君；
名矿年产三百万，矿长豪饮叙旧情。
技术改造翻几番，综采综掘真先进；
安全生产风波多，矿长指挥稳若定。

1984年4月，本人参加东煤公司鸡西设计工作会议后，和两位设计处长

赴鹤岗南山矿学习含水砂层疏干后防水露头煤露天开采经验，受到矿长朱新和的热情接待。他陪我们看完露天开采后，又陪我们下井看波兰综采设备工作面、工业广场、新建主提升井等。当时他已在南山矿艰苦奋斗了30年，成绩卓著。他曾是黑龙江省劳动模范、全国人大代表，是我们“54煤”的一位佼佼者。可惜，他因积劳成疾，于2007年在上海病故。

（摘自《54煤通讯》第23期第49页）

煤炭

韦晓光

你从哪里来？我从深山里来。
你住在哪里？我住在地壳里，住在地底下。
已经死了吗？死在悲愤，死在过凉的悲愤里了吗？
死？不！不！我还活着。我要火，火，请给我火！
我！没有金的身体，没有玉的脸庞。
我！无怨、无悔、无烦、无恼。
我！在蕴藏中沉默，在沉默中蕴藏。
我！只等召唤，跃身炉膛，敞开胸膛。
捧出升腾的火、奔流的电……
化成缕缕的烟、碎碎的灰……
仅仅、仅仅为的是哟
我期待了千万年的献身光明的愿望！

1992年10月

（摘自《54煤通讯》第23期第51页）

人生

王友佳、陈可清

负笈来北国，矢志读大学；
响应学采矿，毕业分鹤岗。
不顾小家事，只图煤业兴；
毕生司技术，实现总工梦。
煤矿三十八，东北逾甲子；
深深煤矿爱，依依东北情。
同窗结伉俪，空巢俩相依；
白首长相伴，宁静度余生。

2011 年 3 月撰写，8 月上旬修改完毕
（摘自《54 煤通讯》第 25 期第 12 页）

感悟人生

王英敏

少年壮志报国情，江南塞北续征程。
遥望天门攀绝顶，学海深游苦争鸣。
庙堂之高心宁静，江湖之远心从容。
个人成败何足论，四海共舞中国风。

2008 年
（摘自《54 煤通讯》第 27 期第 43 页）

老友抒怀

王英敏

1950年，我们这批江南学子跨长江、越黄河，远离家乡，来到白山黑水的东北边陲，应该说有点骨气。1990年，东北工学院40周年校庆时，周志钦、严传炎、刘锦忠都来了。在座谈会上我做了一首《渔歌子》，表达了大家的心情。

渔歌子

红旗曼舞春风高，江南学子赴东辽。
学采矿，下煤窑，千里煤海闹春潮。

四十年春秋情未了，金车铁马换大锹。
煤十亿，传喜报，乌金滚滚彩霞飘。

1990年10月

1990年秋，学友们第二次集会黄山，我因故没能参加，但是心跟着去了。那几天看天气预报，希望黄山不下雨，当我拿到黄山的照片时，马上写了一首《点绛唇》。

点绛唇

天南地北，学友重逢情如故。
穿云破雾，携手黄山路。

红日出北海，渺渺烟中树。
望天都，山河壮美，何惧夕阳暮。

1990年11月

1989 年春，我和李高祺合作在邯郸搞通风防尘研究。曾拜访黄彬良、邹寿平，后来又去邢台拜访尤敏世。人虽然都老了些，但精神都很旺盛，十分高兴。离开邯郸时，给尤敏世寄一首诗：

风尘车马赴邢台，巍巍井塔显风采。
喜看江南一敏士，开矿中原几十载。
手握同窗溢情怀，难忘当年众英才。
流水落花春去也，报国图强志不衰。

1989 年 6 月

我这一辈子主要是教书育人，老师心里有学生，学生也就以同样的心情回报老师。每当收到毕业生的来信时，喜悦的心情溢于言表，有诗为证：

余生痴心育英才，但盼芳茎遍地开。
昨夜喜逢迎春雨，千里飘香乘风来。

1987 年 10 月

我们这一代人很虔诚、很热心、很上进、很苦干，无愧于这个时代。现在年过六旬，也没有停步，还在以各种形式苦苦煎熬。我现在写一首《绿色、吉祥》献给大家。

绿色、吉祥

老友爱穿绿衣裳，一年四季奔波忙。
问君为何清一色，他说绿色最吉祥。

矿工送他绿宝石，冰清玉洁嵌心上。
风雨之秋多困惑，胸怀瑰宝放霞光。

清波绿野浴朝阳，小禾迎风起波浪。
树林新绿放异彩，轻柔和煦吐芳香。

改革开放有特色，万里山河披新装。
四十春秋情更切，身着依旧绿衣裳。

1993年12月31日

（摘自《54煤同学回忆录》第69页）

第十五章 沧海桑田

一、四十年的变迁

四十年前（1954 年）——毕业分配去向

1. 国家计划委员会	施能为 陈惠芬 王瑞伯 何方良 田凤翔 金庆福 王达金
2. 地质部	宋西陀 董云龙
3. 燃料工业部	尹启农 汪维钦 邬庭芳 龚 淼 汪德安 张平娟 严传炎 周有为
4. 开滦煤矿	赵继忠
5. 大同煤矿	于成斌 洪忠达
6. 峰峰煤矿	尤敏世 邹寿平
7. 潞安煤矿筹备处	何汉生
8. 包头煤矿筹备处	胡人同
9. 轩岗煤矿筹备处	徐光济
10. 汾西煤矿筹备处	倪永义
11. 淄博矿务局	裴永年
12. 焦作矿务局	严信真 魏荣华 蒋光熹 夏宗绩 邹殿义

13. 抚顺矿务局	吴朝鼒
14. 阜新矿务局	蔡振东　曹广贤　龚琪玲　李桂馨
15. 本溪矿务局	李鸿昌　董云清　刘锦忠　丁冠英
16. 双鸭山矿务局	陈华汉　郑义生　陆强麟　姜子良
17. 鹤岗矿务局	朱新和　阎保昌　王友佳　陈可清　汤士尧　胡介元　屈　钧　周道二　王　行
18. 鸡西矿务局	邵润荪　黄彬良　涂继正　韦晓光　李庄连
19. 辽源矿务局	周志钦　胡又珠　叶蜚宾　丁伯坤　黄绍明
20. 阜新煤矿学校	程伯良　王培基
21. 西安煤矿学校	吴锦甫　蒋宝书
22. 重庆煤矿学校	朱德和　孔希灏
23. 淮南煤矿学校	郑马克
24. 大同煤矿学校	卞树中
25. 高等教育部	
（1）北京矿业学院	钱鸣高　陆士良　洪允和　傅文举　杨荣新　华安增　张绪良　乔福祥
（2）北京地质学院	俞国遗　胡福欧　杨学涵　杨惠民　冯士安　任大本
（3）淮南煤矿工业专科学校	张知本　何祖荣
（4）东北工学院	王家琛　宋　琳　郑雨天　周国咏　朱　敏　李高祺　马柏龄　祝熊庆　王端庆　费寿林　徐小荷　程厉生　王泳嘉　汪伯煜　林韵梅　陈昌曙　王英敏　陶增骈

（以上资料由马柏龄提供）

（摘自《54煤通讯》第5期第14页）

二、“54煤”同学毕业五十六年（1954—2010年）之变迁

王友佳　陈可清

2010年是我们来东北学习和“54煤”班级成立60周年、毕业56周年。按《54煤通讯》第5期马柏龄同学提供的“54煤”同学毕业分配名单，共有106名。名单之外的原“54煤”同学，因有的转系、转专业、出国留学，有的提前分配工作，故不在统计之内。

106名同学分配方向归纳为四大类：国家机关、大专院校、煤校和煤矿现场。56年间发生了很大变迁：工作单位变动、退休后居住地变动以及生老病死。现根据本人了解，这期间的变迁如下。

（一）分配到国家机关，共17人，占16.04%，去世3人

姓名	毕业分配地点	毕业分配单位	定居地点	退休（去世）时单位
施能为	北京	国家计划委员会	石家庄	河北省煤炭工业厅
陈惠芬	北京	国家计划委员会	合肥	合肥煤矿设计院
王瑞伯	北京	国家计划委员会	无锡	江苏省建设委员会
何方良	北京	国家计划委员会	在职时去世	国家计划委员会
田凤翔	北京	国家计划委员会	太原	西山矿务局
金庆福	北京	国家计划委员会	太原	不详
王达金	北京	国家计划委员会	南京	江苏省科技情报研究所
宋西陀	北京	地质部	上海	淮南矿务局
董云龙	北京	地质部	成都	成都理工学院（已去世）
尹启农	北京	燃料工业部	北京	煤炭工业部
汪维钦	北京	燃料工业部	合肥	合肥煤矿设计院
张平娟	北京	燃料工业部	西安	乌鲁木齐煤校
汪德安	北京	燃料工业部	西安	乌鲁木齐煤校

姓名	毕业分配地点	毕业分配单位	定居地点	退休（去世）时单位
邬庭芳	北京	燃料工业部	北京	煤炭工业部
严传炎	北京	燃料工业部	唐山	开滦矿务局（已去世）
龚　淼	北京	燃料工业部	北京	煤炭工业部
周有为	北京	燃料工业部	苏州	不详

（二）分配到大学，共 34 人，占 32.08%，去世 4 人

姓名	毕业分配地点	毕业分配单位	定居地点	退休（去世）时单位
傅文举	北京	北京矿业学院	在职时去世	北京矿业学院
钱鸣高	北京	北京矿业学院	北京	中国矿业大学
陆士良	北京	北京矿业学院	北京	中国矿业大学
洪允和	北京	北京矿业学院	北京	中国矿业大学
华安增	北京	北京矿业学院	徐州	中国矿业大学
乔福祥	北京	北京矿业学院	北京	中国矿业大学
杨荣新	北京	北京矿业学院	徐州	中国矿业大学（已去世）
张绪良	北京	北京矿业学院	宁波	焦作矿业学院
俞国遗	北京	北京地质学院	无锡	江苏省太湖煤炭工业公司
胡福欧	北京	北京地质学院	上海	马鞍山市地质队
杨学涵	北京	北京地质学院	北京	中国地质大学
杨惠民	北京	北京地质学院	北京	中国地质大学（已去世）
冯士安	北京	北京地质学院	北京	中国地质大学
任大本	北京	北京地质学院	杭州	浙江省地质矿产局
张知本	淮南	淮南煤专	福州	福州大学

姓名	毕业分配地点	毕业分配单位	定居地点	退休（去世）时单位
何祖荣	淮南	淮南煤专	合肥	合肥煤研所
宋　琳	沈阳	东北工学院	沈阳	东北大学
郑雨天	沈阳	东北工学院	沈阳	东北大学
徐小荷	沈阳	东北工学院	沈阳	东北大学
费寿林	沈阳	东北工学院	沈阳	东北大学
王英敏	沈阳	东北工学院	沈阳	东北大学
王泳嘉	沈阳	东北工学院	沈阳	东北大学
林韵梅	沈阳	东北工学院	沈阳	东北大学（已去世）
陈昌曙	沈阳	东北工学院	沈阳	东北大学
陶增骈	沈阳	东北工学院	上海	辽宁省教委
汪伯煜	沈阳	东北工学院	在职时去世	马鞍山研究院
王端庆	沈阳	东北工学院	马鞍山	华东冶金学院
祝熊庆	沈阳	东北工学院	北京	有色金属管理干部学院
李高祺	沈阳	东北工学院	深圳	马鞍山研究院
朱　敏	沈阳	东北工学院	深圳	马鞍山研究院
周国咏	沈阳	东北工学院	马鞍山	马鞍山研究院
程历生	沈阳	东北工学院	马鞍山	马鞍山研究院
马柏龄	沈阳	东北工学院	马鞍山	马鞍山研究院
王家琛	沈阳	东北工学院	合肥	煤炭科学研究总院合肥研究所

（三）分配到中专，共 8 人，占 7.55%，去世 4 人

姓名	毕业分配地点	毕业分配单位	定居地点	退休（去世）时单位
王培基	阜新	阜新煤校	阜新	阜新煤校
程伯良	阜新	阜新煤校	徐州	徐州煤校（已去世）
吴锦甫	西安	西安煤校	上海	西安煤校
蒋宝书	西安	西安煤校	乌鲁木齐	新疆煤研所（已去世）
孔希灏	重庆	重庆煤校	在职时去世	重庆煤校
朱德和	重庆	重庆煤校	重庆	重庆煤校（已去世）
卞树中	大同	大同煤校	苏州	不详
郑马克	淮南	淮南煤校	济南	山东煤院

（四）分到煤矿现场，共 47 人，占 44.34%，去世 22 人，未联系上 1 人

姓名	毕业分配地点	毕业分配单位	定居地点	退休（去世）时单位
赵继忠	唐山	开滦煤矿	唐山	唐山市煤炭局（已去世）
于成斌	大同	大同煤矿	大同	大同矿务局
洪忠达	大同	大同煤矿	大同	大同矿务局
尤敏世	峰峰	峰峰煤矿	邢台	邢台矿务局
邹寿平	峰峰	峰峰煤矿	邯郸	河北工程大学
何汉生	潞安	潞安煤矿筹备处	南京	南京煤研所
胡人同	包头	包头煤矿筹备处	呼和浩特	内蒙古煤炭工业局（已去世）
徐光济	轩岗	轩岗煤矿筹备处	淮南	淮南煤矿建设指挥部（已去世）
倪永义	义棠	义棠煤矿筹备处	寿阳	寿阳煤矿管理局
裴永年	淄博	淄博矿务局		失去联系

姓名	毕业分配地点	毕业分配单位	定居地点	退休（去世）时单位
严信真	焦作	焦作矿务局	南宁	广西煤炭厅（已去世）
魏荣华	焦作	焦作矿务局	焦作	焦作矿务局
蒋光熹	焦作	焦作矿务局	北京	北京煤炭科学研究院
夏宗绩	焦作	焦作矿务局	焦作	焦作矿务局
邹殿义	焦作	焦作矿务局	焦作	焦作矿院（已去世）
吴朝鼐	抚顺	抚顺矿务局	上海	上海煤科院（已去世）
蔡振东	阜新	阜新矿务局	兰州	甘肃省煤炭干校
曹广贤	阜新	阜新矿务局	北京	煤炭工业部（已去世）
龚琪玲	阜新	阜新矿务局	上海	上海隧道公司（已去世）
李桂馨	阜新	阜新矿务局	阜新	高德矿
李鸿昌	本溪	本溪矿务局	北京	中国矿业大学
董云清	本溪	本溪矿务局	沈阳	沈阳矿务局（已去世）
刘锦忠	本溪	本溪矿务局	沈阳	沈阳矿务局（已去世）
丁冠英	本溪	本溪矿务局	在职时去世	本溪矿务局
陈华汉	双鸭山	双鸭山矿务局	合肥	合肥设计院
郑义生	双鸭山	双鸭山矿务局	湖州	湖州计划经济委员会
陆强麟	双鸭山	双鸭山矿务局	双鸭山	双鸭山矿务局（已去世）
姜子良	双鸭山	双鸭山矿务局	七台河	七台河矿务局
朱新和	鹤岗	鹤岗矿务局	上海	鹤岗矿务局（已去世）
阎保昌	鹤岗	鹤岗矿务局	石家庄	河北煤炭厅
屈　钧	鹤岗	鹤岗矿务局	在职时去世	鹤岗矿务局
汤士尧	鹤岗	鹤岗矿务局	南京	江苏省煤炭厅

姓名	毕业分配地点	毕业分配单位	定居地点	退休（去世）时单位
周道二	鹤岗	鹤岗矿务局	在职时去世	大屯煤矿
胡介元	鹤岗	鹤岗矿务局	上海	上海煤研所
王　行	鹤岗	鹤岗矿务局	七台河	七台河矿务局（已去世）
王友佳	鹤岗	鹤岗矿务局	长春	东煤公司
陈可清	鹤岗	鹤岗矿务局	长春	东煤公司
邵润荪	鸡西	鸡西矿务局	鸡西	黑龙江矿业学院（已去世）
黄彬良	鸡西	鸡西矿务局	邯郸	河北工业大学（已去世）
涂继正	鸡西	鸡西矿务局	美国	某研究机构
韦晓光	鸡西	鸡西矿务局	淮南	淮南煤矿（已去世）
李庄连	鸡西	鸡西矿务局	顺德	盘江矿务局
周志钦	辽源	辽源矿务局	辽源	辽源矿务局（已去世）
胡又珠	辽源	辽源矿务局	上海	丹阳某中学
叶蜚宾	辽源	辽源矿务局	上海	新疆煤炭厅
丁伯坤	辽源	辽源矿务局	镇江	镇江市煤炭局（已去世）
黄绍明	辽源	辽源矿务局	辽源	辽源矿务局（已去世）

（四）工作变动情况

（1）在职时去世的 7 人：国家机关何方良同学、北京矿业学院傅文举同学、马鞍山研究院汪伯煜同学、重庆煤校孔希灏同学、本溪矿务局丁冠英同学、鹤岗矿务局屈钧同学、大屯煤矿周道二同学。

（2）工作单位未变动一直干到退休的 31 人：煤炭工业部尹启农、邬庭芳、龚淼同学；中国矿大（北京矿院）钱鸣高、陆士良、洪允和、乔福祥、华安增、杨荣新同学；中国地质大学（北京地质学院）冯士安、杨惠民、杨学涵同学；东北大学费寿林、陈昌曙、徐小荷、王英敏、王泳嘉、林韵梅、郑雨天、宋琳同学；阜新煤校王培基同学；西安煤校吴锦甫同学；重庆煤校朱德和同学；大同矿务局洪忠达、于成斌同学；焦作矿务局魏荣华、夏宗绩同学；鹤岗矿务局朱新和同学；双鸭山矿务局陆强麟同学；辽源矿务局周志钦、黄绍明同学。

（3）工作变动最大的是分配到煤矿现场的同学，分配时是47人，在现场工作岗位上去世的3人，在煤矿工作到退休的有17人：李桂馨、洪忠达、于成斌、魏荣华、夏宗绩、朱新和、陆强麟、周志钦、黄绍明、徐光济、赵继忠、尤敏世、李庄连、韦晓光、倪永义、王行、姜子良。他们是“54煤”同学中工作最辛苦、生活环境最差的，不仅奉献了青春，而且奉献了终生，他们是我们“54煤”同学的骄傲。

（五）截至2010年7月，106名同学中，已去世的同学有33名，按病故的时间排列如下：

姓名	去世时间	去世时单位
傅文举	1957年	北京矿业学院
汪伯煜	1968年	马鞍山研究院
孔希灏	20世纪60年代	重庆煤校
丁冠英	1981年	本溪矿务局
屈　钧	1981年	鹤岗矿务局
何方良	1985年	国家计划委员会
周道二	1986年	大屯煤矿
邹殿义	1989年	焦作矿院
王行	1991年	七台河矿务局
黄绍明	1992年	辽源矿务局
杨惠民	1992年	中国地质大学
董云清	1993年	沈阳矿务局
刘锦忠	1993年	沈阳矿务局
蒋宝书	1995年	新疆煤研所
龚琪玲	1999年	上海隧道公司
丁伯坤	1999年	镇江市煤炭局

姓名	去世时间	去世时单位
杨荣新	2000 年	中国矿业大学
程伯良	2001 年	徐州煤校
董云龙	2002 年	成都理工学院
吴朝鼐	2003 年	上海煤科院
徐光济	2003 年	淮南煤矿建设指挥部
胡人同	2004 年	内蒙古煤炭工业局
赵继忠	2004 年	唐山市煤炭局
邵润荪	2005 年	黑龙江矿业学院
韦晓光	2005 年	淮南煤矿
曹广贤	2006 年	煤炭工业部
黄彬良	2007 年	河北工业大学
朱新和	2007 年	鹤岗矿务局
陆强麟	2008 年	双鸭山矿务局
严信真	2008 年	广西煤炭厅
严传炎	2009 年	开滦矿务局
朱德和	2009 年	重庆煤校
周志钦	2010 年	辽源矿务局

去世的同学人数已达 33 人，占 106 人毕业名单的近三分之一，尤其是分配到煤矿现场工作的同学去世 22 人，占分配煤矿现场同学的近二分之一。让我们在世的同学深深地怀念他们，向去世同学的家属表示慰问和敬意。

（摘自《54 煤通讯》第 24 期第 55 页）

三、我去看校庆

王家琛

前述

2003 年 9 月 17 日，我又坐上徐州开往三棵树的火车去沈阳母校了。我是以合肥校友会秘书长的身份受学校邀请的。傍晚车出山海关，关外给人的印象依旧是广阔宏大，几十里不见人烟，不像浙江沿路都是三四层高的农居，挤得只剩下稀稀落落的几片土地了。

校园

南湖的校园一向给人奋发开拓的印象，我在 1953 年参观北京的大学时就有过比较，人家总是太过安定成熟，我们则在初期创新。如今 50 年后我回母校，发现她成熟了，但依旧充满活力，在开拓进展。校园内建有许多路牌，写有路名，在老的采冶建机四馆外又建了好几个教学馆，例如新教学楼和工商管理学院。当费寿林带祝熊庆和我一起走进新教学楼参观时，我感觉进入了一个童话世界。这是一座四层楼，一、二层都很高，阶梯教室和特种教室环列其间，当中是带有幻想空间的中空建筑。当费问及阶梯教室能坐多少同学时，答小的 150 人、大的 200~300 人，那可就是音乐厅了。而在南湖总校外位于浑河南面的东大软件园更令人兴奋，在那花园里就是专为头脑程序化的人安排的奋斗与生活场所。

学生宿舍编号已由一到九了，以前的科南食堂拆了盖起食堂大楼，一层可供千人同时就餐，取食柜台长达百米以上。而其二、三层则已向酒楼过渡，学生和教师都可在此进行请客吃饭，充分体现高素质的温良恭俭让。在学校中轴线上，采冶建机四馆之间布置了一个大广场，是一个地道的松树林区，里面有喷水池、小桥流水、长廊、水榭，还有小小九曲桥。晨光晚霞中常有几个学生在林中背英文单词，真是太幸福了！

这实在是好地方，这些松树是六七十年代栽下去的，如今有 30 年了，正是松树的青少年时期，长得实在真好！记否？我们是在长春斯大林广场边的人行道上记俄文单词的，距今有 52 年了。

同学

东大是那样生气蓬勃，而我们都有点老了，我们走在校园里比所有在职教师都老，比所有领导都老。以至我挂着贵宾牌进入校门时，有一位值勤学子问我：“您老离校有几年了？”我答49年了（1954年到2003年），他猛吸一口气说：“我爸还未出生哩！”经他这一提醒可不是怎的，这里上万学生中80%以上都可能是这一情况。我看着他们在这么好的校园里，羡慕他们年华正茂、羡慕他们学习条件优越，更羡慕他们生逢盛世！

19日院庆拍照时，王金波老师约我说这次老通风安全教研室老人一定聚一下，时间就在20日下午。拍完照，费寿林带祝与我一起去他家坐，谈到东大“复校”过程，又介绍他家情况，还提到“54煤”学习模范班至今仍是东大之唯一。这次校庆光盘里还有“54煤”女子垒球队，有徐小荷对东大的评述，有我们实习、自修、论文答辩等许多画面。午饭时，老费和其夫人一起请我们出去吃馅饼，对啊，东北的馅饼！记得50年代初在抚顺东五条教工合作社吃过。那只是一个街边小房间里，有几张桌子，顾客去端了盘子就站在桌边吃。

我又去了小荷的研究室，他的七八个房间里都坐着研究人员，在电脑前翻阅着自然界的“天书”，墙上挂有各种彩色的岩石应力图片。其中有一间是徐的办公室，放着两台电脑，当即打开一台，让我看科学美学彩图分支中的岩石应力图。在无数种条件下按同一原理组合成的空间曲面，又被无数个平面所切割出来的等应力线图，美得如同难得一见的晚霞，科学家正在审察其规律。记得1956年徐给我介绍过力的定义，那只是一种无以名之的过程，并以当时我们都不敢碰的辣为例，可名之为辣力，作用到舌尖或喉咙会有不同的力度（应力曲线？），或说是一种可以装各种概念的箩筐，云云。我记得深刻的是他以手指着自己舌头和喉咙的那个姿势，被他说得哈哈大笑。50年过去了，他还在那个箩筐里上下求索。我又参观了他的实验室，看到为实施水平推力的一堵墙，我说够强吗（纯属多问）？他说基础深广应当够的，我立时感到那严肃的脑力（又是力）劳动中，同样蕴藏着深广的基础。他已发现了冰山的水下走向，但依旧在力的海洋里日夜思考着。

抚顺那边有……

告别母校，就到了抚顺。我仍从那个小车站里50多年前走过的老木头天桥出站。这城市发展再大，它那东西各十条路及两条斜放射出去的街所组成的小市区，依旧最能勾起我们对 1950 年的那段回忆。在这里你永远不会迷路。

我从斜路上向过去的团市委那个山下走去，半山的小别墅都改成六层宿舍楼了，上山向南走见到了过去的三宿舍，只是老态龙钟了，墙上水泥开裂脱落者多，大门尘封已久，但里面仍是集体宿舍，只是从后门进出了。而二宿舍则早已拆除，改为六层家属楼了。去山上图书馆已修了大路，两边也都是家属楼，过去那一份安静已荡然无存了。我们游行去车站必经之路，从校门到矿务局那一段还是老路面，坑坑洼洼的。边上还有一幢很熟悉的老房子。向北去南北台直到浑河边，寻找当年同学下水处，已找不到了。东公园改为劳动公园，浑河上也多了几条桥，对面也不再是农村而是一个大城市了。从大伙房水库来的水，到这里是第一个大城市，水质尚好。我在河边远眺再三。

在这梦萦魂绕的地方，我分块寻觅旧踪了三天，一块一块、一米一米，寻找旧时路牌、门牌、街沿石、小人行道、小屋及其围墙。中央大街与东七条交叉口，公安局与邮局还在，市政府已搬走了。工人俱乐部还在，只是前面铺面把它挡住了。斜对面一座基督教堂还在，其一层半的高度与极小的围墙，看上去小得像个积木房子。人民电影院的名称还在隔壁房子的墙上，似乎是刚拆除，只得到废墟上凭吊一番。我们在这里看过不少苏联电影，引起过青年人的一些憧憬，也知道了一些“二战”时苏德战场的情况。还记得有一次等看电影时内急，陪郑义生坐马车去车站寻找卫生间。这小巧玲珑的市区，历历往事令人心醉。直叹光阴不再！在马路上逛到 12 点，坐上路边到处都有的“小凉快”（一种三轮车）到我住处矿工医院后面，3 块钱 4 分钟到家。所以我每天上下午放心地在马路上到处寻踪怀旧。

我离开抚顺前到三宿舍大门单独拍照留念。这是当年我们送孙经钜、李延红去参军抗美援朝的留念处。照片上左有长袍周志钦、右有大衣任大本肃立恭送，表现年轻人的时代风貌。

岁月啊！你长流不止，唯请多关照同学健康，是所至祈！

2004 年 7 月 15 日记于合肥

（摘自《54 煤通讯》第 18 期第 8 页）

四、回眸半世纪 难忘同窗情

刘听成

情系“54煤”

我是1950年4月从南京的中大附中考入抚顺矿专的，与我一同入学的有邹寿平、胡福欧、徐增亮、陶增骈等人。到抚顺后的头3个月为政治学习，我和郑雨天同桌，分班后又与王端庆、徐小荷、汪伯煜等在一起学习。在长春大白楼的教室中，我和费寿林同桌半年，同班的有陈昌曙、华安增、汪伯煜、胡又珠、罗茜、赵长白、吕碧湖、张平娟和汪德安等同学。这个学期中，邬庭芳任班长，我担任文艺委员，同学们关系处得很好，其中有几件事至今给我留下深刻印象。

当时正值抗美援朝，为了配合形势，我曾在班里组织过一次集体游戏，地点是大白楼外的斯大林广场。先将用硬纸片制成的一些飞机、大炮，每个都随意剪成三块，混乱后让每位同学自摸一张。得到纸片后要求同学之间迅速互相寻找同一架飞机或大炮的其他剪片，哪三位同学首先找到其他剪片能拼成一架完整的飞机或大炮，就表示最先为抗美援朝捐献了一架飞机或大炮，这样依次排出先后名次。这次游戏大家觉得很有趣，也玩得很开心。

那个学期过新年之前，我费了一些心思为30多位同学每人拟了一副对联，并写在纸条上，其中针对每个人的不同情况指出了他（她）的优缺点，还提出了新的一年中对他（她）的希望。这件事事先谁都不知道，直到除夕之夜才告诉大家，睡觉之前请每个人在自己的床铺中寻找，也许在枕头缝里或被子的某个角落里会找到送给你的一副对联，这个小游戏当时的确给同学们带来了一份小小的惊喜。那个学期结束，班上总结工作时还表扬了我，说我担任文艺委员工作做得不错。

在长春时我还组织过有男女同学10余人参加的业余文艺小分队。晚饭后给志愿军慰问演出，我们每人手持一个花环，一路欢声笑语。记得我们演出的节目中有一个《台湾高山族舞》，演出时每个演员要光着脚跳舞，当时在长春许多人看了都感到很新奇。1952年，二年级时我们回到沈阳铁西校区，因采矿系调整学生干部的需要，将我和几位同学从“54煤”转入“54矿”。虽然我不再在“54煤”学习，但大家还是同住在一个学生宿舍，所以彼此之间仍常见面，一些人的音容笑貌至今还留在我的脑海里。记得那年冬天，由王泳嘉等两三位同学带头清早起床后去冲凉水澡，效果很好，后来去的人越来越多，当时我也加入了这个队伍，有时窗外在飘着雪花，我们还照样坚持，这对锻炼自己的意志和体质很有帮助。记得那年的国庆节晚会上，我参加了由“54煤”和“54矿”同学合演的一个节目《苏联红军舞》，事先由“54矿”的张耀伦同学组织排练，女同学中参加的有宋琳、陈可清、李高祺、冯士安、魏荣华等人，我和李高祺是排在第四位的舞伴。虽然演出的水平不是很高，但说明我们当时都充满着青春活力和激情。50多年过去了，如今我们都已年逾古稀，但想起这件事我还感到很值得怀念。

我走过的一段路

大学三年级将结束时，我和林韵梅、杜兢中等10余人被学校抽调出来学习俄语，后在采矿系翻译室工作了一段时间。不久又与王泳嘉、汪伯煜等人被派往北京矿业学院，在以苏联专家为导师的采煤研究生班学习。1956年研究生毕业回到东工后，被暂时分配到采矿系肃反办公室工作，与过去相识，正巧这时也在肃反办公室工作的“55煤”毕业生吴绍倩相爱，后于1956年除夕结婚，有一儿一女。我们两人先后在北京矿院、西安交大和西安矿院工作，一直没有离开采煤专业的教学工作。

从母校毕业后我先后担任过助教、讲师、副教授、教授，还担任过五年副院长的工作。我们为煤炭教育事业工作了40多年，自认尽心尽力。1996年，我们早已年过60，就退休了。不久去深圳女儿处住了6年，2003年回西安后，老伴为完成多年的心愿，写了一本《七十回眸》(约35万字)，所以这一年中我也给予协助和配合，此书出版后已赠一些亲友及老同学和老朋友，供茶余饭后消遣，同学们如感兴趣可来信即送阅。

退休后的第三个愿望是到祖国各地去探亲访友。趁身体还可以，从2004年6月中旬起，我们从祖国的西部到东部，又从南方到北方，拜访了过去曾关心和帮助过我们而多年未见的老领导、老同学和诸多亲友，还看到了在各地工作的我们的一些学生，先后有100多人。我们多次参加了各地的校友聚会，大家都十分高兴和激动。有的人告诉我们，当他接到我们的电话，激动得一晚上都没有睡好觉。的确好多同学都四五十年没见面了。在我们的头脑里，同学们还是风华正茂的年轻人，可如今相见都已是两鬓斑白的古稀老人了。不过，尽管几十年未见，但总还能感觉到对方年轻时的音容笑貌，也禁不住心中的喜悦和激动。与老同学见面免不了要谈谈离别多年来的情况，我们为老同学多年来取得的成就感到高兴，大家互相庆幸我们都能看到改革开放以来祖国面貌的变化，互相祝愿能再健康地生活几十年，更多地看看这美好的世界。祝学友们心情愉快，身体健康，全家幸福！

（摘自《54煤通讯》第18期第23页）

五、重返沈阳、长春

李高祺　朱敏

抚顺、沈阳、长春留下了我们四年大学和早期参加工作的记忆。尤其是高祺，在沈阳东大度过了25个春秋，不啻第二故乡。因此，我们常想再去看看，重温旧梦。2006年7月，我们去沈阳、长春拜访老同学，重游故地，了却了一大心愿。这次出游，最回味无穷的是同学的相聚谈笑和故地重游，最感动的是同学的盛情接待和全天候陪伴，最关怀的是同学的退休生活和身体健康。

欣欣向荣的东大

7月15日傍晚，我们到达沈阳，住在雨天、宋琳家。次日上午，雨天、宋琳陪我们闲步校园。东大生活区内原先小巧玲珑的两层小楼群，如滨湖里、临湖里、望湖里均被拆除，代之以多栋高楼。单身教职工的科南宿舍、科南食堂均已重建，食堂共三层，分中西餐厅。商店也已扩充为超市。由于居住条件改善和人员增加，在校园的南部、西部还盖了大片的宿舍。

往东走是教学区，最早建的建筑馆、冶金馆、机电馆、采矿馆依然四角矗立，但四馆中间修建了宽广秀美的花园、草地、喷泉、凉亭、假山和回廊。我们在时兴建的主楼整修一新，又加盖了图书馆、汉卿会堂等。现在正在建设一幢高层的科技大楼。我们走进装修得整洁明亮、不复旧日面貌的采矿馆，回味当年在此上班的日日夜夜。

采矿馆再往东，建起了上规模和档次的游泳馆、带看台的标准规格的体育场。原先的体育馆夹在二者中间黯然失色，我们过去常在此开大会、看电影，据说这里快要拆除重建。再往东是全国有名的东大阿尔派软件公司大楼，以及它兴办的东科电子商场。市场内商铺云集，商品琳琅满目，顾客盈门。出楼就是三好街，对面是音乐学院，三好街过去十分静谧，现在开满了被东科电子商场拉动的众多电子商店和其他商店，行人摩肩接踵，高音喇叭的广告声此起彼伏，一片繁华景象。雨天夫妇请我们品尝了正宗的东北水饺。

我们虽然只是走马观花，只有半天时间，十分局限地走了一条路线，但已感受到一个欣欣向荣、兴旺发达的东大。

铁西的麻雀不再是黑的

下午，我们去铁西区原东工校舍（当时沈阳工业大学校内）故地重游，还去市区感受沈阳的变化。我们由南五马路经二孔桥进入铁西，来到铁西区原东工校舍，进去转了一圈。又一次看到当年上课的主楼、居住的一宿舍和二宿舍、运动的大操场，还是这几幢建筑，还是这片场地，景色依然，只是人老了。

铁西过去给人的印象是灰蒙蒙的，大家戏说“铁西区的麻雀也是黑的”，这个评价现在不复存在了。我们接着观赏了铁西开发区，道旁色彩鲜艳的新厂房林立。参观了位于开发区小巧玲珑、管理有序的公司和生产车间。

东大老同学

16 日上午，费寿林陪我们到汉卿会堂参观了校史展览，接着陪我们一起去探望了住院治疗的陈昌曙。我们进入陈昌曙的病房时，他鼻插氧气管，使我们一惊。不料他让撤去氧气，翻身坐起，和我们谈笑风生。他妙语连珠、幽默连篇，逗得大家笑声不断。讲到他桃李遍天下时，他指着旁边的夫人罗茜取笑说，他在病中还培养了她两门学问：一是医学知识；二是医学英语（要看英语药物说明）。大家不禁哈哈大笑起来。陈昌曙病得不轻，但他有这样的好心情，一定能战胜疾病。

在沈阳期间，我们一一拜访了老同学和原教研室的老师及同事。他们的退休生活很丰富多彩。例如雨天、宋琳，原先雨天是沈阳市大学老年合唱团的团长，曾巡演北京，还得过奖；宋琳除了参加合唱团，每天早上还带领退休职工练习舞蹈，现在由于宋琳一周三次的透析而中断了，但雨天仍是东大老年合唱团的团长，家中还为了合唱买了一台钢琴，我们住在他们家，充分感受到音乐气息。英敏寄兴于扎风筝，他的风筝小有名气，他送了我们一个，十分精美，据讲只要有微风就能上天。小荷研究技术科学中的美学，已有10年，在电脑上给我们展示了很多资料，还送给我们一张存有他整理的有关资料的光盘。韵梅自不必说，她的“跨国恋”一鸣惊人，使我们佩服不已。当然他们都还在发挥才能，我们去看望英敏时，他正受教研室之托，在同时评审两份论文。泳嘉是东大校计算机中心第一任主任，现在退休了，还经常去办公室。寿林是老书记，小荷至今还有博士生，就更不用说了。

东大老同学都事业有成，但也付出了健康的代价。他们的健康总体上说不是很好。昌曙、泳嘉、英敏、宋琳、寿林都有较重的疾患，韵梅前些日子脚肿，走路困难，现在大有改善，唯有雨天、小荷较为健康。我们衷心希望老同学善自珍摄，注意健康，重视疾患，颐养天年。在沈阳时间虽短，非常紧凑，却丰富多彩，值得纪念。

大白楼

在长春，友佳、可清一起陪我们重游过去的学校——大白楼。大白楼所在的人民大街和人民广场（原斯大林大街和斯大林广场）是现在长春最繁华的地段，周围盖起了幢幢高楼，车水马龙，没有了过去静谧的气氛。广场上，带有飞机的纪念碑和曾经睥睨四周的大白楼以及银行已经显得矮小，变成了小兄弟。大白楼上面加了一层，变成五层楼，现在已经改为电子商场。楼下三层都是商场，隔墙全部打掉，变成大厅，四面都是柜台。我们直上四楼，因为过去的教室在四楼。所幸四楼没有改动，采矿系的几个教室都在，房间大小结构未变，但成了办公室。我们进了在拐角处原来的教室，看了一下，请主人帮我们拍了合影，就辞谢了主人。下得三楼，从窗户望出去，看见大白楼后面的小场地。高祺指认一楼一个窗户，说是她和荣华、韵梅、可清、宋琳合住的宿舍，她记得以前经常由窗户出入，跳到小场子中练舞蹈、练投篮（球）。出了大白楼，我们还拐到人民广场纪念碑下合影留念。

北京、沈阳、长春、辽源之行结束了，我们先后见到25位同学。心有余而力不足，我们未能遍访东北的同学，是一大遗憾。再过几年，健康与精力还能允许我们再作此一行吗？

（摘自《54煤通讯》第20期第1页）

六、辞亲离乡　弃化学矿　一生从煤　无悔无憾

王友佳

人生短暂，一晃整整60年过去了。这60年里，我的个人经历很简单，和其他人一样从成长求学时代走向工作岗位，至1992年底退居二线。60年，我们的祖国正处于大变革时代，个人的前途、职业、事业必然与新中国的成立及其前途和发展息息相关。我在中学时代所追求的人生目标与后来所选择的职业、事业乃至人生观完全相背，我无论如何也想不到一个南方的青年竟然会辞亲离乡，自觉到东北来学习甚至生活一辈子，更想不到的是通过采矿系的大学四年学习和38年的东北煤矿工作实践，竟然和煤矿结下了深厚的感情和不解之缘！回首往事，感慨万千。

宁波中学是新中国成立前我读高中的母校，历史悠久，师资水平高，以其治校严格、艰苦朴素和教学质量高而闻名于江浙。我在宁中读了两年半，养成了刻苦读书、艰苦生活等良好作风。但是在那个年代，由于我的家庭经济条件较差，父亲失业10多年，靠我大哥供我上高中已经很不容易了，上大学只是空想，只幻想高中毕业后，能找到一份小职员的工作，图个温饱生活也就满足了。

1950年，是我一生的转折点。我的宁中同学王家琛和徐近霈是影响我人生转折的关键人物。2月底的一天，正是宁中新学期开学报到的日子，我和其他同学一样去学校报到，对我们来说这是高中毕业前最后一个学期。就在那一天，我们收到王、徐二位同学的来信，得知他们二人已被录取到抚顺矿专上大学。而且在东北的大学正缺学生，可以全部免费，王、徐信中动员我们不必再念高中，马上就去，保证能念上大学。这多么有诱惑力啊！想到我的大学梦去

东北就能变成现实，小职员的理想可以变成工程师，实在是太使人兴奋了。于是我和其他大约 10 名同学，说服了父母和兄姐，拿着交伙食费和学费的钱当路费，从宁波启程赶往抚顺。

在抚顺矿专经过了 4 个多月的业务学习和政治学习，我的政治思想觉悟有了提高。这时传来了两个喜讯：一是抚顺矿专与沈阳工学院、鞍山工专合并为东北工学院，抚顺矿专改为抚顺分院；二是国家急需采煤人才，动员学生转系。我原来报的是化工系，大概是受浙江大学有名的化工系的影响，对于江浙一带的南方学生来说，采煤专业太陌生了，甚至还有一种恐惧感。但经过政治学习，这种怕苦怕累的思想早就不存在了，既然国家急需采煤人才，我就毫不犹豫地响应号召，报名转为采矿系，这就是我人生的第二个转折点。

我在东工采矿系学习了整整四年，无论是在政治上还是在专业学习上都收获很大，初步建立起对采煤事业的感情。我们去阜新、辽源煤矿实习时，看到当时的煤矿技术比较落后，我就产生一股雄心壮志，要把学到的苏联煤矿的先进技术应用到自己国家的煤矿中。从大学三年级开始，我就有这样的抱负：毕业后当一名采矿工程师、一个矿井的总工程师、一个局的总工程师。

在填写毕业分配志愿时，我记得清清楚楚，把“到现场去，尤其是到我毕业设计的矿——鹤岗兴安台竖井去”作为我的第一志愿。感谢学校领导的关怀，我的志愿真的完全如愿以偿，分配单上醒目地写上：“分配王友佳去鹤岗兴安台竖井工作。”当时我的心情真是激动万分，这就是我人生的第三个转折点。

从 1954 年 8 月参加工作到 1992 年末退居二线，整整 38 个年头中，我有三个始终：始终没有离开东北煤矿；始终没有离开煤矿生产实践；始终没有离开技术岗位。实现了三个愿望：毕业后第二年（即 1955 年）开始，累计当了 8 年半的井口主任技术员、10 年半的矿总工程师；从 1975 年开始，当了 8 年的局总工程师；从 1983 年开始，当了 10 年的东煤公司总工程师。大学时代的抱负竟奇迹般地一个一个实现了。

人到老了喜欢回忆和自我剖析，我也是如此。经过中学时代，特别是大学时代领导和老师们的谆谆教诲和共产主义人生观的教育，从走上工作岗位起，我就对自己定下了几条要求：相信党，跟党走；勤勤恳恳工作，老老实实做人；讲贡献，不讲索取；尊重工人干部，不摆大学生架子。实践表明，我所信奉的做人准则受到煤矿领导和工人的欢迎和信任，在短短的时间里，我就成为他们中的一员，把“多出煤、出好煤”作为共同的奋斗目标，把“解决煤矿生产、技术的关键问题”紧紧地与“多出煤”联系在一起，每一次成功就赢得一份鼓励和信任，当失败的时候或者讲了错话或偏激的话时，他们能予以谅解、理解甚至保护我。

现在回忆起来，我在煤矿基层干了27年，那段日子真是留恋难忘。那时候，我和陈可清同学结婚时，房子是临时借住的，家具一无所有。结婚后，我们继续吃职工食堂五年之久。为了不影响我的工作，我们的两个孩子生下来后就留在外婆和姑姑家，托他们抚养长大。我第一次见到女儿和儿子时，他们已经5岁和8岁。到现在为止，我们全家和儿女团聚的日子累加起来不到一年。那段日子，我和可清两人的工资从173.8元逐渐增加到223.3元，但既要赡养双方的老人，又要抚养孩子们长大和上学，经济上不是很宽裕，却也养成了勤俭、知足的良好习惯。直到现在，我们的家庭生活条件有了较大的改善，我从内心里感到心满意足。

生活的简朴和寂寞由忘我的工作代替。在鹤岗工作那段日子里，我和可清不在一个矿里工作，每天早上各奔东西，晚上七八点钟回家，有时甚至两到三天不回家，没有星期天和节假日。我们干的是平凡的工作，却是与煤矿生产离不开的，我是总工程师，责任更重，要研究决策生产的布局、接续、各项技术经济指标以及安全等问题，煤矿真是有干不完的工作、解决不完的问题。干煤矿，很难做到事业和家庭两全，我在家庭方面基本无后顾之忧，这就给事业上的发展创造了有利条件。

值得回忆的事太多，限于篇幅不能再继续下去。在结束回忆之前，我现在的心情是无悔无憾。无悔的是：不后悔40年辞亲离乡只身一人来到东北；不后悔学采煤，干煤矿一辈子；不后悔子女从小不在身边，我们是从小两口到老两口，没有享受到多少天伦之乐。无憾的是：对得起中学和大学母校的培养，对得起祖国和人民；为祖国煤矿事业尽了一点力，作了一点贡献，死而无憾。但是要说完全无憾是不可能的，我尚有两点遗憾：一是在职期间有些应该干的工作没有干好或者没有干，现在想干也来不及了；二是对家庭的关心太少了，没有尽到一个丈夫和父亲的责任，不少领导和同事开玩笑说我是有家（友佳）没有家，我对可清和孩子们欠下的人情债只有晚年给予补偿。

经历过这4个工作单位，历时38年。基本情况可概括为“4个没有”：没有离开过煤炭系统，采煤是我们一生的职业；没有搞过行政工作，从井，到矿、到局、到公司，干的全是技术工作；侥幸没有受过大伤，身体没有搞垮；工作没有犯过任何错误，没有受到行政处分，尽职尽责，不辱使命。

什么是我们的初心？回想一下应该是：热爱祖国，热爱事业，勤奋工作，敢于担当。恩师魏同退休后于2007年赠我们一首诗，是对我们最亲切的关怀和鼓励，永记在心：

负笈来北国，建设到煤城。
不顾小家美，只图大局红。
德才全俱备，志趣亦趋同。
白首长相伴，淡泊卧云松。

2017年8月

（摘自《54煤同学回忆录》第25页）

第十六章 饮水思源

一、我们这个集体

《54 煤通讯》编委会

我们这个集体，四年来曾在一起获得过荣誉的模范“54 采煤班”，像一炉钢水，是一炉很好的钢水，但它不能永远保存在炉内，它必须倒出去才能有用处，它必须制成各种各样的钢材，有的拿去轧成无缝钢管、铁轨，有的需要用作天轮井架，或者铸成大大小小的螺丝钉。

1954 年 7 月 28 日，这炉钢水出炉了。当我们各自踏上汽车离别母校的时候，感到依依不舍。但是接受一生中祖国第一次交给自己重要任务时的兴奋和愉快的心情，远远超过了它。大家都不会忘记郝主任的讲话：“要真正检验这块钢的品质还需要经过几次考验，第一次考验是我们以优良成绩通过了毕业论文答辩，第二次考验就是服从组织分配。”大家怀念着这个集体，怀念着集体的荣誉，第二次考验怎么样了呢？我们光荣集体的每一成员是以怎样的态度来迎接这一考验呢？

7 月 28 日以后，留校同学时常盼望着各地的来信。在一个月零六天中接到了 42 封来信，除了重庆、阜新没有来信外，有的地方已来两封信以上，如西安矿务局、北京矿业学院及西安煤校等。从每一封来信中突出地看到大家的劲头，简直没有办法形容。渴望工作的热情是一天也不能等待。对第一个工作是那么喜欢，以至愿意献出自己全部的精力。看周有为、张知本、何祖荣以及西安、鹤岗所有小伙子及唯一的姑娘等的来信，就会使你沸腾起来。吴锦甫和蒋宝书在临走时向同学表示，到西安煤校后要向校长保证：“要是组织不调动，我们准备一辈子在煤校当教师。”有什么比这纯真、深厚的感情更可贵呢？西安矿的全体同志和抚顺的吴朝鼒已开始见习期了，他们开始以工人身份实习，并详细订出了装车、推车、支柱等内容。矿上对他们的计划很满意，抚顺龙凤矿赵主任工程师去检查时，吴朝鼒说：“推车学得差不多，装车还不太熟练。”采区的于区长说他很虚心。胡又珠、陈可清两位姑娘的吃苦耐劳精神也得到矿里很多称赞。

很多同志改了行，但是没有人计较过。正如陈惠芬所说：“既然祖国需要，有什么理由挑肥拣瘦呢？”倪永义很坚决地说：“我下定决心做好祖国给我的第一项工作——助理保管员。”有些同学分配到不是自己志愿的工作，个人兴趣、特长与祖国的需要发生了矛盾，但谁都会记起自己的宣誓：“祖国的前途就是我们的前途，祖国的需要就是我们的志愿。”

从一个环境转到另一个工作环境，每个人都会遇到大大小小的困难。吴锦甫、蒋宝书、卞树中本学期就要开课了，裴永年的第一个任务便是作出掌子面的技术革新计划，计委会、燃料部的同志在两个月前曾把自己的设计送到设计院去评阅，而他们现在却在审核设计院送来的设计了。前几天胡福欧出差到沈阳来，学校交给了他全面负责筹备及安装矿山机械实验室的任务。大家都能体会这些工作将给同志们带来多少困难，更能体会到这些同志们虚心的学习态度以及立刻将工作承担下来的勇气是多么可贵。是的，胡耀邦同志曾经说过：“对待苦难有两个字：斗争！把它打倒。斗争含义很广，克服困难就是斗争。跑不了我就走，走不了我就爬，爬不了我就滚。谁敢向困难宣战，谁就能打倒他，就能胜利。”

远离我们的单干户胡人同、何汉生、倪永义……他们并没有感到孤独，他们很快地从路上起就交到了自己的朋友，得到了友谊的温暖。在当地组织的关心支持下，正如胡人同所说：“我感到过去的想法可笑。”虽然这样，同志们并没有忘了他们，每一封来信都很关心远地的单干户，表现了我们之间的深切情感。

总的来说，我们干得不坏，很有成绩。但是根据各地来信反映，有下列情况要提请大家注意：

首先是身体问题。由于生活习惯及当地环境和学校不同，有些同志生活不够正常，平时缺乏锻炼，再加上干得过分厉害，所以身体有些不够好。这一点我们必须充分注意，我们要从长远利益来考虑，必须以健康的身体来保证工作。

其次是政治学习问题。我们应该结合本单位的干部理论学习来进行，不要另搞一套或等待有一套完整的学习提纲，这是不可能的。最主要是自己主动，有时间就抓。我们现在是党的工作干部，必须学好政治理论及时事政策，对机关工作的同志们这方面就要求更高一点。

第三，我们在工作的时候，要紧紧依靠当地组织，要经常取得组织的帮助。无论是自己的思想感情、业务工作，还是私人生活，都应该让组织了解。只有这样，才能从组织那里获得温暖与帮助，有时候可能会有些不习惯，必须要有意识地去做。

第四，我们不要拒绝做任何细小琐碎的工作，一定要踏踏实实地从头做起，还必须从小做起。如做作业规程、施工计划、抄字报表，参加坑口调度会议等，看起来这些似乎很简单，但这正是锻炼我们的地方。同时这也是培养我们真正热爱工作、树立坚强工作责任心的时候。任何工作都是从小的地方做起，我们伟大的共产主义事业也是由无数小的工作积累而成的，这一点应当随时注意培养。

提出的四点，希望我们各自在工作中体会及实践。

同志们，在短短一个多月中，我们这个集体好像发生了很多事一样，每个人都以燃烧的心情来努力工作。走向新的生活，释放出我们年轻人的青春活力！让我们在不同的工作岗位上发挥自己更大的智慧和力量吧！

（摘自《54 煤通讯》第 1 期第 2 页）

二、“54 煤”给我留下了心灵里的一盏灯

——一唱雄鸡天下白

费寿林

当毛泽东主席在天安门城楼上宣布“中华人民共和国中央人民政府今天成立了”之后的第一个春天，一群热血青年告别了杏花春雨、小桥流水的江南故乡，奔赴既有森林煤矿、大豆高粱，又有千里冰封、万里雪飘的东北抚顺。曾

有人说：冬天冷得能冻掉耳朵，撒尿还要带根小棍。青年们仍是豪情满怀，其中也有我一个。

我们不远千里来东北上学，是抱有学好本领，建设新中国的共同宏愿的。然而由于各人的家庭、经历、机遇不同，在思想觉悟和学业水平上也存在着差距。旧社会“好铁不打钉，好男不当兵”之说对我颇有影响。我愿意读书当工程师，不想当兵。起初，我还不大信任组织，怕让我这样身体棒而非党团员的人去当兵。但事实深深教育了我。学校选送的正是少数优秀的党团员。祖国为了迎接大规模的经济建设，不但舍不得让大批大学生去参军，而且把学校迁到美机轰炸不到的长春，把我们保护起来。

1953 年第一个五年计划开始了，掀起了工业建设的高潮，一个文化教育建设的高潮也随之兴起，随着全国性的院系调整，一大批苏联专家派来中国，老干部下系抓教育改革，我们的精力才真正集中到学习上来。

我觉得正是在这样的机遇下，“54 煤”才崭露头角，显示出班级的优势。我认为优势主要表现为：一是政治空气浓厚，尤其是能把“为祖国而学”真正变为全班同学的行动目标。二是班级的领导和管理工作有特色。班干部都是品学兼优者，在群众中有威信，有尊敬师长的风气；注意选派学习较好、有工作能力的同学担任课代表，密切师生联系，沟通教学情况；强调学习上的集体互助精神。三是班风好，能认真开展批评与自我批评，团结互助，有强烈的集体荣誉感。

我在班级里是课代表，连续几学期担当课代表工作，如制图、钻探、电工学、矿山电工等课程。我们班有这样的风气，把搞好学习看成集体的事，不把它视作纯个人之事；一个人在班级中的地位和作用要看他为别人做了些什么，做得怎样，应该说我还是很看重当课代表这个够不上“芝麻官”的工作的。经常向老师建议根据我班同学的特点，某些内容该怎么讲最能使大家明白。每当考试复习阶段总想帮助学习稍困难的同学取得好成绩。例如，曾花了不少时间画了一大张钻机内部结构的立体剖视图，组织学习好的同学当小老师答疑等。我也积极参加学习互助组活动。

曾记得第七学期矿山通风课程口试时，关绍宗教授提了一个问题我一下子卡了壳，后来“一经启发，恍然大悟”，答上来了。按当时苏联考试标准只够给 4 分。这是我记分册上留下的唯一的 4 分。事后，团支部却在全班会上对我进行了表扬，说我因接受支部安排在考试期间对口帮助一位同学复习，花费的时间太多，影响了自己的成绩。其实这只是部分原因，主要还是自己掌握得不深透。

热爱专业的教育对我们班级的成长有重要意义。1952 年到鸡西矿务局实习时，矿务局梁局长曾谈到，日寇投降后，由于没有我们自己的工程师而只能留用若干日本人。他们趾高气扬，不仅无悔罪之意，竟敢在一次重要会议上拍着局长的头说："你们中国人的脑袋是大大的不行啦！"梁局长希望我们自己培养的采煤技术人员尽快成长。我们许多人激动地请求当时就留在鸡西工作。

一次苏联专家作报告，有同志问专家他们的学生是否也有"专业情绪"时，他颇含哲理地回答：有的人在天上飞，有的人在地上走，世界就是如此。苏联电影《顿巴斯矿工》的译制片传到学校，我们怀着特别激动和自豪的心情观看了这部影片。我尤其欣赏其主题歌中的一句歌词，它歌颂煤矿工作者是"给人们带来温暖和光明的使者"。还记得有一次去北票冠山矿实习劳动，上完半夜班后升井，夜幕中看到矿山遍地灯火闪烁，远处矿车飞驰，虽然满脸满身煤尘，疲惫不堪，但心中油然升起一种自豪感：我们是一群有使命感的青年，我们自觉选择了既艰又险但造福人民的事业，要无愧于人生。

点滴往事的回忆，反映了我自己思想改造的脉络。我想，"54 煤"的同学都是人，没有神，都有一个或快或慢、或难或易的锻炼成长过程。我还认为，一个人的成长、一个集体的成长，总离不开时代的背景，离不开周围的环境，同时也总具有时代的局限性。

"54 煤"成长在新中国成立以来历史上最好的时期之一。新中国成立之初，政治上节节胜利，经济上迅速恢复，人民对党和社会充满希望，社会生活中理论与实践比较吻合，特别是通过一系列思想教育，促进了新旧思想的激烈斗争。

斗争的核心是人生价值观问题。时代使我们这一代大学生基本树立了全心全意为人民服务的观念，懂得了人生的价值在于奉献。我们毕业分配时填志愿，除了填去边疆、去最艰苦的地方，就是填服从组织分配，很少或者最后才反映一些个人的愿望。

要问"54 煤"给我留下最宝贵的东西是什么，我的回答是勤勤恳恳地做事，老老实实地做人，多奉献、少索取。它像一盏明灯在我心灵里投下了美好的光辉，陪伴我走过了40年漫长多变的人生。它还将照亮我走完这虽无可炫耀但也并不愧对的一生。

（摘自《54煤同学回忆录》第7页）

三、“54煤”与我

涂继正

“54煤”这个事物是在一定的时空中出现、形成和发生作用的，但它的影响所及超出了“54煤”和采矿系之外。40年过去了，诞生“54煤”的时空已不复存在。但这并不等于“54煤”的影响也就此消失，至少在我们的一生中，它留下了自己的印记，今天还继续影响着我们。

我在“54煤”的群体里生活了4年。40年后的今天回过头去看，那只是40年的十分之一，并不算多。如果按我的年龄计算，只有十五分之一，就更少了。可是对我们这一代人来说，那是一个社会转变的时期和人生转变的时期，其分量不能等同于一般的4年。当然，我们当中有些人，不同寻常的不只是那4年。但是不管怎么说，“54煤”作为一个历史事物还是有其值得回顾的内容的。我只能拾起一些不重要的一鳞半爪，或许能给其他同学的重要回忆文章填补一些空白。

赴东北

1950年初，东北招聘团到南方招聘技术人员，东北一些新建的学校同时也在南方招生。我那时正就读上海中学高三工科，即将毕业。上海中学的工科学生毕业后，既有就业的，也有升学的。我当时既向东北招聘团报名就业，也报考了抚顺矿专。我对自己说，哪一处录取通知先来，我就去哪里。结果，抚顺矿专的通知先来，我一生的道路就这样决定了。

我是从上海北站出发去东北的。上海北站的站台是终端式的，不论南下还是北上的火车，从上海北站出发时都是往西行。由于车次很多，常常同时有两列火车从上海北站开出。离开站台以后，两列火车是平行的，起先靠得很近，彼此乘客伸手可及。经过好几公里，几乎察觉不出二者的距离有什么变化。行车速度也一样，跟对面乘客照样能够打招呼。等到出了上海市区才发觉“分道扬镳”，彼此走的完全不是一条路。我当时只感觉到铁路是这样，现在体会到人生也是这样。

长春

1950 年底的隆冬，辽沈战役两年后的长春，仍是断墙残垣。东北银行外面墙上弹痕累累。那时食堂没有暖气，晚饭后洗好碗，四个一叠倒过来扣在桌上。第二天来吃早饭时，已经冻在一起掰不开了。宿舍的洗脸间也是这样，毛巾冻成硬板。后来，朱新和同我每天早晨起来在街上长跑。长跑的终点是离大白楼不远的一家煎饼铺，掀开棉门帘进去，暖烘烘的，买一张煎饼摊鸡蛋加馃子（即油条），别有风味。吃完，身上的汗水也干了。

也有一天晚上，周有为突发高烧，必须立即送医院。半夜已过，没有交通车（为什么没有救护车，我已记不得了）。我们几个大个子，抬着担架，用棉被把老周裹得紧紧的，抬到医院。一路上喊着步伐：“左，右，左，右”，免得摇晃病人。不知老周是否记得此事。

洗澡

初到沈阳时，各班按课程表似的安排，每周洗澡一次。我学会了两件事：一是马克教我的洗完澡先穿袜子，这样做，套裤管时不会发涩。二是我自己尝试出来的：用板刷刷背。后来改用带柄的鞋刷，效果很好，洗完后舒服得很。搬到第二宿舍后，浴室和宿舍在同一个楼，不少同学养成了临睡前用冷水淋浴的习惯，对身体很有好处。

互助互学

“54 煤”的最大成就，在我看来就是同学之间互相关怀，互相帮助。这里面有学校和系领导的有意引导和培养，但更重要的是同学们自己意识到这四年学习的目的是掌握一套建设祖国、为人民服务的本领。自己一个人掌握本领还远远不够，需要“54 煤”这个群体一起前进。

互助互学表现在许多方面：生活、学习、体育、文娱、思想、感情。我印象比较深的是课代表制。课代表做得最出色的要数钱鸣高了。不仅同学们称道，任课的教师也非常满意。每一学期，他总被推荐担任至少一门课的课代表。课代表在自己负责的这一门课上比别人多下功夫，预习、复习、多找参考资料，向老师反映同学们的疑难，到期终又能对整个课程掌握要领，帮助其他同学消化理解。钱鸣高以后在教学中的卓越成就，也可以说是从当课代表起步的吧。“54 煤”的课代表做得比其他班级更出色一些，办法多一些，效果好一些。这恐怕是“54 煤”的名字在全院比较响亮的一个重要原因。

学习上还有其他互助方式。每当期终考试之前，郑义生和我总是各自先写出一个全课程提要，作为复习提纲。我们坐在教学楼通往屋顶平台的楼道口（那里由于自然负压作用冬暖夏凉），以一问一答的方式对每一要点进行复习。记得在复习矿井通风时，他问了我一个问题，我答不出来。我翻了一下自己的笔记，上面也没有。大家知道，关绍宗老师讲课是没有废话的，一句顶一句，也不重复。你要是上课思想溜号，没有听进去，那就怪不得他了。幸好郑义生这么一问，也真凑巧，我考试时正好抽到这一道题，对答如流。关绍宗老师后来又成为我的研究生导师，我由衷感谢恩师的精心教导。

除了郑义生和我以外，也有其他的“两人互助组”。有的同学刚毕业就结婚，被分配到同一个地方，恐怕也是通过这种方式结的缘。

生产实习

生产实习虽然辛苦，但收获很大，它是课堂教学所不能替代的。北票冠山矿的马拉矿车、蒸汽卷扬机，现在恐怕都成了历史文物。冠山矿井下有马棚，马下班后一般不升井，除非要治病之类的。马也佩戴矿灯，一次拉五六个矿车。马上下竖井时只许马夫牵着乘罐笼，信号工打五个点，让卷扬机司机开得慢一点。爆破工上下井打四个点，干部下井打六个点（这是信号工告诉我的）。

三年级暑假的采煤实习是在鸡西恒山矿。巧得很，我毕业后也被分配到鸡西恒山矿，只有我一个人。其实也没什么巧合，全班这么多人到恒山矿实习，毕业后总会有人被分配到恒山矿。不是我的话，也会是别人。

毕业设计

毕业设计和毕业实习是整个学习生涯的总结。我的毕业实习是在阜新新邱矿。设计对象是真实事物，用的资料和数据也是真实的。这样，除了理论知识外，还考验了我们解决现实问题的能力。

毕业实习，每个小组人数少，大家团结互助。记得组里一位女同学，在井下需要上厕所。那时煤矿井下哪有什么厕所！她让我陪她到一个煤川，还替她"放风"。

在恩师张家连老师的精心指导下，我完成了毕业设计。我设计交得比较早，顿觉轻松。后来让我把自己的设计全部译成俄文，说是苏联专家要带回去给苏联学生看看。这个差事不轻松，但是锻炼了我的俄文能力，对以后的工作帮助很大，我现在还看一些俄文资料。

愿"54 煤"的精神继续发挥作用

40 年过去了，同学们分散在四面八方，经历大不相同。我跟年轻人和外国朋友谈起大学时期和以后的经历，他们听了都津津有味。现在有了这本《回忆录》，内容更丰富多彩了。这里面有些东西不仅值得我们回忆，对后来的人可能也有帮助。

（摘自《54 煤同学回忆录》第 15 页）

四、"54 煤"——一个经得起历史检验的先进集体

祝熊庆

东北工学院自 1950 年成立至今，毕业了成百上千个班级，但母校在 2003 年 9 月举办 80 周年校庆时出版的光盘中，对班级先进集体就突出地宣传了"54 煤"，这绝非偶然。我和王家琛 2003 年 9 月回校参加校庆，在徐小荷家中看校庆的光盘，当看到"54 煤"的画面出现时，一股自豪之情油然而生。其中的画面有：抗美援朝时在抚顺送同学参军时的轰轰烈烈场面、10 位女同学在抚顺一个煤矿（可能是龙凤矿）合影的飒爽英姿、同学们在教室精心做毕业设计时那专心致志的神态等。东大党委宣传部的工作人员告诉我，这些照片都是从校档案室好不容易才找出来的。据说，"54 煤"曾遭到非议，但"真金不

怕火炼”，历经50年，“54煤”的光辉犹存。因此，“54煤”是一个经得起历史检验的先进集体，完全可以定论了。

“54煤”不仅在学校先进，同学们毕业后的表现，从总体上说，也是先进的。以8个字概括：人才济济，表现出众。我们的同学中有中国工程院院士、博士生导师、教授、副教授、总工程师、高级工程师，有大学的党委书记、校（院）长，有科研院（所）的领导及一批司局级干部，还有的当上了光荣的全国人大代表等。更值得我尊敬和钦佩的是：有些同学受到错误对待，但他们没有泄气，忍辱负重，终于坚持到被平反的一天，实在不易。我认为这是先进的另一种突出表现。

“54煤”为何能如此先进且经久不衰？我认为有以下原因：

（1）同学们在高中时的素质就较好。1950年春，抚顺矿专到上海一带提前招生，把上海、江苏、浙江一些名校的许多高材生都招来了。到校后经政治学习，后林干副校长又亲自动员大家转学艰苦、危险的采煤工程，一部分觉悟较高的同学响应号召，又从其他专业转到采煤专业，人才又相对集中了。

（2）班级中政治气氛好，大家都团结向上，艰苦朴素，刻苦学习。虽然当时的政治工作中有一些“左”的做法，伤害了一些同学。但从总体看，那时的政治思想工作还是应该肯定的。许多同学都开始树立正确的世界观和人生观，努力学习，掌握本领，报效祖国。当时大家的思想比较单纯，杂念少。思想基础打好了，对一生都起作用。

（3）重视独立工作能力的锻炼，这十分重要。当时几个班才一个辅导员，班上的工作几乎都是同学们自己承担。如三、四年级的生产实习、毕业实习，都是同学们自己带队。这对以后的成长很有好处。

（4）同学间的关系很好，彼此关心，团结互助，亲如兄弟。当时有的课程不大好学，如画法几何、电工学等，少数同学跟不上，课代表和一些学习好的同学就主动帮助，反复讲解，直到弄懂为止。思想上有问题，生活上有困难，党团员会及时关心，帮助解决。因此，掉队的同学极少。

（摘自《54煤通讯》第18期第2页）

五、为祖国学习

华安增

“为祖国学习”这句话说给当代青年听，也许个别人会笑你讲大道理、空道理。然而对我来说却是确确实实的学习动力！

奔赴重工业的摇篮——东北

1949 年 4 月，江苏省苏州市解放了！ 1949 年 10 月 1 日，我们苏州中学高三年级的学生满怀激情地参加了中华人民共和国诞生的庆祝活动。不久后，我校一位物理老师应东北招聘团的邀请，赴东北工作。我们以钦佩的心情，自发地举行了欢送会。1950 年 4 月，“东北工学院”来上海招生。我决心步老师的后尘，奔赴重工业的摇篮——东北。

当时想法很简单，要建设祖国就要搞重工业，而当时的重工业主要在东北，因此决心到东北去！当我去上海应试时，同学们以为我只是为正式考大学而去练练兵的。当我接到录取通知书后，毫不犹豫地向他们告别时，他们都大为惊讶！说了好多赞扬、羡慕、鼓励和祝愿的话。就这样，一个从小学到高中一直在苏州读书的青年，突然离开了“鱼米之乡”的人间天堂，只身来到东北，嚼着从未见过的高粱米、窝窝头，拎个矿灯走进那做梦也未曾想过的全新事业！

祖国的期待

1951 年暑假，我们部分“54 煤”同学到鸡西煤矿实习。到达矿务局当天晚上，梁局长约我们在食堂见面，当时的职工食堂兼作大会场，只是一个简易大厅，除了有几个卖饭窗口和一个讲台外真是什么都没有，连桌椅板凳也没有。

梁局长站在讲台上，我们几个同学自由分散在讲台四周，他在谈家常中说了这样几句话：“你们是新中国成立后，我党自己培养的大学生，你们将参加我国第一个五年建设计划，祖国期待着你们。”当时没有大幅标语，没有激动人心的场面，更不是誓师大会，但是青年人心中却默默地立下了不可磨灭的誓言：为建设祖国将不遗余力！当时一个局长接见同学似乎很随便。50 年代我们经常能直接听取省军级领导干部的演讲。在北京的学生更能直接见到总理。正因为这样随便，却显得格外亲切和难以忘怀。大家觉得局长的话不是官话，而是出自肺腑地代表着老一辈革命家的呼唤！我们决不能辜负他们的期望！也决不会辜负他们的期望！

掌握技术权

1952年暑假，我们到北票矿务局实习。我们十几个同学被分配在冠山一坑。按学校实习大纲要求，请矿领导及工程技术人员给我们介绍地质、开采情况。矿长很支持我们的学习要求，在介绍情况前他诚恳地向我们讲："矿区地质材料是绝密资料，但是我们没有自己的技术员能掌握地质情况，现在还是留用日伪时期的日本籍技术员，我们只能请他给你们介绍地质情况，希望你们学好本领，将来为我们自己掌握技术权。"听了这番话我们大吃一惊。原来掌握政权并不等于掌握了一切！只要稍有民族责任感的青年，在这种事实面前怎能抑制自己内心的激动？难道还要号召或动员吗？难道还能等待吗？难道还有什么困难不能克服吗？

以上只是我在学习过程中的二三事，再加上对科学共产主义的学习，使我们树立了对事业必胜的信念！因此，尽管生活经历很曲折，但我们没有出现过什么信仰危机。

（摘自《54煤同学回忆录》第49页）

六、我们也是去闯关东的

丁伯坤

清楚地记得1950年我们在抚顺矿专进行政治学习期间，曾有一位丁处长来校作报告，说我们这些南方来的学生已是一批新的闯关东者。我们这批学生是新中国成立后，东北在南方招收的第一批学生。不管当时每个人的条件、背景如何，但这些学子都怀有一颗建设新中国的热忱的心，敢于抛弃南方优越的生活环境，毅然决心闯到东北来，这就是不简单的了。

40多年过去了，回忆当时离别上海闯来东北的情景，仍历历在目。我1949年夏在江苏省常州中学高中毕业，偶然有机会参与了高考，结果考上了北京师范大学体育系和江南大学化工系。对二校抉择后，我进了江南大学。仅半年后我又考入了复旦大学读统计专修科（二年制），这并非我的本愿，只想在此借读半年，待暑期再考工科大学，目的在于学习工科，将来好振兴工业，报效祖国。

“54煤”同学北上求学的场景

1950年4月，抚顺矿专第一次在上海招生，我和在复旦上学的谢蕴华同学抱着试试看的心理报考该校，我们一试成功。当时我学机械，他学电气。考取了我们去不去？这个学校有一个最诱惑人的条件，就是去东北上学，不用自己拿路费，上学期间学校还提供吃住，并可以申请助学金，这样我们上大学就可以不要家里出钱。因此，我们决心出去闯一闯。

4月15日，我俩返回常州老家，想方设法说服家庭放我们去东北。为了自己的前途，为了减轻家庭的负担，我们在4月17日拜别家乡返回上海，定于19日晚在上海商学院集合，集体乘车去东北。

17日晚我们返回上海时，谢蕴华母亲坚持要亲自送我们到上海，他们到上海后就住在谢蕴华的亲戚家。谁知就是这一宿之隔，事情突然起了变化。当天就要出发，上午我在复旦等待谢蕴华来取行李，好去上海商学院集中，一直等到中午还不见人来，下午 1 点多老谢匆忙赶到复旦宿舍，迟疑地告诉我，他母亲不让他去了，他也不想去了。

这下把我急坏了！在那个时代，凭我一个人是没有胆量去东北的。这次我们决心很大，声势也不小，好容易回家说服了父母亲友，在复旦校内，我们办完了一切手续，同学们为我们开了欢送会，连我所在的篮球队队员们还在校外的小酒吧内专门为我欢送话别，我要是不走，真是前后均无退路，无脸再见江东父老矣。现在形势是逼着我们非走不可。老谢也明知情况不妙，但母命难违。当时时间已不允许我们再多考虑，晚上 6 点就要乘火车出发。我真急了，不管老谢愿意不愿意，发动同学把我们的行李搬上车就直奔商学院。

一到上海商学院，同学们已经向上海北站行动，老谢母亲早已在火车站进站口等着，害怕我们溜进站去。当时天正下大雨，当晚出发赴东北的同学占了一节车厢，共 78 人。我们复旦大学同行的共有 5 人，其中较熟悉的是杨健生同学，他正是这次行动的带队人。当我和老谢背着行李进站时，他母亲一见儿子要走，就跑过来一把抓住行李死活不放，放声大哭，说什么也不让我们进站。我一看这架势，心中无主，但又不能不走，他妈叫我一个人走，我又不敢自己单独闯出去。

正在无奈，带队的老杨走来，我立即找他，我说你已见到，老谢妈妈不让他走。如果今天不走，我们也就走不成啦！你能否想法今天留下两人，让我们先走。老杨立即果断地作出决定，留下一人明天再走，另外恰有一个未到（后来知道，留下的一人正是周道二同学），这样我们就被同学们抢过行李，把我们二人送进了检票口，这时大雨如注，老谢母亲还在站外呼天号地痛惜儿子不听话，可恨老丁和一帮同学抢走了他的儿子（直到后来他母亲还一直埋怨是我骗走了他的儿子）。

由于这样折腾，时间很紧，我们匆忙上车，火车就鸣笛长啸，离开了上海站台，这时是 1950 年 4 月 19 日晚 6 点 55 分。我俩靠车窗相对而坐，默默无言，窗外大雨，思绪万千，各人在想着各人的心事。一会儿听车窗外喊“无锡到啦！”一会又听喊着“常州到啦！”车又继续向西开去，午夜 12 点 30 分车到南京，接着一节节地轮渡过江，我们仍是沉默无言，直到渡过了长江，车从浦口站开出，我们仿佛从沉梦中清醒。唉！我们从此真正离开了江南故乡，要去那遥远的东北“闯关东”去了。

车轮滚滚，学校包乘的一节车厢，共 78 名学生，抱着一颗颗为发展祖国工业的赤子之心，远离南方鱼米之乡，出关来到天寒地冻，只吃高粱、苞米的东北。当时关内外币制不统一，关内是人民币，关外是东北币。当天牌价是 1∶12.5，即 1 万元人民币（旧币）可换东北币 12.5 万元。我离开上海北上时，仅带了家中给我的 12 万元作路费，这一出关，我就有了 150 万元东北币，一下子我也成了腰缠万贯的“大富翁”了（实际上也许我是身边带钱最少的一个）。记得我们到了抚顺，市内最好的馆子，上好的筵席，一桌仅 10 多万元。4 月 22 日早到沈阳，是日沙尘蔽日，我们也学着东北人一样，每人都买了一副防风沙的眼镜。下午 4 时左右就到了我们的目的地——抚顺（抚顺矿山工业专门学校）。

抚顺矿专的老同学，大部分是东北人，对我们这批来自南方的新同学特别热情，欢迎我们分批来到的南方学子（没过几天费寿林、曹广贤等 9 名常州籍同学来到），安排我们的食宿，为我们介绍当地学校情况。

时间一晃就到了五一节，记得学校在大操场召开了庆五一欢迎新同学的体育运动会，非常隆重，新旧同学拉歌格外热烈，老同学异常活跃，在各个体育运动项目中新同学刚到，参加的不多，仅在 1600 米四人接力赛中，新同学东拼西凑组织了一组，大家推我参加了一棒。在劣势的情况下，我速度快，使我们这个组反败为胜，取得了这个项目的第一名。因此，学校发现了我在体育方面的才能，接着我被选进抚顺市组织的体育代表队，代表抚顺市参加了 1950 年“十一”在沈阳市召开的东北全区的体育运动大会。

五一节后，我们进行了三个月的政治学习。通过学习，提高了觉悟，能够安下心来，迎接正规学习。我们身在祖国煤都抚顺，而我们报名学的专业都是机械、电气、土木等，根本没有报考采矿等矿山专业的。当时国家急需采煤工程技术人才，因此学校号召同学们转系，不管你现在学的是什么专业，都可以转到采矿系来，对入采矿系的同学，学校给予免交学杂费等优惠补助。这对家庭困难上不起学的同学是个福音。

学校高年级老同学了解矿山，认为干煤矿又脏又累，关键是不安全。当时同学们思想斗争很激烈，但对我来讲，为了减少家庭经济负担，对于转系，我的顾虑较小，所以我是首批报名的，最终上了采矿系。1950年下半年，全国大专院校进行院系调整，以沈阳工学院为主体，把抚顺矿专、鞍山工专等院校合组成东北工学院，总院在沈阳，其他为分院。我们总算稳定下来，安心念上大学，并如愿以偿学习工科，为今后努力给祖国工业建设贡献力量铺平了道路。

（摘自《54煤同学回忆录》第56页）

七、忆青年时代闯三关

李鸿昌

想当初我们年轻时曾在东工铁西校区刻苦学习互助，课余在操场上奔跑几千米、洗冷水澡，那样生龙活虎的青春年代还历历在目。转眼间已白发秃顶，弯腰进入老年时代。

我家是个大家庭，兄、姐、弟共十人都在江南一带工作。每当手足相聚时，他们总奇怪，同胞们生活经历都较平淡，唯有我这“老九”看起来老实巴交，不善言辞，却走南闯北，还居然闯出个大学教授，有些特殊贡献。回忆起来可能得益于青年时代的三次“闯关”。

当初我于1949年在无锡辅仁中学毕业后，考取了同济大学物理专业及无锡江南大学面粉工程专业。父亲力主我进入后者，认为读理科将来当个穷教师没出息，而在无锡搞轻工业易就业。由此进入江南大学就读近一年，已准备暑假期间进面粉厂实习了。但当时民族资本家已无心经营民办高校，学校前途未卜。抚顺矿专则进入江南大学公开招生，号召转学去东北参加重工业建设。我与姐夫之弟过熙泳（后在“五七干校”游泳身亡）瞒着家人报了名，满腔热情地要冲破阻力去工业救国。临走时父亲才得知我要出走，就给我一枚沉甸甸的金戒指，交代说可以去看看，过不惯就回来。我到抚顺后觉得集体生活挺有朝气，当时原江大同学荣兰荪等拉我返回江大也未成行。后来我在长春将金戒指捐献了，用于支援抗美援朝的飞机大炮了。从此闯过了对家庭依赖的第一关。

到了抚顺，经过政治学习后，开会动员转入采煤专业。当时我在机械专业，看到朱敏等率先表态改专业，我也不甘落后。同时，足够的助学金，可保证经济上不依赖家庭，也是一个因素。毅然跟进，实现了由面粉专业改为采煤专业，由白变黑，闯过了第二关——专业关。明知采煤是项艰苦的高危行业，但当时国家急需采矿技术人员。日后实践证明，我国的煤炭工业发展了，规模扩大了，技术进步了。我在其中发光发热，作出了应有的贡献，实现了人生的价值。

同学们常说我运气好，从东工毕业后，同时分配到本溪彩屯矿的还有三人——丁冠英、董云清、刘锦忠，工作都很努力、出色，但均英年早逝，而我却在干校培训时被留校当了教师。可我深感自己学识不足，故考上了北京矿院的研究生。我在攻读论文时还要照顾刚出生的孩儿，但还是通过了答辩，并留校当了教师。闯过了第三关——进修关。

2006 年我患咽喉炎，医生检查时说：我的咽喉口窄，说话声小，天生不是当教师的料。可我居然当上了大学教授，不可思议。时今教师属事业单位，生活稳定，待遇亦不错，是令人向往的职业。

从我青年时代的闯三关来看，好像我的运气不错，是机遇，是偶然，但偶然中存在必然。这是不满足于现状，想创新，要闯出一片新天地的精神在起作用。是“54 煤”同学的学风，它表现“54 煤”的年轻人那时共同的奋不顾身、力求创新的精神。对照目前高校中普遍存在招不到志愿学艰苦专业的学生即使学成毕业后仍想转行，而矿区又严重缺乏技术人才，“54 煤”这种革命闯劲是应该大力歌颂和发扬的。

（摘自《54 煤通讯》第 20 期第 24 页）

八、我眷恋“54 煤”

罗茜

王端庆建议将“54 煤”的 108 将这一知识群体编著成册，我非常赞同。坦率地说，我很早前就曾想应该将“54 煤”这一特殊的群体写一写，甚至还狂想过编一部小说。

也许“54煤”的同学会认为我很奇怪，为什么会有这个想法呢？实在说，就是因为我眷念“54煤”。我常想，要不是因为我和陈昌曙的关系，“54煤”早就和我没关系了。

漫长的生活会在每个人心中留下记忆，但是同样的生活留给每个人的记忆却常常是不一样的。我常常非常羡慕甚至嫉妒“54煤”的同学，从响应号召转到采煤班就能够直到毕业，更将一生贡献给煤矿事业，而我则只能留下终身遗憾。

咱们从1950年转到采煤班后的几乎每个主要场景，我都永生不忘。我不清楚自己从什么时候开始对煤矿那么热爱，当我以后有幸搞选煤时，只要到洗煤厂我一定要下井，我觉得我喜欢矿井、喜欢井下。但是我只能是喜欢，只能是参观，只能是羡慕。

我想我眷念“54煤”的心情是每个“54煤”的同学都非常理解的，这正是“54煤”的魅力，是“54煤”值得大书特书的原因。我记得我们班的几乎每位同学，每位的特长、形象。到沈阳后同学们做了专业调整，有几位同学到电机系去了，包括严德庆、伟琦和我的好朋友吕碧湖。

这时我虽然知道要分专业，但万万没有想到的是我竟被分到选矿专业。我又惊讶又伤心，我怎么能够离开采煤班呢！我的志愿是采煤啊！丢人的是我几次哭着找辅导员诉说我不去选矿，要到采煤。他们说我太矮小，力气太小，风镐都顶不住。我并不服气，说和别人比差不多，但是，最终我还是失败了。离开了采煤班，我觉得是那么孤独，那么凄惨，我是那么不喜欢选矿班，我觉得它是那么不可爱。可是，我还是得去，而且得做这个班的干部，我觉得我是被采煤班抛弃出来的可怜人。

大学二年级了，学习非常紧张，采煤班搞得热热烈烈，而我们选矿班却总是冷冷清清。我习惯了我们采煤班的一切，热爱专业、积极向上的学习热情，亲密的同学关系，生动活泼的生活情趣，我努力地想把这些带入选矿班，但是效果很小，我逐渐知道了我们班同学的特点，它是不可能像采煤班那样的，基础太不相同了。虽然我们48人中也有一些同学是从长春采煤班来的，例如赵长白、张国祥、罗荣昌、程厚坤、刘梦醒、何娟姿等，他们和我一样向往、留恋采煤班的传统，并且努力向这个方向发展，但是毕竟人数太少了。

由于和陈昌曙的关系，我有幸参加过几次“54煤”同学的聚会，感受到

“54 煤”同学的积极、热情、友好，以及对事业的忠诚、执着，坦率地说，我除了羡慕就是感到自己是被边缘化的。但是，同时又感受到“54 煤”的温暖，总有游子回归之感。所以，条件允许，我还是会如回家之子参与活动。

“54 煤”是值得大书特书的！它的确是个特殊群体，以前没有，今后也不会有，是特定的历史条件形成的，是我们这群特殊的中学生“到东北”“转采煤”组成的。它的一种精神，是应该永远宣扬的爱祖国、爱事业、不畏艰苦、无私奉献的精神，应该被继承和发扬，应该留给我们的子孙后代，应该让我们的子孙后代有这种精神。我永远为它感到自豪！我永远眷恋它！

（摘自《54 煤通讯》第 25 期第 12 页）

第三篇

『54煤』情缘

第十七章 相识相知 60 年

——永远怀念老大哥费寿林同志

杨佩祯

2013 年 7 月 24 日 12 时 30 分刚过，我先后接到寿林大女儿费云和离退休处刘勇副处长的短信和来电，得知寿林同志经抢救无效永远地离开了我们。虽然寿林去年冬天摔倒后，确定肝肿瘤脑转移时，我们已经预感到了这个结果，但没想到噩耗来得这么快、这么急。60 年的相识相知，一幕幕浮现在我的眼前。

“54 煤”学生中的活跃成员

最初认识费寿林是在 1953 年秋天我刚刚入学的时候，他是我校学习模范班“54 煤”的学生，我们同住在铁西校区学生二宿舍。

新中国成立初期，我国煤产量在 3200 万吨左右，这点煤对国家需求来说几乎是杯水车薪，为了将解放战争进行到底，蒸汽机车烧木材热量不够，紧急运输时不得不烧黄豆。煤成了彻底摧毁蒋家王朝、发展经济、满足民生最低需求的最大瓶颈，培养采煤人才成为当务之急。54 采煤专业就是由响应学校从事艰苦行业的号召，从各系选拔出来的优秀学生组建的。他们学习好、身体好、工作好，几乎都是优等生，寿林就是其中的一位。他高高的个头，白白的面孔，谦虚谨慎，永远面带微笑，富有幽默感，写得一手漂亮的美术字，大家都称他为美术字的“业余老师”。寿林的动手能力非常强，他经常组织同学动手做参加各项活动的模型。一次偶然的机会，他发现一张 1950 年我国第一个国庆节他和同学抬着他亲手做的模型游行的照片，高兴得像孩子一样立刻告诉他的老同学、已白发苍苍的徐小荷教授，分享学生时代的革命激情。寿林是学生中组织大型活动（比如游行、集会）的能手，又是学校篮球队主力队员，这些都牢牢地印在人们心中。

1950年，费寿林在抚顺矿专校门前

教学科研中的骨干力量

寿林毕业后一直工作在教学、科研岗位上，主要从事采煤教学、岩石破碎学科的科研和研究生培养工作，尤其是在科研上建树颇多。为此我们走访了寿林的大学同学、毕业后一起留校共事的徐小荷教授。

寿林在采矿系破碎研究室工作期间，同金国栋教授一起策划、制造滚刀岩石破碎实验台。寿林动手能力特别强，做这个实验台基本上没有花钱，零部件大都是从矿山报废的机械上拆卸下来的，如电动机、高压油泵、施压油缸等。有些东西在废旧机械中找不到，他们就自己设计，如承压回转装置、丝杠、滑杆等，组装一台在强大推动作用下能够作回转和平移的破岩万能实验台。与此同时利用动态应变仪测定出各处受力的大小，以此了解了作用力和破碎岩力的效果。

在这期间寿林还参加了“岩石分级”这一重大课题的研究工作。“岩石分级”是我国十二年科技规划的重要课题，事关岩石工程的有效开采（施工）方法，进度预估、人工、材料消耗以至资金投入、预算等重大问题。岩石破碎实验室利用“凿碎比功”原理来确定岩石的可钻性。寿林对完成这一课题作出了很大贡献，包括凿测器规范化、便携化，提出用读数显微镜测定钎头磨损的方法作为岩石磨蚀性指标。这就使可钻性完整配套了，能够跨出实验室走向生产第一线。

以后，寿林和他的伙伴带着这套便携式仪器，几乎跑遍了全国主要矿山，对各矿山的典型岩石在生产现场作了凿碎比能耗测定和磨蚀性测定。在全国测量的大量数据的基础上，作出了可钻性分级，使这一方法得以推广使用。

1980 年 6 月，冶金工业部组织 65 个单位对“凿碎法岩石可钻性分级”项目进行鉴定，认为“分级方案和测定方法”的研究是富有创造性的，是对我国 30 年来沿用的分级方案的突破，为国际岩石可钻性分级提供了一种新方法。此项研究获 1980 年度冶金工业部重大科技成果一等奖。

寿林在岩石磨蚀性研究方面具有开创性。他改进了破岩工具的材质性能、工作参数，使之与岩石的新蚀性相匹配，这对于提高效率、降低工具消耗有重要意义。在对大量的各种岩芯和工具材质相对磨蚀试验的基础上，他开发出“切槽法金刚石钻进可钻性分级”的方法，确定了参数并制成了测试仪器。

1987 年，寿林主持的“切槽法金刚石钻进岩石可钻性分级”项目，经冶金工业部组织鉴定，认为“具有国内外先进水平，在理论上有新的突破”。

1986 年费寿林被评为“辽宁省有突出贡献科技专家”，1992 年起享受国务院政府特殊津贴。

家庭生活中的好“骆驼”

寿林有一个外号叫“骆驼”，这不仅是因为他力气大、能吃苦，还因为家里家外所有难事他都勇于自己扛。

在物资极度匮乏的年代，寿林身上肩负着工作和家庭两副重担。寿林曾与妻子分居两地，妻子带着小女儿下乡，大女儿费云因为身体不好不得不跟着爸爸留在沈阳，谁也没想到一家人一分开就是 6 年。那时，寿林在东北工学院采矿系任教，经常出差。除了考察、调研，寿林还要给学生讲课，照顾他们的吃、住和安全，却把自己不满 10 岁的女儿费云一个人留在家里。因为饮食起居都得不到很好的照顾，加上身体本来就不好，费云总是生病，最重的一次患上猩红热传染病，因没有得到及时治疗合并成肾炎，这个病对费云影响很大，导致她夏天时还要穿着毛裤。寿林对女儿充满了深深的愧疚，每次出差回来，他都会买一些好吃的，然后对女儿说："爸爸对不起你，妈妈不在身边，我试着做一个好爸爸和好妈妈吧！"

寿林教女有方。他教育孩子非常民主，善于因势利导，帮助孩子分析利害，但把最终的决定权交给孩子。比如费云小时候因为身体不好一度不能下水游泳，他没有强行阻止女儿游泳，而是很认真地解释："如果去游泳，回来以后发烧了，会让我们两个都很辛苦。第一，你会很遭罪；第二，爸爸心里会很难过。但是如果你还是想去游泳，你就去吧，我们一起来承担后果。""爸爸的这种教育方式对我一生都受用，他有这样宽阔的胸怀允许我们犯错，并让我们在错误中学习如何面对生活，如何承担后果。"费云说。也正是因为寿林的这种宽容的心，才能够让孩子很容易地表达自己的内心情感、表达自己的需求。寿林还告诉孩子和人相处的道理："当你遇到有人骂你、唾弃你的时候，在处理这个问题时有两个东西你一定要记住。第一个，你要以幽默的方式来化解你和他之间的矛盾、冲突。第二个，你要记住，真正骂你的人很可能是真心爱你的人。你会从中总结出什么事情是人们希望看到的、希望得到的，什么事情是人们永远无法接受、无法承受的；也许中间有误会。当这一切都化解的时候，你就会是一个受益者、一个没有负担的人。"

寿林对妻子也充满愧疚。当初他们认识的时候，妻子在北京中苏友谊医院，各方面条件都很好。跟着他嫁到东北，身体一直不好，后来又下乡，妻子一辈子这样辛辛苦苦地扶持他，他就想办法弥补。每次下乡，比如暑假、探亲假，寿林就帮妻子做各种家务活，像上山砍柴、加固院墙窗子、搭建仓房等。走之前还帮她挑水，把水缸里、盆里、锅里全装满，把柴都劈好。

直到 1975 年寿林妻子从清原县回到沈阳，寿林一家才得以团聚。那时候他们的居住条件很艰苦，寿林的丈母娘腰椎骨折，瘫痪在床，由妻子照顾，祖孙三代挤在一个只有 22 平方米的筒子间里近 4 年。20 世纪 80 年代初，寿林已是教务处处长，居住条件有所好转，寿林家搬到了约 40 平方米的小套间。可女儿结婚没房子住，外孙女的出生让他们的生活空间显得格外拥挤。后来寿林的侄女在东大读书，也搬到他家住了 3 年。一张双人床要睡三个人，四世同堂，7 口人挤在一个狭窄的空间里。睡觉时要在屋子中间挂一个布帘，费云还清楚地记得他们当时管它叫作帐子：“我爸爸非常幽默，他说这是幕，每个人都在演戏，每天早上你的幕拉开了，你就开始演自己新的戏了。当时我不太明白，每次把布帘拉开时，都开心地大喊，我们的戏开始了！”即使在这种情况下，寿林还两次把学校给他分房子的机会让出去。当时女儿都不理解，他就解释说：“东工有太多比我更需要房子的老师，由于历史的原因他们受到很多不公正的对待。他们现在还住在学生宿舍里，没有厨房，没有自家厕所。所以我们还是幸运的。”对此妻子也给了寿林很大支持。当第三次分房子的时候，已经知道妻子得了肝癌，但寿林还是把房子让了出去。这件事成为寿林一生中特别后悔的一件事，因为他的妻子直到去世，也没住上宽敞的新房。2001 年，寿林终于搬入了新家，可妻子已在半年前离开了人世。寿林把自己和妻子结婚四十周年纪念的合影照片洗得非常大，放在家里，对照片中的妻子深情地说：“你活着的时候没有住上宽敞的新房，我非常抱歉，放一张照片就算你来住了吧。”这张照片至今仍挂在家里。甚至寿林与第二任妻子结婚后也没有摘掉。对此寿林觉得很过意不去，但他后来这位妻子非常大度地说：“我可以理解，桂芬嫂子是我的榜样和楷模，我愿意让她在这儿住。”

在寿林病重期间，他的弟弟妹妹来看望他。他们说：“我哥哥是费家有名的大孝子。”由于他的父亲去世得早，他便担起照顾母亲和弟妹的责任。每月发工资后第一件事就是寄钱回老家，工作再忙每周都要给家里人写信。直到有了电话，他才改变写信回家的习惯。

寿林对同志、学生也非常关心。有一次，一名学生在采矿馆门口想吐，正好被他看到，他见那名学生脸色很黄，就告诉那名学生：“你可能是黄疸型肝炎，别耽搁了，我带你去医院吧。”于是他骑自行车带着那名学生直接去了妻子所在的医院。医生诊断后告诉那名学生：“你是急性黄疸型肝炎，再迟后果不堪设想，需马上住院隔离。”由于妻子在医院工作，他多次亲自将老师、学生送到妻子所在医院急诊室。有名老师年纪大了，中风后瘫痪，头抬不起来，坐在轮椅上，吃饭、呼吸很困难，他去探望后，就设计了一个轮椅上的支架，并和实习厂的师傅一起做好了送过去，令那名老师非常感动。邻居家的孩子从二楼掉下来，他二话没说，把孩子送去了医院。哪个老师家里有什么难解决的问题，只要他能办到的，都尽力帮忙办。

校领导班子中的好“班长”

寿林从 1982 年起，先后担任采矿系系主任、学校教务处处长等职。1986 年 6 月任学校党委副书记（主持工作），1987 年任学校党委书记，成为校领导班子的核心成员，直至 1995 年退休。费寿林担任学校主要领导之后，尽心竭力地工作，被教职工誉为平易近人的好书记，被班子成员誉为以身作则的好“班长”。寿林思路宽广、锐意进取，业绩显著。在他主持校党委工作的 9 年里，学校有了很大的发展。

“在为冶金事业发展服务的同时，也要积极地为地方经济发展服务”

寿林任党委领导职务时，正是我国经济体制从计划经济向市场经济转轨初期，科技迅猛发展，高校竞争激烈。班子已深深感到如果我校不突破以采、冶为主体的学科体系，不加以改造，不增加新的学科亮点，学校将会在激烈的竞争中落伍。学校的领导集体在费寿林、陆钟武的带领下，作出两个重要决策：一是在学科建设上冲破以采冶为主体的学科建设老框框，加大对信息学科的支持力度，比如对计算机和自动化等学科的支持。那时学校没有资金，学校在自己的管辖范围内，从体制上、校内政策上给予倾斜，对信息学科的支持力度在以后的几届班子那儿又有了很大提升，这些都为东软集团产生、发展创造了最为有利的条件，也为自动控制等学科发展铺平了道路。二是寿林同志主持提出“在为冶金事业发展服务的同时，也要积极地为地方经济发展服务”的办学理念，这一理念得到了冶金工业部领导的大力支持。寿林经常讲：“我们喝地方的水，吃地方的粮，如果不为地方做事或很少为地方做事，我们就会失去地方政府的强力支持，而我们办学是不能离开地方政府支持的。”在这一理念的指导下，学校加大了同地方企业的合作，大力接收地方企业生产中的课题，为地方培养人才，办分校，选派多名优秀干部到地方任科技副县长等。在以后的改革开放中，东北大学同地方的关系密切，并得到地方的大力支持，证明这一指导思想多么重要。

“不去争论”

20 世纪 80 年代末 90 年代初，学校为了解决教育资金严重不足的问题，开始了满是荆棘的办企之路，以东软为代表的高新技术企业就是在这个时候起步并发展起来的。

学校办企业在领导成员中、在广大教职工中掀起了很大的争论，有的认为，“学校办企业是不务正业”，是“逼良为娼”等。面对这种情况，寿林的态度是：在不影响教学科研的情况下可以发展高科技产业，我们可以试验嘛！他提出：“按小平同志的意见办，先不去争论，集中力量办好几个校企，在办中总结经验，办得好就办下去，办不成就停下来。但有一点要注意，我们不能办那些资金密集型企业，因为学校没有资金。”事后还组织校办企业做经验介绍，组织教师参观东软等活动。这些措施不但缓解了矛盾，而且争取了办好几个企业的时间。寿林认为，高校在新时期实际上已经形成了教育、科研、社会服务三项功能。这些为东软发展、自动化发展营造了一个很好的环境，也为以后正确处理教学、科研和产业的关系，走孵化器之路铺平了道路。

“不复名就不改名”

20 世纪 80 年代末，中国高校出现一股“改名热”，许多名牌大学争相提出恢复老校名，东北工学院也提出恢复东北大学校名的请示。对此，国家教委认为，改用老校名这个口子不能开，一开则不可收拾，会出现改老校名的连锁反应。同时，国家教委领导明确表示，东北工学院如改名为东北工业大学或东北科技大学，只要学校提出，国家教委就批准。但国内外老东大校友都力主恢复东北大学校名，这些都极大地增加了学校领导班子的压力。

1989 年 9 月，我校赖祖涵教授参加一次国际学术会议时，再次出现误把东北工学院当成专科学校，未被允许在大会上发言的怪事。这一事件传开后，在广大教师中引起极大震动，于是要求改校名的呼声再次被掀起。10 月中旬学校召开党政联席会议，专题研究改校名的问题，会议由陆钟武院长主持。当时摆在学校面前的只有两种选择：一种选择是将校名改为东北工业大学或东北科技大学，国家教委马上就能批准；另一种选择是继续申请将校名改为东北大学，但从当时知道的情况看，教育主管部门从全局考虑可能不会批准。根据大家讨论的结果，寿林讲了三点结论性的意见：第一，恢复东北大学校名是新老校友为之奋争的夙愿，现在看还不是完全没有希望，应继续争取；第二，张学良老校长还健在，因此我们不能放弃恢复东北大学校名；第三，如果东北大学复名不成，东北工学院的名字就永远延续用下去。现在回过头看，这一决定是多么正确、多么有远见，如果当时决定改为东北工业大学或其他什么名字，大概也就没有 1993 年恢复东北大学校名这历史性的一页了。

“天上掉下来的一个馅饼”

在冶金工业部的主持下，东北工学院于 1987 年 6 月 2 日正式接收秦皇岛冶金地质职工大学，成立东北工学院秦皇岛分院。秦皇岛分院成立之初主要由秦皇岛冶金地质职工大学和长春地质学院调到分院的教职工组成，东北工学院接收职工大学后，先后派去干部任主要领导。由于在教育体制上缺乏灵活性，限制学生在校人数不超过 1000 人，这是一个学校无法生存下去的规模，分院发展十分艰难。

对于要不要办分校，学校中也有两种不同的认识：一种认为，困难是暂时的，随着学校经济状况好转，分院会发展起来；另一种认为，在办学经费空前紧张的情况下，没有资金投入，支持是空头的，对总校来说是个包袱。争论一直在继续，分校也一直在办着。寿林始终坚持：分校建设要从长远看，虽然目前分校办学确有很大困难，但随着国民经济的发展，分校的状况会逐渐改善，困难是暂时的。在一次我向他汇报分校工作时，他说：“对分校怎么看？我认为是‘天上掉下来的一个馅饼’，我们现在可以预见到这个‘馅饼’，但还未尝到，这一天迟早会来。”

现在分校今非昔比，从 20 世纪末开始，由于外部、内部条件和领导成员的变化，分校开始起飞。分校占地面积从最开始不到 13.3 公顷扩展到现在的 46.6 公顷，房屋面积从最初不到 3 万平方米到现在已达到 30 多万平方米，在校学生规模已超过万人。在海滨又接收了教育部的培训中心，成为我校梦寐以求的教学和疗养胜地。要知道，这些都是在国家没有投入的情况下，分校自己滚动发展起来的。寿林的远见卓识再次得到了印证。

寿林 1986 年进入学校领导班子，1995 年离开领导岗位。1995 年 3 月 27 日，寿林离岗时在干部会上发表讲话，感人肺腑，他说，“人的一生是短暂的”，“人生的价值仍在于奉献”，“人生难得几回搏”。他是这么说的，也是这么做的，他用一生实现了自己的誓言。寿林是一名优秀的共产党员，是党的好干部、东北大学的好书记、群众爱戴的好领导，也是颇有成就的科学技术专家、优秀的教育工作者。他严格要求自己，工作热心，作风朴实、严谨，求真务实、事事带头、先人后己，关心群众、关心他人，办事公道、清正廉洁、品德高尚、执行政策准确，是我们学习的好榜样。

山河依在，斯人已去。寿林，我们永远怀念你！

第十八章　弦歌不辍，薪火相传

——忆林韵梅、徐小荷先生

朱万成

每当夜空繁星闪烁的时候，我总会沉浸在斑斓的星辉里，驻足仰望。仰望星空的人或许只赞叹星星的熠熠生辉，却不知它们一直在燃烧，直至热量全部燃尽。面对此情此景，我联想到我作为一名“采矿人”的教学与研究工作，我一直秉持着前辈的教诲：不畏冷却，坚定信念。引导与教诲我的前辈，亦在我的学习与工作生涯中留下了浓墨重彩的一笔。回首我的成长之路，有两位老先生对我的影响最大，他们就是东北大学“54 煤”的杰出代表——徐小荷先生和林韵梅先生。

在我的本科学习阶段，有一名老师让我受益匪浅，她便是我国深部采矿先驱、国际著名岩石力学专家林韵梅先生。作为“54 煤”中的佼佼者，林韵梅先生于 1955 年完成了中国第一本岩石力学译著，是东北大学第一位女博导。此外，她还是“围岩稳定性分级法”的开创者，是世界第一个工程岩体强制性国家标准的制定者之一，也是东北大学矿山建设工程博士学位授权点的牵头创立者。

追忆昨日，往事历历在目。初识林老师是在 1994 年，那年王维纲老师给我们讲授矿山岩体力学课程。当讲到岩石的应力 – 应变全过程曲线这一部分时，为了拓宽我们的知识面，王维纲老师特意邀请林老师给我们授课。第一次见到林老师时，我内心就充满了崇拜和敬仰，因为那个时候林老师不仅是东北大学第一位女博导，而且是国内外岩石力学界非常知名的教授。记得当时林老师告诉我们，岩石力学是一门工程性很强的学科，虽然没有传统力学成熟，但它考虑了岩石的特殊性，目前还是一门不断发展完善的学科，这正好留给我们很大的研究与提升空间。林老师的话深深地触动了我，坚定了我留在东北大学本专业攻读研究生和从事岩石力学科学研究的决心。

回首往事，仿佛昨日，一堂课就奠定了我今生从事岩石力学研究的初心。本科毕业后，我就意志坚定地选择了免试推荐攻读矿山工程力学专业硕士研究生，并选择林老师做我的导师。读研期间，林老师给了我很多专业上的指导，让我受益终身。记得当时她经常在家里组织一些学生聚会，我也有幸受邀参加，那段时间林老师让我了解了许多关于岩石力学的前世今生。同时，林老师也给我们讲述了她是如何从上海来到东北，又如何顺应国家需要而转读采煤工程专业。在林老师的讲述中，我们知道了更多“54 煤”前辈的先进事迹，也知晓了林老师创立的岩体力学分级方法的来龙去脉。2020 年 3 月 17 日，惊闻林韵梅老师驾鹤西去，顿时无语凝噎，只觉白山无言，黑水有泣。愿林韵梅老师千古!!

而我从事采矿事业的信念之所以如此坚定，还与另外一名老师的影响有着千丝万缕的联系，他就是徐小荷教授。徐小荷教授主要从事岩石破碎领域的教学和科研工作。他是我国岩石破碎学科的开拓者，早在 1959 年他就提出和论证了岩石破碎和防止岩石破碎是采矿工程的科学基础的论点，现今这已为学术界所认同。多年来，他在岩石破碎领域做了极其广泛和深入的研究，取得了举世瞩目的学术成就。

初识徐老师是在 1997 年，当时我硕士研究生毕业正面临抉择，而采矿行业非常不景气，很多同学都转行了，我内心的信念也有所动摇。徐小荷教授的一次讲座，让我坚定了继续从事采矿事业的决心。徐老师告诉我们：矿业是国民经济的基础，国家要发展，离不开资源，离不开采矿，只要国家需要你，只要你能坚持下去，一定能作出非同寻常的事业。正是老先生的这番话，坚定了我继续从事采矿岩石力学研究的决心。1997 年 9 月，经赵文老师推荐，我跟随唐春安老师攻读博士学位，徐小荷教授是唐老师的导师，自然成为了我的“师爷”，这份缘分注定了我和徐老师非同寻常的“师徒”关系。在我攻读博士学位期间，徐老师经常来实验室，给了我很大的帮助，我的博士论文中很多的学术思想也得益于徐老师的指导。

2006 年初，我从澳大利亚回国后晋升为教授，这既是对我学术能力的肯定，也是对我的激励。我感觉到自己肩上的担子沉甸甸的。我的科研方向本来偏重于岩石力学数值计算，徐小荷教授勉励我担负起传承的使命，把东北大学在岩石冲击破碎学方面的研究特色传承下去。这是一种责任，更是一份光荣。年过八旬的徐老师用师傅带徒弟的方法，手把手地指导我和我的研究生在实验室里精耕细作，从应变片的粘贴、底线的接地到摆锤撞击过程的控制，以及实验数据的记录和分析，每一个环节，都有老先生的指导。就这样，岩石破碎测试技术从老先生的手中传给了我，又传给了我的学生。老先生对我的教导让我懂得了什么是自强不息、什么是薪火相传，我觉得自己有责任把这个学术接力棒继续传下去。只有这样，我们的采矿学科才能不断发展、不断壮大，才能在时代的发展中始终立于不败之地。徐老师一直关心采矿系的发展，他打印了一些关于智能采矿的材料给我，鼓励我要紧跟新时代脉搏，推进采矿事业发展，使东北大学的采矿工程学科能够立于不败之地。虽然他已失聪，我只能通过书写的方式和他交流，但我还是感受到了他那种爱校、爱家、爱国的情怀，这种情怀也让我深深感动。

林老师和徐老师一生怀抱着“科学救国和振兴中华”的伟大理想，秉持着“百废待兴、采矿先行”的坚定信念，铸就了自强不息的“54煤”精神。他们以国家需要为己任的高尚品德、严谨求实的治学态度、对采矿岩石力学孜孜以求的学术精神，以及他们那一辈人共同铸就的“54煤”精神，一直激励着我们在学术的道路上前行。在他们奠定的学术基石上，我们后辈人的成长才更坚实和笃定。

我在东北大学求学和工作的20多年，除了在中国香港、澳大利亚和德国工作和学术访问，我就再没离开过东北大学这片采矿岩石力学的沃土。也正是由于“54煤”精神的鼓励，我这些年一直坚守“岩石损伤与破裂”的学术方向，耕耘在徐老先生曾经工作的“岩石破碎研究室”，带领团队不断传承经典、矢志不渝、不断创新。

“54煤”精神植根于国家需要。新中国成立初期，百业待兴，面对新中国建设的国家紧迫需要，东北工学院最优秀的学生被号召学习采煤专业，就是这样一代天之骄子，筚路蓝缕，不求回报，只求报效祖国，为我们后来的学子留下了丰富的知识和宝贵的精神财富，这就是“54煤”精神之所在。如今老一辈渐行渐远，作为东大采矿人，我们依旧任重而道远。我们要踏着老一辈留下的足迹，秉承“自强不息，知行合一”的校训精神，团结一心，勇往直前，为采矿工程人才培养、为东大采矿振兴、为东北老工业基地矿业振兴、为助力中国的矿业智能绿色发展，贡献我们这一辈人的力量。

2020 年 8 月

第十九章 “54 煤”精神是五四精神的时代传承

李鹤

习近平总书记在纪念五四运动 100 周年大会上的讲话中指出：五四运动，孕育了以爱国、进步、民主、科学为主要内容的伟大五四精神，其核心是爱国主义精神。100 年来，中国青年满怀对祖国和人民的赤子之心，积极投身党领导的革命、建设、改革伟大事业，为人民战斗、为祖国献身、为幸福生活奋斗，把最美好的青春献给祖国和人民，谱写了一曲又一曲壮丽的青春之歌。

1950 年的春天，100 多名热血青年带着“工业报国”的理想从祖国各地来到东北，开始了采煤专业的学习。采煤专业分为甲、乙两个班，因 1954 年毕业，在校内被称作“54 煤”。这个专业的同学因为学习刻苦、互帮互助、尊师重教、教学相长、全面发展、成绩优异而成为这一届学生的优秀代表，被东北工学院授予“学习模范班”称号。毕业后，“54 煤”的大部分同学投身于祖国煤炭生产一线，还有部分同学继续深造或留校任教，从事科研和高等教育事业，涌现出一大批杰出的技术专家和学术带头人，为新中国煤炭开采技术和管理经验的提升，为中国矿业人才培养作出了杰出贡献。

作为“54 煤”优秀群体中的一员、著名岩石力学专家林韵梅教授在《54 煤春秋》中，总结了“54 煤”精神，包括强烈的爱国主义精神、顽强的拼搏精神、团结互助精神、蜡烛精神、孺子牛精神和压不跨的松柏精神。“54 煤”精神的核心是爱国主义精神。

（1）因为有了爱国主义精神，才有一大批江南学子来到冰天雪地的东北求学，才有这 108 名青年敢于转学最艰苦的专业——采煤专业。因为他们有着一个共同的理想：用学到的采煤技术为新中国煤炭事业贡献力量，尽快转变国家“一穷二白”的面貌。今天，他们的理想已经实现了。

（2）因为有了爱国主义精神，才有同学们追求科学、积极进步的不竭动力。“54 煤”是一个团结向上的集体。在校期间，同学们团结一心，刻苦学习专业知识，全班成绩优异；毕业后，无论是在生产一线，还是教书育人，班级同学仍然孜孜以求，攻坚克难，成为技术骨干和专家学者。

（3）因为有了爱国主义精神，才有“54 煤”同学干一行爱一行的敬业精神。无论条件多么艰苦，无论受到何种待遇，“54 煤”同学都能够埋头苦干，呕心沥血，为国家煤炭事业奉献终生。

一代人有一代人的长征，一代人有一代人的担当。“54 煤”的学长们渐渐老去，但“54 煤”的宝贵精神财富留在了东北大学，像“感恩石”一样树立起一座精神丰碑，激励着一代代东大学子自强不息、砥砺前行、为国奋斗。

第二十章　夫子风范烛照桃李

——追思我的硕士生导师陈昌曙先生

张雷

2021 年是我的硕士生导师陈昌曙先生仙逝十周年。我从书架里抽出一本先生生前的著作《通俗哲学简编》，看着扉页上先生赠书的题字，恍惚间好像又看到精神矍铄在教室里传道受业解惑的先生。

《通俗哲学简编》是一本把深邃的哲学思想通俗化的社会科学普及读物，里面的题目看起来都饶有趣味："机器人是人吗？""用过去反对现在""世上有无自行车""不能因为所以""分辨双胞胎"。每一篇文章都充满了奇思妙想，晦涩难懂的哲学原理就这样像春天的蒙蒙细雨随风潜入夜一般悄然润进读者的脑海。然而，谁能想到这本 22 万字的著作却是先生三次脑中风后在病榻上完成的，而且著作出版后不到一年先生就病逝了。

这本书是 2010 年 7 月 6 日，我到医院去看望先生的时候他送给我的，他同时还送了一本给一位医生。从病房里出来，我看那位医生手里拿着书苦笑了一下，自言自语道："都病成这样了，还写书有什么用啊？也不评职称。"我心里想，你哪里知道先生虽然患病快 20 年了，却从未间断学术研究和思考，对他来说学术就是他的生命。先生在这本书后记里表达了自己对写作的态度："对我来说，写作是一种享受，一种快乐，但愿我今后会有更多的快乐。"面对先生对学问的孜孜以求，那些仅仅为应付评职称、考核或者领取奖金而去撰写论文，甚至把著书立说做学问当成一件苦差事的人，真的应该感到羞愧汗颜！

我第一次见到先生是在 1987 年，我考入了东北工学院，社会科学系第一次招收文科学生，全班也是全系仅有 30 名学生，系里非常重视我们这一届本科生，因此知名教授悉数登上讲台为我们授课。先生给我们讲的课程是"自然辩证法”，深绿色书皮上印着先生的名字，彼时我们并不知道先生已经在国内哲学界赫赫有名了，是国务院学科评议组成员和博士生导师。先生穿着一身很普通的藏蓝色中山装轻轻推门走进教室，并没有带教材和教案，他的身材并不高大，炯炯有神的目光像是能洞察一切。他在教室讲台前面来回踱着步，在黑板上很潇洒随意地写上几行字，然后很认真地问我们一些听起来既平常又很奇怪的问题：“你们知道环路和 10 路有轨电车是怎么在十字路口分别转弯的吗？”“什么叫作技术？什么叫作科学？谁能用自己的话来给我解释一下？”我期待的大学生活是有着“很老的教授和很深的学问”。难道先生提的这些看起来很普通、很简单的问题也算是学问吗？看着我们满脸迷惑懵懂的样子，先生微笑了一下，开始给出他自己的答案，并且告诉我们要善于从普通的生活常识中发现别人从未关注的问题，问题意识是进入科学殿堂的基本素养和金钥匙。

习惯了灌输式教育的我第一次面对这种启发式教学还真不适应，原来老师还可以这样不按照书本来讲课呀！不过我很快就喜欢上了先生的课，因为每次上课都能调动自己的求知欲望，启发创造性思维。

本科毕业后我选择先生做我的硕士生导师，继续攻读科学技术哲学硕士学位，更加了解先生精益求精的学问之道和严谨的学术风格。我在《大学生》杂志上发表过一篇文章《博导就是要“驳倒”》，讲述了先生指导学生的一件趣事。一名师兄的论文被先生改了多遍也不合格，弄得焦头烂额，就求老人家网开一面。先生的回答却叫他啼笑皆非：“博导就是要‘驳倒’！”没办法，他只好回去继续修改被“驳倒”的论文。这次他用大幅面的 A3 纸来写论文，在每一页的两边都留出很大空白给先生写修改意见。这招果然灵验，先生写的意见看上去比他自己写的还要多，于是论文十分顺利地完成了。

1992 年的夏天，先生在家里突发脑中风，我们几个学生和几名老师把他送到中国医科大学附属第一医院。我把先生从医用手推车里抱起来放到病床上，感觉先生的身体并不是很重，半边身体不能自由活动的他看起来精神却很好。由于当时是晚上，一时找不到医生，他的学术挚友远德玉先生在医院里跑上跑下忙得满头大汗，我们心里也很焦急，可是先生自己却很是镇定，甚至还和大家开起玩笑来，那种面对疾病的乐观精神让我很钦佩！

患病的先生并没有因此而苦闷消沉下去，而是在学术道路上继续扬鞭催马，学术人生依然灿如夏花，发表了多篇影响深远的论文和多部学术著作。我也在先生的指导下获得了硕士学位，真正走上了学术研究之路。尽管先生没有继续成为我的博士生导师，但是攻读科技哲学博士学位期间仍然有幸能够继续聆听先生的教诲。

记得在一次学术讨论会上，先生讲起网络技术可能带来的社会影响时，认为网络技术会有助于民主政治的发展。我却不知道从哪里来的胆子提出了和他完全不同的观点，举出很多实例，畅想了网络技术未来发展可能对民主政治起到负面作用。

讲完后我忽然后悔和忐忑不安起来，毕竟先生是大学者，我当时只是一个讲师而已，当着那么多同学的面反驳老师似乎很失礼。我偷偷观察先生脸上的表情，却没有发现一丝的不快，反而罕见地给了我掌声，其他同学一脸茫然，没敢跟着鼓掌。掌声落下，先生微笑着给我们讲起了英国哲学家卡尔·波普尔的思想："一个科学的命题应该是能够被证实或者证伪的命题，否则它就成了神学。怀疑是最重要的科学精神，所以我很高兴今天张雷同学能够提出和我不同的学术观点！"我一颗悬着的心终于放下了。

这次讨论会后，我在《政治学研究》上发表了一篇论文《质疑网络民主的现实性》。也许我算不上先生最得意的门生，而且转行从事公共管理学科的教学研究，但是我却视先生为学术生涯的重要启蒙人，先生的科学精神一直影响着我。

大概第二次脑中风以后不久，先生就不得不坐起轮椅，行动更不自由了。好在没有限制先生在学术空间里的思想自由，他的头脑依然清楚，并且顽强地坚持学术写作。这时候我深刻地理解了什么叫作相濡以沫的老伴儿。先生的夫人罗茜女士是资源与土木工程学院的博士生导师，学术造诣很深。但是后来几乎放弃了自己钟爱的学术研究，成了先生的专职学术秘书和半个医生。每次我去看望先生，她总能把和先生病情相关的理化指标如数家珍地告诉我，作出精准的科学分析，好像比医生还专业。正是因为有师母无微不至的照顾，先生才能与疾病和睦相处了将近20年时间，继续他热爱的学术著述工作。

2008年，先生出版了一本著作《医学·哲学杂谈》，先生说这是一本病人的哲学，是自己在得了"神经病"（意指脑中风）之后写的，并且戏谑地说这本书算不得是真正的学术著作，因为没有参考文献，不符合学术规范。当我把这本书读完之后，由衷地感佩先生能够将深奥的哲学与自己的人生乃至重病缠身的身体合为一体，把复杂的哲学问题用简洁的生活语言轻松通俗地表达出来。从疾病中悟出一番耐人寻味的哲理出来，这何尝不是做学问的至高境界呢？

2011年3月20日，师母突然打电话告诉我说先生要走了。当我和娄成武教授心急如焚地赶到医院的时候，先生已经不在了。我和娄老师为先生抬棺送行，看着先生安详的面庞，禁不住潸然泪下。

我为先生主持了追悼会，他的学术同道和学生从全国各地赶来，在庄严肃穆的告别厅向先生做最后的告别。当我一行行读起先生生平事迹的时候，一幕幕往昔美好的师生相处片段栩栩如生地在我脑海里不断闪回、萦绕，以至于差一点忘记自己身处何处。

在学院举行的先生追思会上，我终于还是抑制不住自己的情绪，失声痛哭起来。“逝者如斯夫，不舍昼夜”。寒来暑往，转眼间十年过去了，可是时间并没有将一切过往都消磨成烟云流逝不见，反而如参天大树的年轮一样深深地铭刻在我的心底。

如今，先生的名字还镌刻在东北大学浑南新校区文管学馆的教学楼上，他的学生吕松涛为学校捐赠了巨资建立陈昌曙教育基金，激励后辈在先生开拓的学术通途上继续阔步前行。

先哲老子有言曰：“不失其所者久，死而不亡者寿。”窃以为这句话用在先生身上再贴切不过了。写到这里，我仿佛又看到了先生那闪烁着智慧之光的眼眸，那么和蔼、亲切，眼眶瞬间不知不觉湿润起来……

第二十一章　怀念我国著名岩石力学专家、东北大学第一位女博士生导师林韵梅教授

林韵梅教授是一个性格开朗、思维敏捷、勇于奋斗、不懈追求的女才子、女强人，在命运的艰难时刻，她没有绝望、没有迷失方向，她在逆境中奋斗、成长，最后取得了成功。她心系祖国、心系社会、关注青年人成长，她笔耕不辍、不知休息，她这一辈子分分秒秒都在努力奋斗，她将自己的一生奉献给了国家、奉献给了人民，为国家、为民族作出了巨大贡献。

心怀祖国服务人民的爱国精神

1933 年 1 月 9 日，林韵梅出生在上海的一个普通家庭，家中有兄弟姐妹 6 人。抗日战争全面爆发后，上海沦陷。当时，她就读的学校被迫开设了日语课。林韵梅和她的同学非常反感，并通过怠课抵制，小小年纪就已经知道国恨家仇。高中时，林韵梅在校园里接触了一些中共地下党员，不知不觉步入了进步同学的圈子。她与这些同学一起参加了反饥饿、反内战、反迫害的集会和活动。1949 年，16 岁的她加入了中国新民主主义青年团（中国共产主义青年团前身）。1950 年，17 岁的她响应国家号召，只身来到东北工学院求学。由于党和政府的帮助她才得以继续学业，因此，她怀着一颗感恩之心刻苦学习，并把自己的命运和国家紧紧地联系在一起。正当她畅想美好未来，憧憬如何攻读自己喜爱的建筑与土木工程专业时，发生了一件大事：学校号召学生响应国家建设的需要，转学国家最需要且人才最紧缺的采煤专业。林韵梅二话不说，立即和同学报名转入采煤专业，这就是后来人才济济的“54 煤”。

1952 年 10 月，林韵梅加入中国共产党，成为班上仅有的 3 名党员之一。大学期间，她在学习上刻苦努力，决心将来用自己所学的知识报效国家。她听

从党组织的安排，还没有毕业就被调用担任苏联专家的翻译，这对林韵梅来说是个考验：一边要准备毕业的各种专业课考试，还要加强俄语学习；另一边要随时根据需要离开课堂或图书馆，全程陪同苏联专家做翻译。但林韵梅没有任何怨言，她合理调配时间，学习工作两不误，还利用业余时间翻译了大量俄文资料，并讲授了“岩石力学及矿山支架”和“井巷特殊开掘法”两门课程。1955 年，《岩石力学与矿山支架》正式出版。

林韵梅（左三）等和苏联专家罗莫夫合影

追求真理严谨治学的求实精神

大学毕业后，林韵梅留校任教。1961 年，她担当重任，受命到宁夏回族自治区石嘴子铜矿研究该矿地压。当时有石嘴子铜矿、东北工学院、冶金工业部马鞍山矿山研究院、北京钢铁学院 4 家单位参与，她是总负责人。这也是她第一次承担科学研究工作。

石嘴子铜矿矿体呈脉状，南北走向，向西倾斜，倾角为 80° ~85°。矿石为含铜夕卡岩，致密坚硬。围岩上盘为稳定的白色大理岩，下盘为薄层大理岩、千枚板状岩、绢云母片岩等组成的互层。采用立井多中段开拓法。主要运输巷道沿矿脉开在下盘岩石中，距矿体 5~70 米。巷道断面呈梯形，为 1.8 米 ×2.0 米。该矿当时是我国最深的开采矿井，开采深度达 1000 米，深部巷道被严重破坏。左、右岩帮均出现了鼓帮，近矿体巷道内发生顶板剥皮裂缝，危险系数很大。

但林韵梅不惧艰险。她认为，地下千米处有如此明显的险情，非常具有研究价值。她组织十余人轮流在该矿调查研究了近 5 年，终于弄清了地下板式矿体是如何破坏的、它的破坏与开采过程之间有什么关系，并撰写了板式矿体详细的科学研究报告，这对后来解决类似矿山的地压问题具有重要的借鉴意义。

一名年轻女性，深入矿区一线，每天都和其他同事一道深入地下 1000 米深的井巷，还要不断爬上爬下，这得需要多么坚强的毅力和勇气！林韵梅严谨的治学态度赢得了矿区所有人的尊敬。但她却说："只有亲自看到了井下岩石的碎裂和岩壁的鼓帮，你才能知道什么是危险，才知道如何去改善和解决这些问题。"

为了研究的可模拟性，她和同事还采用相似材料模型法，用黏土、石膏、尾矿与水做了板式矿体破坏的相似材料模型实验。这些研究都写入《地压讲座》。《地压讲座》是我国岩石力学界一本比较早的阐述地压现象和原理的专著，为我国金属矿山地压研究工作的深入开展奠定了基础。

《宁夏回族自治区石嘴子铜矿矿区地压研究报告》是我国第一个来自矿区实际的有关岩石力学的科研成果。但当时我国的保密制度严格，所有资料只能在参与工作的 4 个单位的档案馆内部借阅。直到 1983 年，她才基于此资料撰写了一篇论文，该论文入选第五届国际岩石力学大会的大会论文集，并以 4 种文字形式发表。

淡泊名利潜心研究的奉献精神

改革开放后，系里成立岩石力学教研室，任命她为教研室副主任，负责具体的科研项目。当时很难申请到科研经费，在没有科研经费的情况下，她想尽办法搞各种科研项目。不为别的，就为了不辜负报效国家的青春年华。

在实验室里，只有她和她的团队喜欢搞实验来验证现场调查得到的结果。如用相似模型法验证石嘴子铜矿的深部地压现象，并揭示其发生机理。后通过光测弹性法测定模型内的应力分布情况，从制作环氧树脂板到加力架，无所不能。最难的莫过于制作板材，需连续作战 30~70 小时，失败过很多次，但他们在惋惜难过的同时振作精神，重新再来。经过不断的积累经验，他们慢慢掌握了火候和规律，作出来的板材平整光滑，施加载荷后可以显示不同的彩色条纹，取得了预期效果。林韵梅和大家都非常开心。

林韵梅领导团队还研究了云纹法，设计制造了云纹应变片，并申请了专利。接下来又创造了激光全息法。她简直像疯了一样醉心于新方法的研究。当时条件有限，没有钱，却硬是让某矿机修厂制作了一个激光减震台；不会技术，她带着团队到学校的物理实验室拜师学艺，还去了中国科学院金属研究所、上海仪器仪表研究所、北京邮电学院激光实验室等地蹲了好几个月。经过无数次的失败，他们终于拍出了通过不同方向观察能看出后排隐蔽事物的全息照片，取得了阶段性胜利。但林韵梅并不满足于此，又应用此法在岩石试件上测出了它的弹性模量，此法可应用于任何材料且系无接触测量法。她与她的团队据此发表了题为《全息术在岩石力学中的应用》的文章，引起了研究界的广泛关注。

林韵梅非常重视科研中的动手能力，她以身作则，无论是在矿山现场还是在实验室，都亲自动手做实验。她主编的《实验岩石力学》于1983年出版，书中涉及相似材料模拟、离心模型、光弹模型、全息和激光在岩石力学中的应用等重要内容。当时，很多研究内容都是超前的，她所做的这些工作为我国实验岩石力学发展作出了重要贡献。

敢为人先勇于探索的创新精神

20世纪80年代是林韵梅英姿勃发的年代，她觉得自己有使不完的劲，报效国家成了她生命中的头等大事。她主动到主管部门冶金工业部去申请项目，当时部科技司领导想知道她的科学思想和技术路线，便问：“怎样才能正确评估出一个矿山岩体的稳定性？”林韵梅信心满满地回答：“任何事物都是成系列的，岩体也不例外。根据某种指标，它的稳定性从高到低可以划分为若干等级，然后按它的稳定性级别来决定围护措施、支护材料、设计图纸及所需的资金与人工，但要避免片面。”她举例说：“就像苏联的普洛托季亚科诺夫，他以岩石的强度为指标来评估岩体的稳定性，其缺点有二：一是岩体的塌方不只取决于个别岩块的强度，更取决于它的整体结构，单因素不适合用来评价岩体稳定性；二是应当划分几个级别，便于工程项目的使用。”冶金工业部科技司领导很支持她的想法，最后批准了她的围岩稳定性的动态分级法项目，每年资助

3 万元科研经费，这笔经费在当时可不是个小数目。

1984 年，林韵梅带领课题组圆满地完成了围岩稳定性的动态分级法项目。该分级法的优点是：分级方法的编制人员不需要事先人为确定分级标准，仅用计算机程序就可以根据选定的最优分级判据确定最佳分级数目与分级标准。这一创新成果经冶金工业部组织鉴定，认为是一项国内外首创的科研成果，达到了国际先进水平。同时，在理论上，林韵梅提出了任一分级表均由三要素组成的原则与三要素相互制约定理。这些将岩石分类工作从实际经验的水平提高到以数学分析为基础的理论高度，使我国这一领域处于国际领先地位。该成果于 1985 年获得冶金工业部科学技术进步奖二等奖。

1992 年，林韵梅又提出岩石三性综合分级。她将岩体的稳定性、凿岩性与爆破性综合成一体，利用数理统计学中的逐步回归分析、逐步判别分析与多元判别分析等，得出了一个供冶金矿山管理使用的分级公式与一系列定额标准。专家鉴定意见为："该项研究成果数据充分、方法可靠、构思新颖，达到国际领先水平。"该研究成果获得了 1992 年冶金工业部科学技术进步奖二等奖和 1993 年国家科学技术进步奖三等奖。同时出版了一批分类方面的著作，包括《围岩稳定性的动态分级法》《岩石三性综合分级》《数值分类方法及其在岩石力学中的应用》《岩石分级的理论与实践》《岩石力学与工程专家系统》等。她的研究成果得到了业界的高度关注和肯定，特别是神经网络（即现在的人工智能）在岩石力学中的应用，以及智能岩石力学的形成，林韵梅和她的学生最早进入该研究领域，由此体现了她研究工作的前瞻性和预见性。

过去我国采矿界一直以苏联普氏公式 $f=R/100$ 作为分级标准（式中，R 为岩石强度，f 为普氏系数）。1995 年 7 月 1 日开始施行的国家标准《工程岩体分级标准》(GB 50218—94）以林韵梅的成果岩石基本质量公式 $BQ=90+3R_c+250K_v$ 取代苏联普氏公式（式中，BQ 为岩体基本质量指标，R_c 为岩石饱和单轴抗压强度，K_v 为岩体完整性指数），其意义深远。一种分级方法能作为国家标准，这在国际上还是第一次。《工程岩体分级标准》(GB 50218—94）的制定由水利部牵头，东北大学、总参工程兵第四设计研究院、铁道部科学研究院西南分院、建设部综合勘察研究院合作完成。

1986 年，编制单位的 10 位代表在武汉长江科学院首次会面。初次会议决定：

（1）为使国家标准建立在我国岩石工程实例的基础之上，各部必须将各工程单位的全部实测数据汇总到东北工学院建立的岩石数据库中，由林韵梅所在单位进行数据处理，从而建立了岩石基本质量公式。该公式令标准有了数学依据，对国际岩石力学的发展作出了很大的贡献。

（2）在标准建立过程中，每个部负责一次会议，这样可使每名成员得以考察我国各地的工程。

（3）每名成员负责校准某一部分的初稿，再由秘书进行定稿。《工程岩体分级标准》（GB 50218—94）的最终确立是全国岩石力学专家共同合作的结果。编制单位的10位科学家集智攻关，团结协作，充分体现了党领导下的协同精神。

甘为人梯奖掖后学的育人精神

林韵梅曾担任中国岩石力学与工程学会东北分会（今中国岩石力学与工程学会寒区岩土力学与工程分会）首任理事长，在学会的创立和发展过程中起到了促进和带头作用。中国岩石力学与工程学会东北分会由辽宁省、吉林省、黑龙江省和内蒙古自治区等东北区域的各单位联合成立。当时，很多大型企业和大型骨干单位都参加了东北分会。东北分会成立后开展了一系列学术活动，凝聚了广大会员，促进了东北地区岩石力学和工程的发展。

鉴于林韵梅的勤奋努力和所取得的科研成就，1986年，她被中国金属学会推举出席中国科学技术协会第三次全国代表大会，受到党和国家领导人邓小平的亲自接见。

林韵梅毕生致力于教育工作，教书育人、辛勤耕耘。她先后指导了博士研究生、硕士研究生25人，主持完成了20多个科研项目，讲授过8门课程。她主编了《地压讲座》《实验岩石力学》《岩石分级的理论与实践》《数值分类方法及其在岩石力学中的应用》《岩石力学与工程新进展国际会议论文集》等23部著作，发表了我国深部岩体力学的第一篇论文《深部近矿体巷道的位移规律》。

她的学生，中国科学院地质与地球物理研究所秦四清研究员回忆：“她给我们上过实验岩石力学这门课。上课时，她声音洪亮富有激情，能把一门较为枯燥的课讲得引人入胜。她特别强调理论联系实际，课程讲到某一段落，就让我们分成几个小组，先写试验方案，她看完后提意见，告诉我们试验中要把握的关键环节；然后，她亲自指导我们制样、测试、分析。这样下来，我们的动手能力有了很大提高。我在读博期间，具体试验工作基本上都是一个人完成的。”

由林韵梅牵头申报的矿山建设博士点（即后来的结构工程博士点）于1986年获批，培育了大批青年科技人才。她曾经自豪地说：“我这辈子除了自己的儿子，就喜欢学生。对弟子的事，就像对自己的事一样关心。‘待到山花烂漫时，她在丛中笑’，这就是我追求的境界。”她一心扑在学生身上，学生也努力学习，很是争气。每当她看到自己的学生作出成绩时，她都像自己取得了成功一样开心，她说：“人类社会能有今天的进步，就是一代又一代人传承的结果，青出于蓝而胜于蓝才是我们应该追求的目标。”

林韵梅桃李满天下。她的第一个博士研究生赵文及留学英国的梁力都成了教授，他们都是相关学科的骨干，能独当一面。她的学生还有厦门大学副校长张颖教授，中国科学院地质与地球物理研究所秦四清研究员，美国加州大学成鼎新教授，东北大学王维纲教授、李锡润教授、陈耕野教授，大连大学宋力教授，防灾科技学院肖专文教授等。此外，北京大兴国际机场建设指挥部副指挥长、总工程师李强，中国建筑科学研究院教授级高级工程师张国，中冶沈勘工程技术有限公司教授级高级工程师徐立军等，也是她的学生。她的学生张东晓后来留学美国，并当选为美国工程院院士，回国后先后任北京大学研究生院常务副院长、南方科技大学学术副校长。

2019年11月，她在医院的病床上听说学生冯夏庭当选了中国工程院院士，激动不已：“这是我最骄傲的一天，我的学生又为我争了光！”冯夏庭的本科毕业论文，硕士、博士论文，都是她亲自指导的。早在2011年，冯夏庭当选国际岩石力学学会（今国际岩石力学与岩石工程学会）主席时，林韵梅就高兴地说：“这是该学会成立半个多世纪以来第一位黑头发、黄皮肤来自发展中国家的学者坐上了掌门人的位置。”她是如此高兴和欣慰！

林韵梅非常关心下一代的成长。她80岁时还到各个中小学给学生演讲，她要把自己一生积累的经验传授给学生。她说：“我的某句话也许就影响了某个孩子的一生，我能多影响几个孩子的成长也是对社会的贡献。”林韵梅就是这样无私地为国家贡献着自己的力量。退休以后，林韵梅笔耕不辍，她发明了 188 汉字输入法，出版了小说《从 911 到 SARS 的跨国恋》《八十老太三亚游记》《赴美生存必读》《54 煤春秋》等。生命的最后几年，林韵梅在病中创作出版了《石嘴子铜矿井巷地压调查研究论文集》，完成了 30 多万字的自传《忆》，给后人留下了宝贵的精神财富。

在她生命的最后时刻，由于身体很弱，她大部分时间都在昏睡。可每当她醒来，都会让人扶她起来审读书稿，实在坐不住了，躺下来也要侧着身子继续审读，即使没有办法坐到她日复一日工作的书桌前，也要让人把笔记本电脑放到她的床前，坚持工作。

2020 年 3 月 17 日，林韵梅教授永远地离开了我们。我们失去了一位品德高尚、坚强乐观、治学严谨、知识渊博的学术大师。但林韵梅教授的精神永在，她那胸怀祖国服务人民的爱国精神、追求真理严谨治学的求实精神、淡泊名利潜心研究的奉献精神、敢为人先勇于探索的创新精神以及甘为人梯奖掖后学的育人精神，永远激励着我们、鼓舞着我们跨越一个个激流险滩，去争取一个个伟大的胜利！

第二十二章　我的“54煤”印象

王立慧

知悉“54煤”的故事是2011年我到资源与土木工程学院担任党委书记之后的事情。2011年6月—2019年6月，在资土学院党委书记岗位这8年，我与“54煤”结下了深厚情缘。其实，后来想想，早先我就已经接触过“54煤”班的杰出代表，只是当时还不知道他们的故事。

“54煤”我认识最早的当数费寿林书记。1998年3月，我调到学校党办工作，虽是个科级干部，与费书记直接接触并不多，但印象中时任学校党委书记的费寿林书记在师生中的口碑特别好，也总是特别的慈祥、平易近人。记得他有一次从澳大利亚回来，还送给我女儿一个非常可爱的绒布小袋鼠。

后来，我在科技哲学专业攻读博士学位期间认识了陈昌曙教授，先生温文尔雅、思维缜密、逻辑严谨、信手拈来的大家风范和授课风格给我留下了深刻印象。直到后来到资土学院工作，才知晓他们都出自“54煤”班，陡然心生敬意。

徐小荷教授在东北大学一直大名鼎鼎，初识他是我刚到学院工作后不久去采矿实验室，偶然碰到时年已80岁的徐老师，他手里拎着个多年前的蓝色尼龙绸手袋，手袋里装满资料，老师们介绍说先生经常来实验室转转，指导指导青年教师。后来我们邀请他在“资土论坛”上给青年教师和学生作科技美学科技审美方面的报告，听他老伴儿说，先生一直坚持读书，后来喜欢研究科技美学，图书馆里科技美学方面的书他是借阅第一人。每年资土学院都会给离退休的老师创造一次聚会交流的机会，徐老师每每不断追问学院的发展情况，我们出的每期《资土视点》他都一字不落反复翻阅，徐老师关心学院事业发展的情结深深打动着我。后来他的听力越来越差，我每次都会给他带去一份儿纸质版的学院发展情况介绍，他都会看看问问，并时不时地鼓励鼓励我们。

认识林韵梅老师时，她是一位乐观向上、积极进取、勤勉不倦的八旬老人。作为东北大学第一位女性博士生导师，她培养了冯夏庭院士等一批岩石力学的优秀专家。80 多岁依然笔耕不辍，在学院 3 万元经费的支持下，出版了《54 煤春秋》，为我们留下了宝贵的精神财富。记得 2015 年 11 月 27 日在“感恩石”的捐赠仪式上，当时天气十分寒冷，时年 82 岁的林老师在寒风中发表激情讲话，在场的师生听林老师娓娓讲述“54 煤”的感人故事，无不动容，一股暖流和激情在心底升腾，至今印象仍十分深刻，一个时代最优秀的群像和他们坚定而执着的报国情怀激发着一代代资土人奋发向上。

在学院工作的这些年，感动于“54 煤”前辈的事迹和精神，我在学院文化建设中不断挖掘“54 煤”精神，形成传承创新的“资土精神”，并以传播“54 煤”精神为己任。在庆祝国庆诗朗诵中，我们请来了徐小荷教授；在新年联欢会上，我们请来了林韵梅老师；我们邀请“54 煤”前辈和师生同台演绎原创诗歌《永不凋谢的情怀》；我们将“54 煤”的故事写成剧本，创作出舞台剧《54 煤春秋》，并多次展演；学生办还将每年一度的“朝阳青年奖”的最高奖项设定为“54 煤奖杯”，让“54 煤”的爱国信念和奋斗精神落地生根、代代传承。此外，我于 2016 年亲自起草下发了《学院党委关于学习弘扬“54 煤”精神的通知》，同时搜集整理相关学习材料，号召全院党支部组织起来在全体师生党员中掀起学习弘扬“54 煤”精神的热潮。2016 年 3 月，冯夏庭教授被引进回校后，我抓住冯夏庭教授是林韵梅老师的优秀学生、是“54 煤”精神的优秀继承者这一有利契机，精心打造和重点培树深采党支部。多年来，深采党支部多次获得学校先进党支部和辽宁省先进基层党组织荣誉称号。2017 年 11 月，中组部调研组到东北大学调研党建工作时，参观了深采实验室党支部，并与师生党员举行了座谈交流，对学校党建工作给予了高度赞扬和肯定。2018 年，深采党支部获批全国党建工作样板党支部培育创建单位，并于 2021 年 2 月通过培育创建验收。在“54 煤”精神的感召下，深采人硕果累累、意志坚定地向地球深部进军。

我们注重凝练学院特色精神文化，坚持以文化人、以文育人，以先进文化感召人，以特色文化凝聚人。在 2015 年建院 20 周年时，通过总结办学历史、编制校刊专辑、制作院庆视频、开展学术报告会、院庆征文、发布院徽院训、举办庆典大会等一系列文化活动，进一步凝练“资土精神”和学院特色文化，固化院徽院训等学院文化视觉识别系统，确定“德以怀远，学以精工”的院训精神和象征着蒸蒸日上、永葆活力的院徽标识，赢得了师生的高度认同，成为学院师生厚德博学、奋勇拼搏的前进动力。

2016 年，在“双一流”建设中学院党委顺势而为，进一步凝练提升以“54 煤”精神为核心的“资土精神”，我还创造性地提出建设“求真笃实、激越诚信的学术文化，人本大爱、立德树人的师德文化，扎根基础、探索原创的创新文化，团队为家、资土为荣的团队文化，人心思进、人心思干的人文文化”的资土学院特色文化建设体系，通过交流研讨、措施激励、绩效引导、典型示范、文化引领等多措并举，团结引领全院师生在学校高峰学科建设的强力支持下，承扬、创新和发展“54 煤”精神，点燃“超越自我，勇创一流”的激情和梦想，锤炼了自强不息、人文日新的奋斗品格，营造了抢抓机遇、乘势而上、勠力同心、奋力拼搏的良好氛围，不断推动学院各项事业跃升发展。

第四篇

薪火传承

第二十三章　“54 煤”精神到底是什么（一）

在东北大学南湖校区采矿学馆门前，十分醒目地矗立着一块“感恩石”，这是 2015 年 11 月“54 煤”暨 54 矿 53 选校友捐赠给母校东北大学的。石碑正面刻有“感恩”二字，“感恩”下面镌刻着三行文字：“热血青年，献身矿业，刻苦学习，敬业报国，饮水思源，感恩母校。”短短三行文字，一刀一笔刻下的正是“54 煤”学子献身报国的豪情壮志，记录着那段“为国转系”的热血青春，寄托着老校友饮水思源、感恩母校的深厚情谊。

东北大学矿业学科在近百年的办学历程中，曾培育出无数优秀的集体和个人，其中最引人注目的便是“54 煤”。他们为国转系，投身地质采矿行业，为急需建设的新中国注入煤炭血液。他们勤奋好学蔚然成风、德智体美劳全面发展，成为全校学习的先进典型。

据统计，“54 煤”这个集体共培养出 1 位中国工程院院士、37 位教授（教授级高级工程师）、31 位副教授（高级工程师），为国家事业发展作出了巨大贡献。构建世界领先的“砌体梁”力学模型的钱鸣高院士、倡建岩石破碎新学科的徐小荷教授、发明岩石基本质量公式的林韵梅教授……他们只是“54 煤”精神的一个缩影，而“54 煤”也只是资土学院敢为人先、实干报国的一个缩影。

“54 煤”是新中国成立后东大第一批资土人，也是中国矿业学科的重要领路人。他们用自强不息谱写的华彩篇章、用知行合一发扬的奋斗精神，是锻造东大文化的优质矿产，也是构建东大人精神家园的硬核柱石。可以明确地说，“54 煤”精神是对中华民族传统文化的继承与发扬，是对革命精神的继承与发扬，是对东北大学“自强不息，知行合一”校训精神的继承与发扬，是社会主义核心价值观在那个时代的具体体现。

如果一定要说“54煤”精神是什么，那么它肯定包含：

为国学习、献身祖国的爱国主义情怀，

互帮互助、团结友爱的集体主义精神，

为国转系、献身矿业的奉献精神，

心怀希望、向阳而生的乐观精神，

百折不挠、坚韧不拔的坚强品格，

饮水思源、感恩母校的感恩精神。

它是诸多美好品质的集中体现：它体现在当祖国需要我的时候，能够毅然决然地为祖国奉献一切；它体现在以集体为家、以团队为荣，当一个人掉队的时候，会有无数个人站出来帮助他；它体现在即便遭遇了不公平待遇，也仍然心怀希望、乐观坚强，有坚韧不拔的毅力和吃苦耐劳的品格，甘于坐“冷板凳”；它体现在对人生成就的谦卑，在耄耋之年回顾一生成就的时候，不归功于自己而归功于集体和母校。

除“54煤”之外，在东北大学矿业学科近百年的办学历程中，还有另一个集体同样引人注目，那就是“可可托海的东大人”。1952—1982年，以孙传尧、林开华、王宗泗、刘家明、张泾生、朱赢波、肖柏阳、余仁焕等为代表的44名东北工学院毕业生坚守新疆可可托海，为“两弹一星”和稀有金属工业作出了杰出贡献，有些人甚至将自己的一生都献给了可可托海，形成了以“吃苦耐劳、艰苦奋斗、无私奉献、为国争光”为内涵的“可可托海的东大人”精神。

近几年，学院党委不断继承并发扬“54煤”精神和“可可托海的东大人”精神，将其与学院发展相结合，逐步积淀形成了以“坚定的理想信念，执着的钻研精神，突出的业务能力，踏实的工作作风”为内涵的“资土精神”，确定了“德以怀远 学以精工”的院训精神和象征着蒸蒸日上、永葆活力的院徽标识，赢得了学院师生的高度认同。

如今，在“54煤”精神、“可可托海的东大人”精神和“资土精神”的感召下，学院全体师生凝心聚力、乘势而上、攻坚克难，学院各项事业不断取得长足进步。作为首批“211工程”“985工程”重点建设单位，学院名师荟萃、大师云集，现有中国工程院院士1人，柔性引进院士1人，外聘院士1人，国家级人才计划入选者14人，教育部新世纪优秀人才11人，辽宁省教学名师7

人，博士生导师 62 人，教授 58 人，副教授 76 人，高级实验师 8 人。

学院科研工作跨越发展，获各级奖励 360 余项，其中国家科技进步奖 11 项、国家技术发明奖 1 项、省部级二等奖及以上奖励 172 项。承担国家“973 计划”、“863 计划”、国家重点研发计划、国家自然科学基金等各类科研项目 3917 项，科研总经费 13.5 亿元。2019—2021 年，学院科研进款连续三年突破“亿元”大关。

学院坚持立德树人，以人才培养为核心，注重对学生的价值塑造、知识传授和能力培养。现有国家级教学成果奖 1 项、国家级一流本科课程 4 门、国家级一流本科专业建设点 6 个、省部级教学成果奖 19 项、中国国际“互联网 +”创新创业大赛金奖 1 项、国际罗哈奖（Rocha Medel）2 项。学生在国内外各类创新创业、科技竞赛、论文评选中全面开花。建院 27 年来，1.4 万余名优秀毕业生从这里起航，在国家发展建设的各行各业干事创业、屡建奇功。

从先辈事迹中汲取养分，对“54 煤”精神内涵进行结构剖析，一直是资土学院师生们的共同愿望。沐浴着前辈的荣光，对我们来说是一次次的精神洗礼，让我们能够以更加饱满的热情和昂扬的斗志克服个人成长和集体事业发展中遇到的困难和挑战。

“54 煤”精神是一份宝贵的精神财富。我们希望每一个资土人都能从《54 煤》这本书中读到些什么、悟到些什么、学到些什么。我们更希望每一个资土人能将“54 煤”的故事讲给身边的东大人听，讲给亲朋好友听，分享前辈“俯首甘为孺子牛”的奉献精神、“蜡炬成灰泪始干”的呕心沥血、“不破楼兰终不还”的报国豪情和“一枝一叶总关情”的感恩情怀，让大家感受到榜样的力量，并勉励新时代资土人传承历史、续写传奇，弘扬“54 煤”精神和“可可托海的东大人”精神，重振资土雄风，为国家发展和民族复兴奋斗终身。

“54 煤”就像一颗“朝阳”，是青春的朝阳，是资土的朝阳，是东大的朝阳，是新中国的朝阳。望广大资土人传承“54 煤”精神，胜不骄，败不馁，在百舸争流的新时代勇立潮头、击楫勇进，为了祖国更美丽的朝阳时刻努力奋斗！

第二十四章　“54煤”精神到底是什么（二）

“54 煤”精神的闪光点主要表现在以下方面。

一、她是强烈的爱国精神。爱国，令他们时刻准备着报效国家。第一关是放弃江南优越生活，北上求学。第二关是祖国需要煤矿，那就牺牲自己的爱好、身体、安全甚至生命，转入“四块石头夹块肉”的危险专业，表明了他们的人生观。重要的不在于当初转系的决定，而是一辈子献身煤矿的执着与忠诚。陆强麟身上覆盖的国旗代表了国家对他们这种爱的认可与赞颂。

二、她是顽强拼搏精神或愚公移山精神。困难对“54 煤”来讲仅是一种人生的磨炼。在学校时，为国家学习、向国家汇报成绩的信念令大家将学好本领作为头等重要的任务。毕业后，一人独处，有意外，怎么办？看看夏宗绩，你就知道什么叫顽强拼搏精神。他因半残之身不能再下井，却忘不了要为国家继续服务。他玩命地像当初在“54 煤”班上那样，再一次为了国家而拖着一条腿刻苦学习，终于能用德、英、俄三种外文为国家作贡献。他 35 岁才结婚，仅十年后妻子就撒手西去，留下年幼的孩子。他又当爹又当妈，他的人生多么不幸！可他咬咬牙挺过来了。顽强的他还说：“我在帮助人、帮助社会的工作中也体验到了自我幸福和美丽人生。”人在考验中更显其高贵之处，千真万确！

三、她是团结互助精神。请想想：“54 煤”能得到通报表扬，成为“学习模范”，靠什么呀？不就是全班团结一致、众志成城吗？为什么“54 煤”的人要不忘初心、不断地继续发扬“54 煤”精神？如各次同学会的筹办人（邬庭芳、朱新和、王友佳、费寿林、郑雨天、程厉生、龚淼等）；再如在“54 煤”毕业后承办各项集体活动的诸多同学（涂继正、朱敏、李高祺、王端庆、胡又珠等）。你要明白：一个集体的精神要发扬光大，必须持续不断地添加动力。众人奋战的结果令“54 煤”全体在各自的岗位上作出更加辉煌的业绩，生命更加灿烂。这可以从各名同学反馈回来的信息中得到确认。

四、她是蜡烛精神。蜡烛精神之可贵在于燃烧自己照亮他人。多年来，在各个教育岗位上奋战的“54煤”同学在培养人才方面呕心沥血，培养出一批国家需要的高级科研人才。在各个大中专学校，成千上百的有用之材毕业后成为国家各处矿山的精英。甚至于像吴朝鼐，尽管不能在煤炭战线上发光发热，但调入煤炭科学研究总院上海分院教育科任专职教师后，他仍以提高青年的文化水平为己任，任劳任怨、耐心细致、积极热情，倾注了大量心血和智慧，使分院135名青工的文化合格率达76%，其中有16人大学毕业。又如黄绍明同学，一生坎坷。1957年他被错划为右派，1979年平反后，举办中学生义务补习班，分文不收，使光和热走向社会。这是一种什么样高尚的情怀？有多少人做得到？生命诚可贵，将青春和生命转化到学生身上，这种蜡烛精神更可贵。

五、她是孺子牛精神。“埋头苦干”的种子撒遍祖国大地。无论在何方，无论何时何地，他们从不讲条件，脚踏实地地埋头苦干。如赵继忠，曾被错误对待，而从开滦调去唐山市。唐山煤炭局下属只有三个在建小矿，他却毫不犹豫地埋头苦干，当年产煤3.6万吨。次年，年产煤炭已到16万吨。数年后，产量上升到百万吨以上。由于成绩卓越，他先后担任唐山市煤炭局局长、唐山煤炭公司总经理等职。他为唐山市的煤炭事业作出很大贡献。退休时市委领导找他谈话，对他的评价是：“两袖清风，一身正气。”如周志钦，为辽源矿务局西安矿献身一辈子，荣获省、市劳动模范，两届省人大代表。可退休后仍老骥伏枥，在工资仅600元并因矿山亏损而停发的情况下到处奔波，只为解决辽源矿务局22万矿工的生活问题。他没有报酬，却像舞台上的演员一样，什么角色都“演”，什么行业都碰。周志钦确是做到了“鞠躬尽瘁，死而后已”。据他自己粗略统计，从1954年开始，他下井天数合计4830天，相当于13.2年是在井下度过的；参加抢救各种伤亡事故150多次。如此甘为孺子牛的同学比比皆是，难道是偶然的吗？“54煤”精神万岁！

六、她是压不垮的松柏精神。人生在世，前途莫测。“54煤”的种子想生机勃勃地干一番事业，却遇狂风暴雨。倪永义，全班最小的个子，很容易令人怀疑他能否忍受风雨交加的困境。1957年，他被错划成右派，在劳动改造中不幸右手挤伤，造成半残疾之身。当时母亲、弟、妹均依靠他。他曾想投河自杀，在激烈的思想斗争中，他想到自己热爱党和国家，学校将自己培养成有用的专业人才，难道就此从世界上消失？难道就此忘了“54煤”精神？一定要坚强地活下去。于是，他以百倍的干劲投入火热的煤海中，忘我地工作。经过几十年的磨炼，他从一名技术员成为技术骨干，在山西煤炭行业成为颇有名气的采煤专家。1978年，平反后不久他加入了中国共产党，终于实现了党和学校对他培养的目标——红色工程师与采煤专家。1984年，他正式调到寿阳县，历任寿阳县经济委员会副主任、煤矿管理局副局长兼总工程师。到1990年，使寿阳县煤产量由100万吨增至300万吨，他也晋升为高级工程师。他的经历说明我们的同学在“54煤”精神的鼓励下是压不垮的松柏。

子曰：“岁寒，然后知松柏之后凋也。”孔子这句话用在“54煤”精神上是多么贴切呀！

我们班级在历史长河中是小人物群体。小人物群体想把我们每个人的风采和想说的话记录在册，给亲友、儿孙及后人留念。要知道，众多的小人物群体才是这个世界的动力。正是他们全心全意为人民服务，才使我们的国家，这个世界更加美丽、更加有风采。

《54煤春秋》是一本白皮书，它宣告了我们的洁白人生。正如苏联作家奥斯特洛夫斯基在《钢铁是怎样炼成的》一书中所说的那样：“人的一生应当这样度过：当回忆往事的时候，他不至于因为虚度年华而痛悔，也不至于因为过去的碌碌无为而羞愧。在临死的时候，他能够说：我的整个生命和全部精力，都已经献给世界上最壮丽的事业——为人类的解放而斗争。”这本书曾经激励我们每一个人。如今，我们回顾往事，虽然每个人的工作岗位不同，但我们都已经尽心尽力了。有些人即使曾受到委屈，仍然勇往直前，无怨无悔。因此，我们可以问心无愧地说，我们没有辜负国家、人民和母校的培养。

尽管我们有所闪光，但在这浩瀚的历史长河中，“54煤”只是大海里的一滴水，渺小至极；永恒世界里的一闪，微乎其微。

通过本书，希望能让“54煤”的故事在母校与各个学校中流传，让“54煤”的奋斗精神在东北大学与高等院校的学子中发扬光大、接棒向前，并给学子带去爱国、勤奋和不屈的精神。

期盼着你们创造出新的更高水平的创新人才集体与典型！努力吧！

亲爱的祖国万岁！

（摘选自《54煤春秋》）

第二十五章　“54 煤”精神感召下的先进典型

文化是一个国家、一个民族的灵魂。文化自信是一个国家、一个民族发展中更基本、更深沉、更持久的力量。文化对一个国家、民族意义重大。党的十九大报告指出：“没有高度的文化自信，没有文化的繁荣兴盛，就没有中华民族伟大复兴。”党的二十大报告强调：“以社会主义核心价值观为引领，发展社会主义先进文化，弘扬革命文化，传承中华优秀传统文化，满足人民日益增长的精神文化需求，巩固全党全国各族人民团结奋斗的共同思想基础，不断提升国家文化软实力和中华文化影响力。”

“54 煤”精神作为东北大学矿业学科在近百年办学历程中积淀下来的优秀文化，其蕴含的深刻的爱国主义、集体主义、奉献精神、坚韧品格、乐观精神和感恩情怀，是中华优秀传统文化在“54 煤”班上的集中体现，也是对东北大学“自强不息，知行合一”校训精神以及“实干 报国 创新 卓越”东大文化的生动诠释。

“54 煤”就像一团火，一团生动的、跳跃的、充满能量的火。“54 煤”不仅鼓舞着自身，让他们作出了“为国转系”的壮举，而且走出了 1 位中国工程院院士、37 位大学教授（教授级高级工程师）、31 位副教授（高级工程师）。“54 煤”更感染和激励着千千万万的后来人，让爱国的种子播撒在祖国各地，让希望的花盛开在历史长河，激励着一代又一代矿业人“德以怀远，学以精工”的家国情怀。

在近百年办学历程中，东北大学矿业学科先后培养了王淀佐、马在田、钱鸣高、刘宝琛、于润沧、孙传尧、刘炯天、邵安林、冯夏庭、张东晓、杨瑞林等 11 位院士。其中，构建世界领先的“砌体梁”力学模型的钱鸣高院士便是“54 煤”的一员。受“54 煤”精神的影响，无数学子与国家同频共振，将个人理想融入国家需要，积极投身于国家发展和民族振兴的伟大洪流之中。无论是新中国发展建设时期筚路蓝缕、步履铿锵，还是社会主义建设时期昂首阔步、奋勇前行，无论是地下1500米的红透山铜矿，还是世界第二高桥——贵瓮清水河大桥……从中原大地到西部边陲，从地上工程到深部开采，他们在各行各业落地、扎根、开花、结果，取得无数创新突破，涌现出无数先进集体和个人，其中不乏两院院士、专家学者、党政领导、企业家和各界精英。

部分先进典型：

一、中国工程院院士　刘宝琛

刘宝琛（1932—2017），辽宁开原人，中国共产党党员，采矿工程专家。1956年本科毕业于东北工学院采矿工程专业，1962年于波兰科学院岩石力学所获博士学位。他是我国随机介质理论的奠基者及其应用的开拓者。他发展创建时空统一随机介质理论，将其应用于建筑物下、河下及铁路下开采地表保护工程，使本溪、抚顺、阜新等矿区从“三下”安全采出煤炭千万吨以上；打破了苏联专家规定的太子河保安煤柱禁区，采煤上百万吨；又应用于铁矿、金矿及磷矿，从“三下”采出大量矿石，解决了北京地铁建设预疏水地表沉降预计问题，获得巨大的经济效益。出版专著5部，发表论文百余篇。培养硕士研究生7人，博士研究生37人。1994年当选波兰科学院外籍院士。1997年当选中国工程院院士。2000年被评为全国劳动模范。

二、中国工程院院士　孙传尧

孙传尧（1944—），出生于黑龙江省饶河县，原籍山东省东平县，中国共产党党员，矿物加工工程专家。1968 年本科毕业于东北工学院选矿工程专业。1981 年毕业于北京矿冶研究总院，获硕士学位。曾任北京矿冶研究总院副院长、院长，新疆可可托海 8766 选矿厂副厂长。现任北京矿冶研究总院矿物加工科学与技术国家重点实验室主任、研究员，东北大学、北京科技大学等高校兼职教授、博士生导师。2003 年当选中国工程院院士。1991 年当选俄罗斯圣彼得堡工程科学院院士。

孙传尧长期从事复杂多金属矿石选矿工艺和浮选理论研究，在钨铋钼、铅锌、铜镍、锂铍钽铌等复杂多金属矿选矿领域作出重要贡献。他领导并参加柿竹园十年国家科技攻关全过程，采用主干全浮流程和自主工业开发的高效螯合捕收剂，攻克黑白钨和硫化矿物及多种含钙矿物浮选分离的难题，使我国独创的钨铋钼复杂矿选矿新技术柿竹园法获得成功，是世界钨选矿技术的重大突破。利用矿物等可浮原理首创异步混选法，并在工业推广应用，铅锌浮选分离技术有多项创新，推动了我国铅锌选矿技术的进步。电化学控制浮选工程化研究获优秀成果。低锂矿石浮选新工艺的创新使生产指标国内外领先。率先工业浮选铍精矿和引进惯性圆锥破碎机开发均获成功。研制成功 BK301 捕收剂，填补了国内空白，并在国内外选矿厂应用。

三、中国工程院院士　刘炯天

刘炯天（1963—），河南西峡人，中国共产党党员，工学博士，教授，博士生导师，中国工程院院士，享受国务院政府特殊津贴，1983 年 7 月本科毕业于东北工学院选矿工程专业。1989 年获中国矿业大学矿物加工工程专业硕士学位。1999 年获中国矿业大学北京研究生部矿物加工工程专业博士学位。

2009年当选中国工程院院士。曾任中国矿业大学能源化工系副主任、化工学院院长、副校长，郑州大学校长等职，先后获得全国模范教师、国家杰出青年科学基金、国家百千万人才工程国家级人选、中国青年科技奖、教育部全国优秀青年教师奖、全国优秀博士学位论文评选获奖者、全国优秀科技工作者评选获奖者、江苏省“十大”杰出青年等荣誉称号。2013年12月9日当选河南省科协第八届委员会副主席。荣获2013年度国家科学技术进步二等奖、2014年度“何梁何利基金科学与技术进步奖”。现任河南省政协副主席，郑州大学党委书记，省科学技术协会副主席（兼），中国工程院化工、冶金与材料工程学部第十届学部主任。

四、中国工程院院士　邵安林

邵安林（1963—），黑龙江肇东人，中国共产党党员，矿冶工程专家。1985年毕业于鞍山钢铁学院（今辽宁科技大学）。2004年获东北大学工学博士学位。2015年当选中国工程院院士。先后任鞍钢矿业公司总经理、鞍山钢铁集团公司副总经理、中国冶金矿山企业协会名誉会长。现任中国矿产资源集团有限公司副总经理。

他长期从事铁矿资源技术开发、工程管理与战略研究。以超前思维和世界眼光谋划矿业发展，构建多元产业格局，打造绿色智慧矿山，建成国内领先的铁矿山龙头企业。主持攻克贫铁矿开发关键技术瓶颈，研发提铁降硅、协同开采、地下采选一体化等核心技术，建立较为完整的贫铁矿开发技术体系，创立“五品联动”矿冶系统工程模式，开辟一条贫铁矿规模绿色高效开发的系统创新之路，引领了行业技术进步和可持续发展。致力于国家资源保障战略研究，牵头编制了我国首个铁矿行业中长期发展规划，主持多项国家和行业标准制定，对于加快铁矿产业结构调整、重塑矿冶工业布局、提高资源保障能力、构建国家资源保障体系、维护产业经济安全起到积极的推动作用。获国家科技进步二等奖 3 项，省部级科学技术特等奖 1 项、一等奖 10 项；获全国优秀企业家、全国劳动模范、国家百千万工程领军人才等荣誉称号。2015 年当选中国工程院院士。

五、中国工程院院士　冯夏庭

冯夏庭（1964—），中国共产党党员，工学博士，教授，博士生导师，中国工程院院士。1986 年本科毕业于东北工学院采矿工程专业，1992 年在东北工学院岩石力学专业获博士学位。现任东北大学党委副书记、校长。2019 年当选中国工程院院士。曾任国际岩石力学学会主席、中国科学院武汉岩土力学研究所所长、岩土力学与工程国家重点实验室主任。主要学术兼职有：国际地质工程联合会主席、国际岩石力学学会设计方法委员会主席、中国岩石力学与工程学会理事长、《岩石力学与岩土工程学报》（SCI 收录英文刊）主编。

他长期从事岩石力学与工程领域的研究工作，在深部地下工程稳定性分析理论、设计计算方法、工程实验技术以及岩爆监测预警与动态控制等方面作出了突出贡献。主持国家“973”项目、“863”项目以及国家自然科学基金国际合作重大、重点和面上项目 20 余项，获国家科技进步二等奖 4 项，获国际岩土力学计算机方法和进展协会杰出贡献奖。

六、美国国家工程院院士　张东晓

张东晓，教授，美国国家工程院院士，现任东方理工高等研究院常务副院长兼教务长。1988 年毕业于东北工学院采矿工程专业。1993 年在美国亚利桑那大学工学院获得博士学位。2017年当选美国国家工程院院士。历任南方科技大学学术副校长兼教务长，北京大学研究生院常务副院长、工学院院长、海洋研究院院长，美国南加州大学Marshall讲席正教授（终身制），俄克拉荷马大学石油和地质工程系米勒讲席正教授（终身制），北京大学能源与资源工程系首任系主任，美国著名拉萨拉莫斯（Los Alamos）国家实验室高级研究员。

作为地下水文学、非常规油气开采（煤层气、页岩气）、二氧化碳地质埋藏方面的国际著名学者，其随机理论建模、数值计算、历史拟合和机器学习方面的研究成果已被国际同行广泛采用。著有专著两部，其中在2002年出版的《渗流随机理论》（美国学术出版社）已成为领域内的经典著作；发表学术论文220多篇（其中，SCI论文180多篇）。先后担任《水资源研究》《国际石油工程师杂志》等8种国际学术杂志副主编。作特邀学术报告80余次，发起并组织国际学术会议20余次。曾担任英国国家研究理事会能源研究评估委员会委员、美国国家研究委员会地球科学2010—2020科研规划委员会委员、《国际石油工程师杂志》CO_2地下封存专辑主编，以及达沃斯世界经济论坛（WEF）全球议程理事会理事。

七、加拿大工程院院士　杨瑞林

杨瑞林（1956—），内蒙古四子王旗人。1981年本科毕业于东北工学院采矿工程专业，本科期间跟随徐小荷教授做岩石破碎研究。1984年赴澳大利亚昆士兰大学JK矿物研究中心学习。1990年获得博士学位。之后在澳洲CSIRO岩石力学数学模拟组做短期研究。1991年赴加拿大Queens大学采矿系攻读博士后，两年时间建立岩石爆破脆性损伤模型，后被业界广泛引用和继续研发。1993 年受雇于 ICI 加拿大分公司，后转属 Orica（全球最大的民用炸药及爆破器材研发和爆破技术创新公司）。2012 年当选加拿大工程院院士。长期从事炸药和岩石爆破的科研开发、技术咨询及现场应用。现住美国，任 Orica 公司首席科学家和首席研究员。他在爆破设计的理论和实践方面作出了诸多重要贡献。他建立的多项爆破理论、模型和现场测量系统，已在世界范围内得到广泛应用。

以“热血青年、献身矿业、刻苦学习、敬业报国”著称的“54 煤”，一直是我校人才培养的成功典范和校史骄傲。上述典型代表只是“54 煤”精神感召下，一代代矿业人献身矿业、为国贡献的缩影。相信未来，继承“54 煤”血脉基因，新一代矿业人必将更加自信自强、守正创新，踔厉奋发、勇毅前行，在全面建设社会主义现代化国家、全面推进中华民族伟大复兴的伟大进程中作出更多贡献。

第二十六章　“54煤”精神感召下学院发展动态

一、打造“为党育人、为国育才”的坚强战斗堡垒——记第三批“全国党建工作标杆院系”培育创建单位东北大学资源与土木工程学院党委

东北大学资源与土木工程学院教职工合影

东北大学资源与土木工程学院党委现有师生党支部40个，党员769人。学院党委以习近平新时代中国特色社会主义思想为指导，深入贯彻新时代党的建设总要求，将党的政治建设摆在首位，落实立德树人根本任务，将党建

工作与学院中心工作深度融合，实施“领导班子建设工程”“和谐稳定保障工程”“思政铸魂提升工程”“党建质量夯实工程”“党风廉政护航工程”，积极发挥党委政治核心作用，凝练了以“54煤”精神和“可可托海的东大人”精神为代表的学院特色文化内核，推动学院党建工作和教学科研各项事业齐跃升，努力打造“为党育人、为国育才”的坚强战斗堡垒。

学院党委入选首批“辽宁省党建工作标杆院系”建设单位并顺利通过验收，培育出“全国党建工作样板支部”“全国高校百个研究生样板党支部”“全省党建工作样板支部”“省先进基层党组织”“省研究生样板党支部”“全国五四红旗团支部”等先进集体。2022年3月，学院党委入选第三批“全国党建工作标杆院系”培育创建单位。

筑牢信仰之基　矢志培根铸魂

“为了保障国家重大工程安全有序地开展，在边疆的工程现场过年，是我们的工作需要，更是祖国和人民对我们的信任，我们感到很幸福、很自豪！”深部金属矿山安全开采教育部重点实验室岩爆课题组青年教师胡磊有感而发。

新春佳节，万家团圆的日子，由校长冯夏庭院士领衔的深部金属矿山安全开采教育部重点实验室岩爆课题组仍然驻守在工程一线，在人烟稀少的祖国边陲，在黑暗潮湿的隧道中，开展岩爆等深部工程岩体灾害监测预警工作，确保工程持续安全施工。

冯夏庭院士一直心系边疆科研一线的老师和同学，经常与课题组开会讨论项目开展情况、工程难题解决方案、科学研究实施进度。在他的带领下，课题组成员充分发挥全国党建样板支部的先锋模范作用，用实际行动诠释党员的初心与使命。

育才造士，为国之本。青年科研工作者扎根一线的奉献担当，正是资土学院党委多年以来筑牢信仰之基、把稳思想之舵的生动体现。

聚焦立德树人根本任务，践行“为党育人、为国育才”的初心和使命，资土学院党委守牢红线、头雁领航，组织领导突出“强”；严格标准、强化和谐，政治把关突出“严”；立德树人、以文化人，思政工作突出“深”；夯实基础、筑牢保障，基层党建突出“实”；全面监督、廉洁护航，党风廉政突出“清”，以一流党建引领学院建设，把理想信念教育贯穿人才培养全过程，引导师生深怀爱党爱国之心，砥砺报国强国之志。

构建充满活力、覆盖面广的基层党组织体系，不断增强党支部的战斗力和凝聚力。资土学院党委坚持“制度健全、建设规范、活动丰富、教育经常、以评促建、示范引领”的基层党建工作思路，扎扎实实夯实基层组织建设，推动党建与业务工作深度融合，将党支部建设成为德育共同体、学习共同体、发展共同体。

通过坚持抓基层、打基础，资土学院师生党支部“神经末梢”也得以激活。资土学院党委探索建立本科生纵向专业党支部、师生联合党支部，发挥“传帮带”作用，8个教师党支部均配备“双带头人”党支部书记。

依托分党校，资土学院党委还针对积极分子、预备党员、新党员、党支部书记等不同群体，开展全过程教育培养。高规格组织，高品位呈现，打造“线上＋线下”党建教育品牌活动，邀请钱七虎、孙传尧、冯夏庭、邵安林等多名院士专家学者作思政报告，组建“54煤”“可可托海的东大人”宣讲团，与雷锋学院签署党员培训协议，积极谋划思政建设新体系、新格局、新思路、新办法。

深采党支部通过“全国党建工作样板支部”验收，矿物系博士生党支部通过“首批全国高校百个研究生样板党支部”验收……资土学院党委以“对标争先”建设计划为抓手，发挥样板党支部和先进党员的示范引领作用，营造了“严格对标看齐，勇于改革创新，努力争创先进”的工作氛围。

建强战斗堡垒　赓续精神血脉

据不完全统计，1952—1982年，以东北工学院林开华、王宗泗、刘家明、孙传尧等为代表的44名毕业生，怀着以身许国的豪情壮志，先后来到条件极端艰苦恶劣的新疆可可托海，献身祖国“两弹一星”事业，让可可托海矿脉精选的铍、锂、铯、钽、铌等稀有金属应用到新中国第一颗原子弹、第一颗氢弹、第一颗卫星“东方红一号”、第一艘核潜艇上，熔铸了“吃苦耐劳、艰苦奋斗、无私奉献、为国争光”的可可托海精神，谱写了为捍卫国家主权和民族尊严奋斗不止的奉献长歌。

资土学院党委书记艾国生以传承红色报国基因、弘扬校训精神的强烈使命感，收集整理“可可托海的东大人”的感人事迹，深入挖掘其中蕴含的精神内涵和当代价值，拓展资土学院的精神谱系。两年来，他在 9 个学院为近万名学生作了 25 场“可可托海的东大人”的主题报告，丰富了学院精神谱系的内涵，更以校友鲜活的报国事迹激发了莘莘学子到祖国最需要的地方去的理想信念，引起了师生强烈的反响。

红色传奇，仍在续写；爱国报国的精神，生生不息，薪火相传。

2021 届环境工程专业本科生阿依波拉提·特来西，在听了“可可托海的东大人”专题党史学习教育报告会后，被“老学长”为新中国稀有金属事业无私奉献的精神所感动，立志“从新疆来，回新疆去”，毕业后到新疆有色集团去挥洒青春、实现梦想。

与此同时，资土学院党委赓续红色基因，以文育人，强基固本，还深入挖掘凝练出以“热血青年、献身矿业、刻苦学习、敬业报国”的“54 煤”精神等为核心的“资土精神”，出版了图书《54 煤春秋》《忆》，制作了宣传片《扎根矿山不老松》《巍巍高山·历久弥坚》，创作了诗歌、舞台剧《54 煤春秋》《永不凋谢的情怀》，营造了传承红色血脉、繁荣校园文化的浓厚氛围。

亚尔麦麦提·玉素普是东北大学“学习报国”青年宣讲团的新疆籍本科生。他与在新疆布尔津县高级中学支教的支教团成员合作，利用直播为当地全体高三学生开了一场别开生面的爱国主义主题教育班会。亚尔麦麦提·玉素普为同学们阐述了红色精神的价值内涵，并结合自己求学的奋斗历程，激励布尔津县学子努力学习，实现人生价值，建设美丽新疆。

“如春在花，如盐在水”，资土学院将思政教育贯穿第一课堂和第二课堂，形成育人立体场域。2021 年 6 月 23 日，资土学院“红砖”课程思政教研室揭牌。教研室以立德树人为根本任务，以提高人才培养能力为核心，旨在全面提高教师教书育人能力，引导教师回归教学、热爱教学、研究教学，在“超级工程”建设历史中体悟国家发展，在日常学习中涵养科学精神，学院党委为青年学子精准滴灌“强国有我”的兴国之志。

资土学院还举办了多场课程思政报告会和专题研讨会，获批校级课程思政示范课程、培育课程 20 门，示范专业 3 个，编写了 15 万字的《课程思政元素选编》。

资土学院党委以党史学习教育为契机，深挖学院办学历程中形成的特色文化，统筹教师、学生两个群体，开展丰富的思政教育活动，激活各领域育人效能，构建学院“三全育人”大思政工作格局。

“教育者先受教育”。资土学院党委实施“1+4+N”师德教育立体模式，把教职工思想政治教育与学院党委理论学习中心组扩大学习、青年学者沙龙、“三育人”活动、典型选树表彰、廉政文化建设等深度结合，努力打造政治素质过硬、业务能力精湛、育人水平高超的教师队伍。

“我们充分利用‘一五一十’思政建设平台，打造‘朝阳文化’思政品牌，开展‘雨露计划’、少数民族学生教育管理提升行动等精品活动，着力构建精准育人体系。”资土学院党委副书记、副院长（兼）刘婉婷介绍说，学院党团联建同频共振，将思政教育、生涯指导、创新创业教育与党团工作融合，开展社会实践、志愿服务、素质拓展、创新创业等活动 800 余场，覆盖近万人次，“朝阳资土”已成为全校师生熟知的特色标识。

服务重大战略　彰显使命担当

铁矿石是钢铁生产最为重要的原材料，是国家战略性矿产资源。我国钢铁产能巨大，钢产量占世界钢产量的 55% 以上，但国产铁矿石供应严重不足，连续五年铁矿石进口量超过 10 亿吨，对外依存度超过 80%。铁矿石也成为我国除芯片和石油以外的第三大进口商品。基于复杂的国际形势，铁矿石价格暴涨，铁矿石的安全、优质、足量供给已成为制约我国钢铁工业发展的“卡脖子”问题。

针对我国铁矿石这一重大战略需求，资土学院韩跃新教授团队成功地开发了“复杂难选铁矿石氢基矿相转化全组分清洁利用技术”，并与朝阳市合作，通过科技成果转化，建成朝阳东大矿冶研究院，形成“基础研究—小试突破—中试验证—工程示范—推广应用”的创新模式，通过搭建准工业化平台解决产品中试的问题，打通了科技成果转化“最后一公里”。

这项绿色选矿技术还走出国门，服务非洲国家赞比亚，应用于该国过去不能利用的含铁锰矿石的排岩矿，为“一带一路”国家带去经济效益、民生福祉。

“凝练国家急需的重点攻关方向，推动科研组织模式和创新范式迭代升级，是资土学院不断淬炼服务党和国家事业发展能力的重要表现和责任所在。”院长韩跃新表示。

围绕中心抓党建，抓好党建促发展，资土学院把党的建设和事业发展统一起来，让二者深度融合、互促互进，把党建优势转化为发展胜势。

党建赋能，聚焦主业，人才培养成果不断涌现。近 4 年，学院 4 个专业通过工程教育认证，获国家一流本科专业建设点 6 个，国家一流本科课程 4 门、省一流本科课程 25 门，教育部首批新工科项目验收成果为优秀。9 篇学位论文被评为省部级优秀研究生学位论文。

勇担“向地球深部进军”使命，资土学院建立深部工程岩体力学破裂理论，引领深部岩体力学国际前沿；首创难选铁矿“悬浮磁化焙烧”等技术，提高我国铁矿资源保障能力；响应东北振兴战略，深化产教融合，成果转化 5276 万元。

仅 2019—2022 年，资土学院就获国家科技进步二等奖 2 项、省部级二等以上科技奖励 23 项，获批国家重点研发计划 8 项、国家自然科学基金 95 项，科研进款 6.0 亿元，连续 4 年科研经费突破亿元大关。学院新增全职院士 1 人、国家级人才计划 11 人、中国科协“青年人才托举工程”2 人、“兴辽英才计划”4 人、“兴辽英才计划”高水平创新创业团队 1 支。

学院主动服务区域社会经济发展，全方位融入国家区域重大战略，一幅与国家和区域发展同频共振、同心合力的发展画卷正在铺展：

——相继获批建设深部工程岩体力学与安全学科创新引智基地、难采选铁矿资源高效开发利用技术国家地方联合工程研究中心、辽宁省难采选铁矿石高效开发利用工程实验室。

——成立朝阳东大矿冶研究院、东北大学智慧矿山研究中心、中金乌山产学研教学科研基地、深部金属矿绿色智能开采辽宁省高等学校协同创新中心、长春黄金设计院有限公司 - 东北大学产学研协同创新中心等一批科教基地。

——国际化步伐逐步加快，建立中加深部开采创新研究中心、寒区岩土与地下工程国际合作联合实验室等一批国际合作平台，汇聚一批世界顶尖人才来院工作。

面向未来，资土学院党委“全国党建工作标杆院系”培育创建工作将以习近平新时代中国特色社会主义思想为指导，深入学习贯彻习近平总书记关于教育的重要论述和系列重要讲话精神，贯彻落实第二十七次全国高校党的建设工作会议精神，落实《中国共产党普通高等学校基层组织工作条例》，以提升领导班子履职尽责能力为重点，以全面提升基层党组织组织力、凝聚力、创新力、战斗力为关键，以提升教职工、学生思想政治工作为抓手，全面推进“三全育人”和“课程思政”建设，深挖以“54煤”精神和“可可托海的东大人”精神为内涵的学院文化，继续实施党建“五大工程”，确保学院党委“党组织领导和运行机制到位、政治把关作用到位、思想政治工作到位、基层组织制度执行到位、党建工作与事业发展融合到位”，推动所属基层党支部做到“七个有力”，为学院一流学科建设、为培养德智体美劳全面发展的社会主义建设者和接班人提供坚强的组织保障。

二、各学科发展动态

（一）国家重点学科——采矿工程学科

东北大学采矿工程学科建于1926年，是我国第一个黑色金属矿山采矿工程学科，为首批国家重点学科、首批设置博士后流动站学科、首批国家“211工程”及“985工程”重点建设学科、首批学校“双一流”高峰学科建设计划学科，为国家特色专业、国家一流本科专业、国家卓越工程师培养计划专业，相继4次通过全国工程教育专业认证。建有金属矿山岩石力学与安全开采虚拟仿真国家级教学实验中心、难采选铁矿资源高效开发利用技术国家地方联合工程研究中心、深部金属矿山安全开采教育部重点实验室等基地。东北大学采矿工程学科为我国培养了大量优秀人才，“东工54煤”毕业生享誉全国。

主要研究方向有采矿工艺、岩石力学、智慧矿山技术、井巷与地压控制、矿产资源综合利用、资源经济等，在复杂难采矿体安全高效开采方法与工艺技术、露天地下协同开采方法、露天开采动态优化方法、岩石破裂与失稳及灾害防控、矿业废渣资源化利用等方面具有行业领先学术水平。2020—2022年，承担国家重点研发、国际合作及国家自然科学基金等纵向项目130余项、横向课题70余项，科研进款1.2亿余元；获省部级二等及以上科研奖励20余项、国家发明专利60余项，出版学术专著、教材9部，发表学术论文350余篇。与加拿大、美国、澳大利亚等国家的大学、科研机构交流合作密切，曾主办岩石力学与工程新进展国际学术会议等系列国际学术会议。

东北大学采矿工程学科紧密围绕国家产业需求与区域发展，立足国家科技进步与经济建设，持续深化人才培养、科学研究与社会服务，着重高素质人才培养、基础理论研究突破、关键技术攻关掌握及具有核心技术重大装备研发与成果转化，不断促进采矿工程学科健康快速发展。

深部金属矿山安全开采教育部重点实验室教职工合影

采矿工程系朱万成教授团队师生合影

采矿工程系顾晓薇教授团队师生合影

（二）国家重点（培育）学科——矿物加工工程学科

东北大学矿物加工工程学科建于 1949 年，是我国第一个矿物加工工程本科专业。2007 年被评为国家重点（培育）学科，辽宁省重点学科，为国家特色专业建设点、国家一流本科专业、国家卓越工程师培养计划专业，相继 3 次通过全国工程教育专业认证。建有难采选铁矿资源高效开发利用技术国家地方联合工程研究中心、辽宁省矿物加工技术重点实验室、辽宁省矿物材料工程技术研究中心、朝阳东大矿冶研究院准工业化试验基地等。

主要研究方向有铁矿资源集约化开发、矿产资源高效生态化利用、矿物材料高效制备、选矿过程模拟与自动控制、贵金属选冶等。近三年，承担国家重点研发计划、国家自然科学基金等纵向项目 30 余项，服务企业科研项目 60 余项，科研进款 8600 余万元，科技成果转化 6170 万元；获国家科技进步二等奖 1 项、省部级科技奖 6 项；授权国家发明专利 52 项、国际（美国）发明专利 1 项，出版教材和专著 10 部，发表学术论文 200 余篇，其中 SCI 论文 134 篇，ESI 高被引论文 4 篇。与美国、澳大利亚、英国等国家的大学、研究机构通过国际合作项目、国际学术会议、教师及研究生进修或互访等形式建立了密切的交流合作关系。

东北大学矿物加工工程学科始终瞄准国际学术前沿，发挥学科优势特色，围绕矿产资源绿色高效利用等重大理论与关键技术问题，实施矿产资源高效利用技术与生态环境相协调的研究开发战略，形成了完整的理论、方法与技术体系，在矿物加工理论研究和成果转化等方面处于国际领先水平，已成为科技创新及高级专业人才培养基地。

矿物工程系教职工合影

（三）安全科学与工程学科

东北大学安全科学与工程学科历史悠久。1952 年成立矿山通风安全教研室，1983 年创建安全工程本科专业，是国内最早创立的安全工程专业之一，为国家级一流本科专业，辽宁省本科工程人才培养改革试点专业、辽宁省一流本科教育示范专业，相继 4 次通过全国工程教育专业认证，入选国家卓越工程师教育培养计划。拥有安全科学与工程一级学科博士学位授予权，设有博士后流动站，为辽宁省重点学科。建有应急管理部（原国家安监总局）金属与非金属矿山粉尘防治技术科技研发平台、辽宁省非煤矿山安全技术及工程重点实验室、辽宁省高新过滤材料工程技术研究中心等科研教学基地。

主要研究方向有系统安全理论与技术、通风除尘与职业卫生工程、工业爆炸理论及防治技术、火灾动力学与应急管理等。本学科提出的“两类危险源理论”对我国安全学科的发展和建设起到了积极的推动作用；开展职业卫生工程原理与技术研究，发展和完善尘、气运动与治理技术；建立典型场所及矿山企业火灾安全保障应急体系；爆炸实验系统及火灾动力学烟气控制、高压细水雾灭火耦合系统机理和有效性研究等处于国内先进水平。近三年，承担国家重点研发计划、国家自然科学基金等纵向项目 50 余项，横向课题 400 余项，人均年科研进款 100 万元以上；获国家科技进步二等奖 1 项，省部级科技奖 7 项；授权国家发明专利近 10 项；出版教材和专著 5 部，发表论文 200 余篇，其中 SCI 论文 100 余篇，ESI 高被引论文 4 篇。与德国、加拿大、美国等国家的大学、研究机构建立了密切的交流合作关系。

东北大学安全科学与工程学科始终瞄准国家重大安全科技需求及国际学术前沿，持续深化人才培养、科学研究与社会服务，不断促进安全科学与工程学科健康快速发展。

安全工程系教职工合影

（四）地质资源与地质工程学科

东北大学地质资源与地质工程学科建于20世纪50年代初，设有资源勘查工程本科专业，入选国家卓越工程师教育培养计划；拥有地质资源与地质工程一级学科博士授予权，设有博士后流动站，二级学科矿产普查与勘探为辽宁省重点学科。建有基础地质实验室、成矿规律与成矿预测实验室、成因矿物学与资源综合利用实验室、物化遥综合勘查实验室等。

主要研究方向有区域构造–岩浆演化、古生物与古气候环境、成因矿物学、应用地球化学与应用地球物理、成矿规律与成矿预测、资源探测与评价信息技术、矿产资源评价与综合利用、地质工程与地质灾害防治等。承担国家“973计划”、“863计划”、国家科技支撑计划、国家重点研发计划、国家自然科学基金、省部级科技攻关等纵向科研项目及横向项目多项。近五年，科研进款4500万元。先后获国家科技进步二等奖、中国黄金协会科学技术一等奖等国家、省部级科学奖项10余项，国家发明专利30余项；出版教材和专著2部，发表学术论文150余篇，其中SCI论文100余篇。与美国、德国、澳大利亚、瑞士、日本等国家的知名大学与科研机构通过国际合作、国际学术会议、师生互访等建立了密切的交流合作关系。

地质系教职工合影

东北大学地质资源与地质工程学科围绕国家资源产业发展战略和地方需

求，注重与相关学科交叉融合，不断强化人才培养、科学研究与社会服务，牢固开拓创新，是国内地质领域创新型人才培养、高水平科学研究和高新技术转化的重要基地。

（五）土木工程学科

东北大学土木工程学科始于1953年设立的矿山建设工程专业，1995年更名为土木工程专业，为国家级一流本科专业、辽宁省本科工程人才培养模式改革试点专业、辽宁省一流本科教育示范专业，拥有土木工程一级学科博士学位授予权，二级学科结构工程为辽宁省重点学科，建有辽宁省岩土力学工程实验教学示范中心、辽宁省岩土工程重点实验室（共建）、国家级岩石力学与安全开采虚拟仿真教学实验中心（共建）、辽宁省采矿与岩土工程虚拟仿真实验教学中心（共建）及辽宁省本科教学校企合作示范基地2个、校级实践基地20余个等教学科研支撑平台。

主要研究方向有高性能混凝土及钢混组合结构、岩土力学与工程、地下工程结构与灾害控制、智能建造等，在隧道与地下工程、岩土力学、组合结构、结构检测与加固、结构防灾减灾、土木工程材料及结构稳定、岩石断裂与损伤以及现代计算力学、大型尾矿堆积坡体稳定与安全评价等领域成果丰硕。近五年，承担国家重点研发计划、国家自然科学基金等纵向项目10余项，横向课题30余项；获国家和省部级科技进步（技术发明）二等奖6项，授权国家发明专利40多项；出版教材和专著7部，发表论文100余篇，其中SCI论文40余篇。通过主办国际学术会议、“智慧土木”研究生国际暑期学校、师生互访等，与俄罗斯、韩国、美国、新加坡、加拿大等国家的大学和研究机构建立了密切的交流合作关系。

东北大学土木工程学科牢固发展服务理念，培树国之佳木，为国家基础设施建设培养勇于创新，学术水平高，科研能力强，富有社会责任感，具备工程设计、施工、管理和研究开发能力的高素质工程技术人才。

土木工程系教职工合影

（六）测绘科学与技术学科

东北大学测绘科学与技术学科始于20世纪二三十年代，现设有测绘工程本科专业，为国家级一流本科专业、辽宁省一流本科教育示范专业，通过全国工程教育专业认证，拥有测绘科学与技术一级学科硕士学位授予权，二级学科大地测量学与测量工程为辽宁省重点学科。

主要研究方向有现代矿山测量、矿区环境与灾害遥感、遥感－岩石力学、三维建模与数字矿山等，注重基础理论研究与企业技术难题解决，着力推动企业信息化、智能化与绿色发展。2015年至今完成国家杰出青年科学基金项目1项、国家“863计划”课题3项、国家“973计划”子课题2项、国家自然科学基金项目13项、辽宁省创新团队项目1项和横向课题多项，年均科研经费约600万元。出版专著5部，发表学术论文300余篇，获国家科技进步奖2项、省部级科技奖励17项，拥有软件著作权登记7项。2017年，作为第一完成单位的“露天矿山环境与灾害空天地协同监测关键技术与应用”项目获中国测绘学会测绘科技进步奖一等奖。

东北大学测绘科学与技术学科始终瞄准国际前沿，发挥学科优势特色，注重测绘新技术与其他学科交叉，不断加强学科建设、人才培养以及国际交流。立足国家需求和区域发展，在社会发展规划、国民经济建设、国防建设等诸多领域进行科技创新及成果转化。

测绘工程系教职工合影

（七）环境工程学科

东北大学环境工程学科始建于1993年，为国家特色专业建设点，拥有辽宁省环境工程技术服务中心等省级科研平台，为辽宁省生态学会、辽宁省生命学会、辽宁省环保产业协会理事长和副理事长单位，建有鞍钢集团实习实训基地、沈阳光大集团实习实训基地和辽宁通正集团环境监测实习实训基地。

主要研究方向为流域水污染控制原理与技术、污染环境绿色修复理论与技术、固废资源化安全处置理论与技术、污染生态过程与效应、环境微生物技术及应用、大气污染控制理论与技术等。近三年，承担国家重点研发计划课题与子课题、国家自然科学基金、国家重大科技专项等纵向项目15项，服务企事业单位横向委托项目40余项；获省部级科技进步奖5项；授权发明专利17

项；出版教材和专著7部，发表学术论文130余篇，其中SCI论文51篇。与美国、澳大利亚、英国、日本等国家的大学、科研机构建立了密切的交流合作关系，通过学者互访、学术会议等强化合作深度。

东北大学环境工程学科始终立足流域、城市和矿区等重大环境问题，继承并发扬固液分离与微生物技术的学术传统和特色，瞄准国家与地方环保科技需求，不断践行“生态文明”的国家战略和“绿水青山就是金山银山”的顶层设计，在污水生态处理、废水深度脱氮、污染土壤修复、环境材料研发等领域，逐渐形成了完整的理论、方法与技术体系，已成为东北地区生态环境保护高层次人才的培养与输出基地。

环境工程系教职工合影

第二十七章　“54 煤”精神的时代延展

学院党委深挖矿业学科近百年办学历程中形成的特色文化，凝练了以“54煤”精神、“可可托海的东大人”精神和“资土精神”为核心的学院特色文化精神谱系，凝练打造了“朝阳文化”团学工作品牌。在此基础上，不断创新师生教育形式，逐步构建学院特有的文化建设和党建教育体系，切实提升了先进文化引领一流发展的育人实效。

一、挖掘“54 煤”精神，开展文化理论和实践研究

“54 煤”集体为国转系、献身矿业，投身到新中国社会主义建设浪潮中，并且勤奋好学、团结互助，培养出 1 位中国工程院院士、30 余位教授、60 余位总工程师，其伟大的家国情怀、集体主义正是东大人“实干 报国 创新 卓越”的缩影和典范。

为深入挖掘“54 煤”史实资料，淬炼历史事迹的人文内涵，学院党委于 2018 年组织成立了学院特色文化及“54 煤”精神研究工作小组。时任书记王立慧、现任书记艾国生带领学院青年教师和学生组成实地走访团队，奔赴北京、上海、安徽等地，寻访老一辈“54 煤”成员及其家属、学生，充分搜集和记录“54 煤”集体和个人的事迹材料和珍贵藏物。走访团先后采访嘉宾 11 人，其中包括钱鸣高、王端庆、徐小荷、林韵梅、陆士良、华安增等“54 煤”原班成员。此外，还前往校档案馆、党委宣传部等部门，探寻“54 煤”的影像视频、留存档案等历史资料，完整生动地还原这一段与青年奋斗和家国情怀紧密相连的光辉岁月。

走访“54 煤”班成员、中国工程院院士钱鸣高

走访“54 煤”班成员、原马鞍山钢铁学院院长王端庆

2015 年，学院成立 20 周年之际，为表达对母校的感恩之心，“54 煤”班校友在母校东北大学敬立一座“感恩石”。学院党委组织师生参加了“54 煤”暨 54 矿 53 选校友捐赠母校“感恩石”揭幕仪式，并掀起广大师生学习“54 煤”精神的热潮。

学院党委深入开展以“54 煤”精神和“可可托海的东大人”精神为内核的学院特色文化的理论和实践研究，打造文化景观、文化图书、文化影音视等全方位文化产品，不断扩大学院文化的影响范围。围绕以“54 煤”校友为母校捐赠的“感恩石”为核心的“54 煤”文化景观，出版多部文化图书，目前拥有《54 煤春秋》《忆 · 东北大学第一位女博士生导师自传》等专项图书，目前正筹备出版《可可托海的东大人》；制作多部文化宣传片，包括《己土 · 流光溢彩 20 年》、《建证东大 · 采矿学馆》、《东大记忆——“扎根矿山的不老松”徐小荷》以及《巍巍高山 · 历久弥坚》学院官方宣传片；打造多部“54 煤”精神经典作品，学生原创舞台剧《54 煤春秋》、教师原创诗歌《永不凋谢的情怀》等经典演绎作品，过去三年在学院的各类文化活动中展演 10 余场，获得热烈反响。

“54 煤”暨 54 矿 53 选校友捐赠母校“感恩石”揭幕仪式

学院弘扬“54 煤”精神系列文化产品和活动

二、发现并弘扬“可可托海的东大人”精神

从 1952 年至 1982 年，以孙传尧、林开华、王宗泗等为代表的 44 名东大校友（不完全统计）响应国家号召到可可托海工作。可可托海是西北边陲小镇，自然条件恶劣，气候寒冷，冬天最低气温曾达到 −50 ℃以下，大雪封山长达半年之久……由于国防事业的需要，有几十年的时间里，在中国地图上找不到可可托海的名字。就在那段不为人知的岁月里，“可可托海的东大人”积极服从国家分配，坚守可可托海，开始了传奇的人生。

打草工、装卸工、修缮工、采矿工、采煤工、掘进工、磨矿工、重选工、磁选工、浮选工……他们经历过我们想象不到的艰苦生活，干过所有重活、累活，他们攻破了一个个生产技术难题，把开采和精选的各类稀有金属矿石从可可托海源源不断地送往祖国各地，用在“两弹一星”上，使可可托海成为“两弹一星”的功勋地。

“可可托海的东大人”把最好的青春年华都贡献在那里，有的人甚至把一生都献给了可可托海，献给了“两弹一星”事业。如今他们大都早已退休，有的已经离开人世，默默无闻一辈子。

他们的人生，是传奇的人生。他们用青春热血，甚至生命，为中国稀有金属工业创造了一个又一个奇迹，为“两弹一星”事业立下了不朽的历史功勋，为捍卫国家主权和民族尊严作出了巨大贡献。他们的人生，是奋斗的人生。他们战严寒、抗饥饿，用信念和智慧、用汗水和鲜血书写了“吃苦耐劳、艰苦奋斗、无私奉献、为国争光”的“可可托海的东大人”精神。他们的人生，是东大人的人生。他们响应国家号召，到国家最需要的地方工作，传承了“实干报国 创新 卓越”的东大文化，秉承了“自强不息，知行合一”的校训精神，阐释了“爱国兴邦，与祖国同呼吸共命运”的精神风骨，诠释了“强国筑梦，助力中华民族伟大复兴”的历史担当。

文化是一个国家、一个民族的灵魂。“可可托海的东大人”精神是东大校训精神和东大文化的继承与发展，是社会主义核心价值观的时代诠释。弘扬“可可托海的东大人”精神是巩固深化“不忘初心、牢记使命”主题教育成果、推动党史学习教育常态化长效化的重要实践内容，是开展“课程思政”建设和构建“三全育人”大思政工作格局的重要素材来源，对于落实立德树人根本任

务，引导广大教职工牢记“为党育人、为国育才”的初心使命，培养德智体美劳全面发展的社会主义建设者和接班人具有重要意义。

在艾国生书记牵头推动下，学院组建了“可可托海的东大人”宣讲团，艾书记本人为 9 个学院的师生作了 25 场“可可托海的东大人”报告，听众近万人。此外，“可可托海的东大人”、1968 届校友肖柏阳来学校参加“讲述 · 东大人的故事”典型推介会，并为全院师生带来一场生动感人的报告。“可可托海的东大人”编入校庆祝建党百年文艺汇演，获妙笔流声诗歌散文大赛一等奖、“我爱中国共产党”主题影像季优秀作品奖。“可可托海的东大人”被多家媒体争相报道，累计浏览量超过 35 万次。

弘扬“可可托海的东大人”精神系列文化活动

三、凝练“资土精神”，构建学院“五维”文化育人体系

学院党委注重学院历史的继承与发展，将“54 煤”精神和“可可托海的东大人”精神与学院发展相结合，逐步积淀形成了以“坚定的理想信念，执着的钻研精神，突出的业务能力，踏实的工作作风”为内涵的“资土精神”，并逐步确定了“德以怀远 学以精工”的院训精神和象征着蒸蒸日上、永葆活力的院徽标识，赢得了学院师生的高度认同，引导新时代资土人传承历史、续写传奇，弘扬“54 煤”精神和“可可托海的东大人”精神，投身国家发展和民族振兴的伟大事业，重振资土雄风。

学院党委结合“双一流”发展大势，在学院特色历史文化的基础上，将学院文化体系拓展为“学术文化、师德文化、创新文化、团队文化、人文文化”的“五维一体”文化育人体系，即

求真笃实、激越诚信的学术文化；

人本大爱、立德树人的师德文化；

扎根基础、探索原创的创新文化；

团队为家、资土为荣的团队文化；

人心思进、人心思干的人文文化。

通过举办国内国际学术会议、学术论坛等，鼓励学术交流与合作，开阔学术视野、严肃学术纪律、净化学术环境、遏制学术不端，推动“学术文化”建设；通过典型表彰、正向激励、师德失范惩戒，构建师德教育、师德管理、师德考核体系，培育师德文化情怀，推动“师德文化”建设；通过鼓励基础性、原创科研成果，弘扬崇尚创新、敢于质疑、敢为人先、追求卓越的文化品质，培养拔尖创新人才，推动“创新文化”建设；通过政策倾斜、绩效支持、人才引进，倡导团队效能和协同创新意识，培养“以团队为家，以资土为荣”的认同感和归属感，推动“团队文化”建设；通过推进“课程思政”和“三全育人”建设，围绕服务学生、学者和学术，将文化育人理念融入学生成长成才全过程，推动“人文文化”建设。

四、以“朝阳文化”为先锋，连通横贯半世纪的“54煤”青年超时空对话

2016年以来，学院党委坚持文化育人指针，凝练打造“朝阳文化”团学工作品牌，立足资土师生深耕自然的专业环境特色，选取“朝阳”元素作为象征，生动诠释资土师生朝气蓬勃、热情向上、持之以恒、无私奉献的精神面貌和品格特质，以此整合和梳理思想政治工作体系，将大学生思想政治教育、成长发展指导、创新创业引领和共青团工作化零为整，形成协调、统一、完整的“朝阳文化”育人氛围和方法体系。

“朝阳文化”在格局上集成了朝阳沐思（大学生思想引领与主题教育工作

体系）、朝阳姿彩（大学生志愿服务与社会实践工作体系）、朝阳跃升（大学生校园文化与文体活动工作体系）、朝阳启赋（大学生能力素质拓展与成长发展指导工作体系）以及朝阳青创（大学生创新创业创优工作体系），较为完整清晰地梳理出思政工作的横纵脉络；宣传上，以朝阳冠名的各类文化活动、周边产品、宣传素材已在学校产生了积极广泛的影响，“朝阳资土”已成为全校师生熟知的特色标识：“朝阳新生”迎新晚会、“朝阳绽梦”毕业典礼、“朝阳讲堂”名家讲座、“朝阳团校”干部培训、“朝阳启赋”素质拓展、“朝阳之声”青年服务站、“朝阳七彩”志愿实践、“朝阳资土”微信公众号、“朝阳青年奖”荣誉表彰。经过多年的品牌培育，“朝阳文化”已成为学院宣传文化建设的旗帜性品牌和重要创新载体。学院“雨露计划——青年返乡支教行动”志愿服务项目，荣获中国青年志愿服务大赛金奖，入选全国青年志愿服务首批示范项目，入选团中央高校志愿服务项目典型案例。

学校运动会上资土学院“德以怀远　学以精工”方阵

学院朝阳青年奖颁奖典礼

此外，学院党委坚持“党建带团建、工作到支部”，领导学院共青团深入落实开展青年学生的思想引领、素质拓展、权益服务和组织提升四项行动，统筹推进共青团改革攻坚、全面从严治团等政治任务。学院团委积极开展“青年马克思主义者培养工程”、“青年大学习”、“一学一做”和“社会主义核心价值观”主题教育，充分发挥共青团组织在大学生思想政治工作和人才培养工作中的生力军作用；扎实推进“三会两制一课”，不断健全和完善团员发展、团内表彰、推优入党、班团一体化和第二课堂成绩单等制度，积极指导学生会、社团等学生组织，开展线上“青年之声”和线下“青年之家”权益服务工作，为服务学生全面成长成才和学校、学院建设发展作出积极贡献。学院团组织先后荣获“全国五四红旗团支部”“全国钢铁行业五四红旗团支部标兵”“辽宁省五四红旗团支部”“沈阳市先进团支部”“东北大学先进团学组织”“东北大学敬老爱老先进集体”等荣誉称号。

“雨露计划”第五期出征仪式

朝阳团校暨青年马克思主义者培养工程

团代会资土学院代表团

第五期“雨露计划”陕西富平志愿服务
“大山课堂”

第五篇

永恒星光

第二十八章　班级老师篇

“师者，传道、授业、解惑也。”东北大学能培养出“54煤”这样优秀的集体，与一帮政治强、业务精、作风好的老师是分不开的。林韵梅教授说：“大学教育是我们从青年学生走向社会就业这一关键时期的教育，因此教师对我们学生的健康成长影响深远。”新竹高于旧竹枝，全凭老干为扶持。跟随一组照片和名录，看看半个多世纪前“54煤”班的老师，追溯那个年代的记忆……

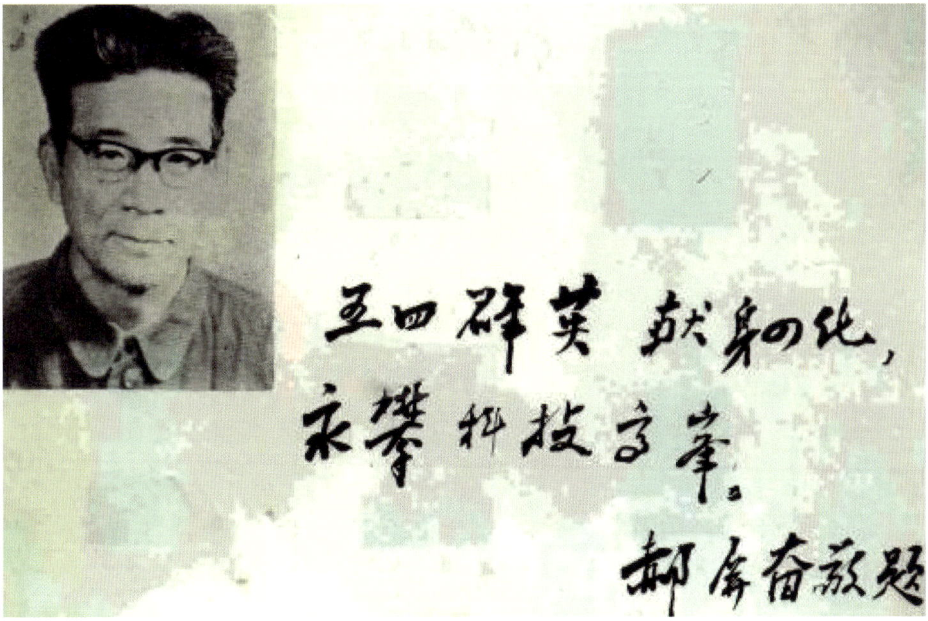

时任采矿系系主任郝屏奋

关绍宗老师

关广岳老师

张家连老师

刘海宴老师

曾繁礽老师

范盛华老师

王运桐老师

聂能光老师

解恩普老师

郑熔之老师

吴宗怀老师

王镇国老师

承担“54 煤”“高等数学”教学任务的王泽汉教授在教学中板书特别工整，一丝不苟。他每当书写“等号”时，一定注视一下两条横杠是否等长，经常用手指沿等号两侧上下擦动，务求写出一个“上下等长”的等号。

老教务长刘致信教授讲授“热工学”，讲“熵”的概念，深入浅出，抽象的概念变得具体，令人佩服。老系主任关绍宗教授讲授通风学，概念清晰、联系实际、简明扼要、费尽心血。老教授功底深厚、因材施教、教学有方，听他们讲课，简直是一种精神享受。普通地质学是当时教学计划中的一门一般性的专业技术基础课，往往不为人们所重视。但刘海宴教授在讲授中渗透着强烈的爱国热忱和职业自豪感，好像一名老地质勘探队长带领青年队员进山寻宝。加之刘老师讲课中字斟句酌、用词高雅，居然常使学生感觉到被他引入诗情画境，在轻松愉快的心境下接受科学理论知识。“54 煤”的学生经常赞誉刘老师“把石头讲活了！”他们从刘老师那里学到的不仅是地质科学知识，更重要的是一名科学工作者高尚的敬业乐道精神。

当时向苏联学习，一批经苏联专家指导的研究生、青年教师登上讲台，又为“54 煤”的学生打开一扇追求科技进步、渴求改变国家生产落后状态的新大门。由于“54 煤”的学生与青年教师年龄差距不大，彼此容易沟通，师生互勉的余地更大。青年教师解鲁生团员转正时，“54 煤”团支部给他写了一封祝贺信，使他感动不已，体会到学生对他的一片深情厚谊。又如：有一名极年轻的女教师边讲边写，黑板上留了一大片推导公式。“54 煤”的学生紧张地思考着，似懂非懂。突然间，她紧张地说：“哎呀，讲错了，重来重来。”说罢，这名女教师急忙将黑板擦净。“54 煤”的学生一片愕然，怎么错啦？下课以后，大家纷纷请课代表去慰问这名老师。课代表走访回来宣布：“我们的老师同丈夫吵架了，她情绪很差，课没备好，请大家原谅。”

元旦后不久，在下课之前，这名女教师略带羞涩地说：“十分感谢同学们对我的帮助和关心，我高兴地向同学们宣布，元旦之夜我们和好了，我们热烈拥抱在一起。”大家都为她开心地笑了，热烈鼓掌。

还有从“54 煤”调出去的陈昌曙，他第一次代王鸿声老师给“54 煤”讲政治课联共党史，可面对自己的同班同学，他紧张万分，上讲台第一句话是：王鸿声老师今天有事，“请”我来上课。此话一出，微有笑声。但看到满堂同学仰着头无一不充满鼓励的目光，他镇定了。可见，“54 煤”的师生关系是何等和谐。

“54 煤”毕业 40 周年在沈阳召开同学会时，留下一幅“54 煤”老同学向陈昌曙老同学兼老师祝酒的绝妙照片。看！陈昌曙（右四）笑得合不上嘴。左边戴一副眼镜、穿白衣服者乃原煤炭工业部司长邬庭芳；右边三位依次是原辽宁省高等教育局副局长陶增骈、东北大学原党委书记费寿林、原煤炭科技情报所副所长龚淼……这杯酒里融化了“54 煤”师生多少情意、多少感激、多少关怀，只有“54 煤”的人才知道。

“54 煤”老同学向陈昌曙老同学兼老师祝酒

回顾既往，“54 煤”之所以在校期间能取得优异成绩，在岗几十年间能够学有专攻、业有成就，实乃母校优秀教师队伍勤奋耕耘的结果。如今，“54 煤”的学生均年逾花甲，但每当大家相聚时，对当时老师的教诲都表示了深深的感激之情。在优秀教师队伍的熏陶下，“54 煤”的学生突出地表现在如下方面：严谨求实的学风、敬业乐道的精神、紧跟科学前沿的丰富内容、深入浅出的教学艺术、诲人不倦的执着追求以及尊师爱生的和谐气氛。

更应当提到的是：这一教师队伍中也包括那些忠于职守、勤劳工作的院、系党政干部。比如，革命老干部、下系任职的系主任郝屏奋，当时在“54 煤”蹲点总结经验，工作深入细致，对两班百名学生几乎都能叫出名字，了解每名学生的特点，乃至家庭状况等。还有在系党总支工作的荣恒山同志，关心群众，热情诚恳，在学生心中树立了榜样。郝、荣两名老师已经仙逝，但在学生心中还留着深深的怀念。

第二十九章　“54 煤”全体同学名单及简介

东北工学院“54 煤”毕业照（1954 年于铁西教学楼前）

“我们真像蒲公英的种子，虽出自同一个娘，却飘落四海，在各地扎根，并开花结果。”“54 煤”的老前辈花了不少工夫，从资料中去捕获每一个异姓兄弟姐妹的音容笑貌。下面是从涂继正、朱敏、李高祺等的光盘中收集或同学自己积累的照片，以及从《54 煤通讯》中摘录的资料。也有本人提供的，可惜仍有少数同学的情况不明（名单按姓氏笔画排序）。

“54 煤”班级全体名单

丁伯坤	丁冠英	于成斌	马柏龄	王行	王友佳
王达金	王英敏	王泳嘉	王家琛	王培基	王瑞伯
王端庆	韦晓光	尤敏世	卞树中	尹启农	孔希灏

叶蜚宾	田凤翔	冯士安	朱敏	朱新和	朱德和
乔福祥	任大本	华安增	邬庭芳	刘锦忠	汤士尧
严传炎	严信真	李庄连	李桂馨	李高祺	李鸿昌
杨学涵	杨荣新	杨惠民	吴朝鼐	吴锦甫	何方良
何汉生	何祖荣	邹寿平	邹殿义	汪伯煜	汪维钦
汪德安	宋琳	宋西陀	张平娟	张知本	张绪良
陆士良	陆强麟	陈可清	陈华汉	陈昌曙	陈惠芬
邵润荪	林韵梅	金庆福	周有为	周志钦	周国咏
周道二	郑义生	郑马克	郑雨天	屈钧	赵继忠
胡人同	胡又珠	胡介元	胡福欧	俞国遗	施能为
姜子良	洪允和	洪忠达	祝熊庆	费寿林	夏宗绩
钱鸣高	倪永义	徐小荷	徐光济	涂继正	陶增骈
黄绍明	黄彬良	曹广贤	龚淼	龚琪玲	阎保昌
董云龙	董云清	蒋光熹	蒋宝书	裴永年	程厉生
程伯良	傅文举	蔡振东	魏荣华		

1. 丁伯坤

丁伯坤

丁伯坤（1926—1999），男，江苏常州人。毕业后被分配到辽源矿务局，当掘进区技术员、工程师十余年。后调入镇江古桐煤矿，任高级工程师。他把毕生精力都献给了祖国的煤炭事业。丁伯坤爱好田径运动，女子卓娅锻炼小组是在他指导下组织与成长起来的，他也被称为“娘子军指导员”。1988 年的镇江古桐会议是“54 煤”毕业后的第一次大型聚会。在镇江煤矿的会议室里，瘦西湖畔的林荫道上，同学们亲切地交谈毕业后的经历，诉说34年来的风风雨雨。丁伯坤是这次同学会的主要策划者与组织者。为了这次同学会，他里里外外做了许多细致的工作。甚至经费支出超出预算，他也不声不响，独自解决。退居二线以后，为了发挥余热，给镇江地方煤矿上科研项目，他协助无锡煤机厂解决制造许可证等问题，多次跑北京，费尽心血振兴地方工业。那时还是干打眼的时代，他几十年“干咳”，1999年4月因心脏病去世，可能与硅肺引起的肺心病有关。丁伯坤为人正派、耿直，工作认真、肯吃苦，热衷为人民服务。

2. 丁冠英

丁冠英（1929—1981），男，本溪矿务局工程师，献身煤炭工业。未收集到简介。

丁冠英

3. 于成斌

于成斌（1930—），男，河北青县人。从1954年参加工作到1991年退休，他在大同矿务局煤矿的工作岗位上，从事煤矿的基本建设、施工、设计达37个年头。退休后仍在大同“打工”。日伪时期，大同矿区仅有7座小煤矿。1949年，大同矿务局成立后，经过恢复、改造、完善、建设，到1954年，原煤产量只有320万吨。经过30多年的全面改造、扩建、新建，到1990年建成15对大型矿井，原煤产量达到3500万吨。他

于成斌

参加了6对矿井的改建、扩建、施工、设计工作，2对新建矿井的施工任务。在实际工作中，他成为大同矿务局的顶梁柱——高级工程师，知名度很高的矿建专家。在大同煤矿的几十年，来大同煤矿调研、开会、经验交流的老同学，都得到了他的大力支持。

4. 马柏龄

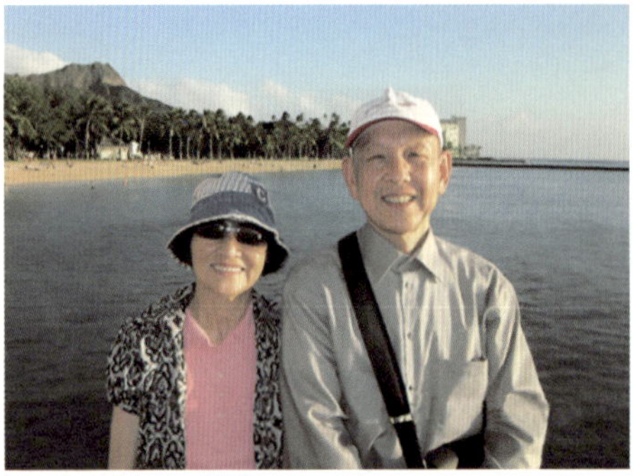

马柏龄（右）、彭瑞琪夫妇

马柏龄（1933—），男，上海人。毕业后留校任教，讲授“凿岩爆破”课程。20世纪60年代中期调入冶金工业部黑色冶金矿山研究院（今中钢集团马鞍山矿山研究总院），一直从事“爆破和爆破器材”的研究和实际应用工作，直到退休，教授级高级工程师。1993年起享受政府特殊津贴，并获得中国爆破行业协会颁发的突出贡献奖。退休后被公安部聘为爆破工程技术人员安全技术考核专家，专门从事爆破工程技术人员的培训和考证工作，约13年。2016年被中国爆破行业协会评为“资深专家”。

5. 王行

王行

王行（1929—1991），男，江苏江阴人。他和周道二、王友佳毕业后都被分配到鹤岗矿务局兴山煤矿。他先后到兴山四井、二井工作。工作肯吃苦，讲究实事求是。1957年被错划为右派。1960年调到刚刚开发的七台河煤矿工作，生活条件非常艰苦，长期到井下劳动。1973年，在新建矿井口任技术员、生产科工程师。1978年中共十一届三中全会以后调到矿务局生产处，任主任工程师。他参加了“54煤”1988年镇江和1990年黄山两次聚会。1991年因病医治无效去世。他是值得我们怀念的一位煤炭战士。他虽遭受磨难，但仍坚守煤炭岗位的忠贞品格，永远值得我们学习。

5. 王友佳

王友佳（右）、陈可清夫妇

王友佳（1932—），男，浙江镇海人，1987 年第一批教授级高级工程师，享受国务院政府特殊津贴，曾获全国有突出贡献的中青年专家称号，多次被选为吉林省、辽源市人大代表，曾任七台河市人大常委会副主任、东北和内蒙古煤炭工业联合公司总工程师、七台河矿务局总工程师。工作期间，发表研究论文多篇，如《论放顶煤综合机械化采煤》《统配煤矿矿区内办小井利国利民》等。曾参与“厚煤层机械化开采先进技术与安全”科研项目。著有《东北（含内蒙古东部）国有重点煤矿厚煤层开采技术的发展与现状》，该文介绍了东北及内蒙古东部地区各重点煤矿厚及特厚煤层的自然条件、开采技术的发展与现状。他多次主持全国煤矿开采技术研讨会，数十年如一日，坚持在自己的工作岗位上，时刻响应国家号召，积极贯彻中央指示，秉承统配和地方煤矿统一规划、同步发展的原则，积极工作，在煤矿综合机械化开采、小煤矿发展方略探索方面作出了巨大的贡献。

王友佳一生总共面临三次重大的人生选择，而这三次人生选择也使煤炭成为他一生为之奋斗的事业。从 1950 年被同学劝说北上求学，到响应国家号召，自愿由化工系转入采煤专业“54 煤”戊班，再到 1954 年申请“到最艰苦的边疆矿区去”，他的一生不知不觉与矿业类结下深厚的缘分。而他也用一生的时间向我们阐述了响应国家号召、投身祖国最需要的事业的实践操作，他的经历就是在向我们解释“54 煤”精神的深层含义。

1954 年 8 月，王友佳去到第一个工作单位，最艰苦的边疆矿区——鹤岗煤矿。一直到 1973 年 9 月，他在鹤岗煤矿工作了 19 年，其中在井口累计工作 4 年，在矿生产技术科室累计工作 4 年半，任兴山矿和东山矿总工程师分别为7年半和3年。由于细致严谨的工作态度和不懈努力的工作热情，他从见习技术员、技术员、专职技术员、主任技术员、助理工程师、工程师，一路晋升为矿总工程师。1957年元旦，他与同班同学陈可清喜结良缘，夫妻相濡以沫，共同努力，作为技术精英和管理骨干奋斗在生产、科研一线。这19年的基层工作，让他们夫妻收获颇丰，他们渐渐明白了空学理论的不足，像海绵一样疯狂地汲取实践知识，积累实践经验，学到了许多在书本上学不到的实践知识和管理经验。

王友佳工作过的两个矿，尤其是兴山矿——鹤岗矿务局最早开发的老矿，开采历史悠久，在王友佳任职之前资源就已枯竭，日常生产多以找煤和开采边角煤为主。矿区内井型又小又多，由于枯竭矿区产量较少，不但工艺落后，而且地质构造复杂，对日常生产造成了巨大的影响。甚至有人说，在这样构造复杂的地区里布置采煤工作面，就像是一个画家，需要充分发挥个人想象力，才能采出既多又安全的煤炭。也正是因为这比布置正规采区难，才让王友佳迅速成长，锻炼出过硬的技术本领。

王友佳的第二个工作单位是哈尔滨煤炭管理局。刚去的2年里，整天搞运动蹲点的工作经历让他这样一个积极向上、想要为国奋斗的高级知识分子苦不堪言，他不甘心就这样碌碌无为、虚度年华。1975年9月，他下决心重返基层，想要在基层发光发热，他自愿去了当时最落后的七台河矿务局当总工程师。上任后，他狠抓矿井技术改造。七台河共有19个自然井，全是井型小的片盘斜井。煤层赋存条件虽好，适合机械化开采，但小型井提升、运输、通风等能力小，面临有煤也采不出来的难题。对此，王友佳和七台河的技术人员一起提出集中三条皮带井的改造方案，却遭到煤炭部规划院的反对。为了发展七台河，七台河矿务局以党委名义向煤炭部部长申诉，在部长的关心下，方案终于获批。三条皮带井项目这才先后开工，并分别于1981—1982年竣工投产。项目投产后，全局煤炭生产原本只有150万吨的产量到了1982年就翻了一番，为后来七台河矿务局进入千万吨局（1991年）打下坚实的基础。

1982年底，王友佳的入党申请终于被批准，从此他更加爱岗敬业，并积极响应党中央的号召。因为突出的业绩与丰富的基层经验，1983年他成为横跨三省一区的联合企业——东北和内蒙古煤炭工业联合公司（简称东煤公司）的总工程师。东煤公司直接从煤炭部总承包，在王友佳的参与下制定了一系列改革措施，使东煤公司管辖的东北及内蒙古东部的 19 个矿务局（指挥部）迅速发展。1983—1992 年十年间，每年煤炭产量平均增加 500 万吨，多项技术经济指标赶超全国平均水平，从 1988 年起升级为东煤企业集团。这十年是东北煤矿辉煌的十年，一定程度上得益于他的果断决策，甚至在 1985 年 10 月之后，作为公司总工程师的他仍不忘发展七台河矿务局，他主持的七台河矿区建设可行性报告中间审查会议为小煤矿发展方针的确立奠定了基础。

不仅如此，他在决策时常常亲临一线，胆大心细。如平庄矿务局西露天的地表是丘陵地形，越往深部开采，上覆的岩层越厚，按原设计需要剥离掉三座大山（丘陵包），这使得露天剥采比达 11~13，怎能不亏损？于是，他以不亏损的剥采比为原则，反算出露天矿的最终开采境界，提出“露天井工联合开采”方案，施行深部煤层开采规划方案，另建一对年产 90 万吨的矿井开采剩余矿量。西露天按新的设计施工，第二年就实现扭亏为盈，第三年就达产。类似的贡献不胜枚举。他情系煤矿，其实是情系祖国。如此爱国热情，值得我们全体矿业类工作人员及学子向他致敬！

7. 王达金

王达金（左）、金利真夫妇

王达金（1931—），男，江苏宜兴人。毕业后被分配到国家计划委员会，工作一年半左右，主要是参与编制当年国民经济计划的业务工作。随着国民经济的发展，1956 年国家计划委员会的职能扩展，成立了四个委员会，他被分到国家技术委员会。1959—1962 年，主要参与煤综合利用课题的管理业务。

1962 年初调入江苏省科委，主抓江苏省科研新产品的开发和日常的业务工作。1969—1974 年在南京煤矿建设指挥部湖山煤矿，负责基层的生产技术。1974 年又调回江苏省科委，主抓全省农业机械科研项目和业务管理。

1982 年调入新成立的江苏省科技情报研究所，主抓全省科技情报调研成果的奖励工作和业务管理，一直到 1991 年退休。技术职称为副研究员。他一生从事煤炭工业的规划、情报调研等工作。哪里需要哪里去，从不向组织讨价还价。

8. 王英敏

王英敏（右）、陈跻先夫妇

王英敏（1930—2014），男，辽宁锦西人。东北大学通风学知名教授，博士生导师，享受国务院政府特殊津贴。多年从事矿山通风与安全技术的教学与科研工作。为本科生和研究生讲授矿井通风与安全、矿内空气动力学与矿井通风系统等课程。培养硕士研究生 12 名，博士研究生 7 名。他主编的《矿井通风与安全》和《矿井通风习题集》获国家教委首届优秀教材奖。20 世纪 50 年代，从事煤矿瓦斯涌出与突然喷出的调查研究工作。60 年代，从事矿井通风与安全理论和技术应用的研究，发表论文 72 篇，并发表《矿井通风与除尘》等著作。1989 年，参与的“矿用节能风机的研制与推广”项目，获冶金部科技进步二等奖。1990 年，参与的“WMI 矿用空气幕”项目获沈阳市科技进步三等奖。为创办“安全技术与工程”专业的博士点、硕士点和本科建设，呕心沥血，付出了毕生精力。他擅长作诗，子女已为他出版诗集。退休后酷爱风筝，制作风筝水平一流。凡有同学来访，必赠予一个亲手制作的风筝，因此他的风筝在祖国各地到处飘扬。

9. 王泳嘉

王泳嘉（1933—2012），男，上海人，中共党员。教授、博士生导师，我国著名的采矿工程与岩石力学专家和教育家，我国计算岩石力学奠基人之一。

王泳嘉毕业后留校工作，1956 年到北京矿业学院硕士研究生班学习，同年加入中国共产党，历任东北工学院讲师、副教授、教授、计算中心主任、研究生院副院长等职务。1980 年赴美国明尼苏达大学攻读博士学位，1985 年晋升为教授，1990 年担任博士生导师，1992 年享受国务院政府特殊津贴。曾任澳大利亚岩土力学研究所、瑞典皇家工学院、中国科学院地质研究所、中国矿业大学等多家院校的客座教授。曾兼任中国煤炭学会理事、国际岩石力学学会中国小组成员、国际岩土力学计算机方法学会会员、《岩石力学与工程学报》编委并获杰出贡献奖。

王泳嘉青年时期照片

王泳嘉向客人介绍用微机打印出来的图案

王泳嘉主要从事岩石力学的数值计算和采矿工程的放矿理论研究工作，在黏弹性岩石时变、位移和应力的计算、地震与岩爆机理方面取得了突破性成果。

王泳嘉在 1962 年发表的放矿随机介质理论，比美国的马琳斯早了 12 年。1986 年，王泳嘉首先将离散元法引入国内，他采用离散元法进行放矿数值模拟的研究在国内外均为首创，为现代放矿理论奠定了基础。1991 年，与邢纪波合著的《离散单元法及其在岩土中的应用》，是国内最早系统地介绍离散单元法的中文图书出版物，其指导和影响了几代人，为我国岩石力学和岩土工程数值计算的发展作出了卓越贡献。王泳嘉最早引入并开创了边界元法在我国岩石力学与采矿工程中的应用研究。

王泳嘉曾参与中国－瑞典国际合作科研项目和我国“八五”重点科技攻关项目的子专题“建立露天边坡数据库及开发边坡稳定性分析专家系统”，并取得了良好成果。他的“高陡边坡工程计算机管理技术研究”曾获国家冶金工业部科技进步一等奖，“崩落矿岩移动规律的研究”曾获冶金部科技进步二等奖，“岩石力学分析方法的研究”曾获国家教委科技进步二等奖。撰写论文 70 多篇，出版专著《离散元法及其在岩土力学中的应用》《岩石力学黏弹性问题的边界元法》等，后者被翻译为英文版并在国外发行。

王泳嘉在几十年的从教生涯中一直工作在教学第一线，讲授矿山压力与控制、矿井设计原理等多门本科生和研究生课程。他对学生，在学习上严格要求、鼓励上进，在科研上仔细指导、精益求精，在生活上给予无微不至的关怀，在思想上答疑解惑、指引方向，是教书育人的典范。他以精深的理论水平、渊博的知识、热情的育人精神和丰富的教学手段，赢得了历届学生的交口称赞。先后多次获得“全国冶金战线先进教育工作者”“辽宁省优秀教师”“沈阳市优秀教师”“东北工学院先进教育工作者”等荣誉称号。他培养了硕士研究生 10 人，博士研究生 19 人，原苏联高级进修生 1 人。其中多人成为国内外知名学者，他们当中不乏采矿工程和岩石力学领域的学科带头人、政府高层管理者和企业技术骨干及高级管理人才。可谓桃李满天下。

王泳嘉对工作积极进取、充满热情、学风严谨、作风踏实，天资聪明，创造性强。在研究生班听苏联专家讲课时，许多人来不及记笔记，他教大家学习速记法。为了更好地与世界接轨，他自学掌握了英、俄、德、法等八国语言，为此曾每天凌晨三四点钟起来收听外语广播，由此可见他对工作的极高热情和学习的决心与毅力。后来，他多次应邀到美国、俄罗斯、澳大利亚、加拿大、瑞典、波兰、日本、韩国等国访问和讲学。

王泳嘉教授一生热爱党、热爱祖国，把自己的一生都奉献给了他所热爱的教育和科学事业，为我国矿业事业的发展，为东北大学工程力学、岩石力学学科的发展作出了不可磨灭的贡献。他用自己学习的一生、奋斗的一生，赢得了每一个熟知他的人的尊敬和爱戴。

我们永远怀念他！我们要继承和发扬王泳嘉教授为人谦逊和甘于奉献的美德，为国家的繁荣发展贡献力量！

10. 王家琛

王家琛（1931—），男，浙江宁波人，教授级高级工程师。毕业留校继续深造，从通风硕士研究生班毕业后被分配到安徽省煤炭管理局。1959 年，他被派去淮南矿工作，吃住在矿里。1960 年底，由于淮南谢家集二矿发生瓦斯爆炸事故，省局责成他处理，因而回安徽省煤炭管理局工作。1961 年参与浙江省长兴县与安徽省广德县（今广德市）商谈“过界采煤”的谈判。1964 年，他调入由山东、江苏、江西、安徽四个煤炭管理局合成的华东煤炭工业公司，又迁至徐州。1970 年，华东煤炭工业公司解散，他被分配到离徐州不到百公里的淮北局烈山矿。在烈山矿上班两年半后，淮北矿务局为扩大各矿通风能力，于 1972 年将他从烈山矿借调到局里。1973 年夏天，他正式调到淮北矿务局，在淮北矿务局科研处工作。没过多久，原华东煤炭工业公司副总经理刘鸣来淮北矿务局找他，说即将成立两淮煤矿建设总指挥部，要他参加。他遂告别淮北矿务局，只身带着行李到淮南，仍在科研处工作。

王家琛（左）、洪宝绒夫妇

1982 年，他在科研处与老同学邬庭芳领导的北京煤科院合作，解决了 400 米深厚流沙层的井筒掘进难题。同年，两淮煤矿建设总指挥部改建为安徽煤炭工业公司，他从科研处调到安监局当总工程师，除领导日常安全工作外，还举办高级干部培训班，推广数字化安检，取得显著成绩。一家人在淮南生活了近三年，忽然有一个大变动，公司要撤销了。1985 年 8 月，他在 21 年后又回到合肥，调入煤科院的合肥研究所，一直到退休。

他是个全才，干啥像啥，且干得有声有色，令人满意。他确是煤矿新技术领域的总承事者，凡是矿里要干的新的技术活，包括研究，都交给他去办。

11. 王培基

王培基（1928—2017），男，辽宁沈阳人。毕业后被分配到阜新煤矿学校任教。王培基教了半辈子的露天机械，没有现成的教材，他就多方索取欧、美、日发达国家的专业资料，自编专业教材，并不断更新教材。他勤勤恳恳、兢兢业业、远离世俗纷扰、一心一意做学问，他一生与世无争、耕耘讲坛、桃李芳菲。他清清白白做人、明明白白做事，由于取得大家的赞扬，按照阜新煤

王培基

校的最高级别，被评为高级讲师。

在如此困苦与努力奋斗的人生中，幸好有古典音乐对他的滋养。音乐对他来说是最好的朋友。更为重要的是，他能从音乐中感到振奋，得到力量和鼓舞，从而对生命、对生活、对未来充满信心，并乐观向上、内心澄澈、精神充实。

12. 王瑞伯

王瑞伯

王瑞伯（1930—），男，江苏无锡人。毕业后先后在北京国家计委、国家建委等机关工作。参与了煤炭工业建设第一个五年计划的编制工作，后被调到上海华东协作委员会，撤销后又被调到徐州华东煤炭工业公司。由于历史原因，华东煤炭工业公司几经变迁：撤而立，立而撤。王瑞伯先后在江苏省小煤矿指挥部、丰沛建设指挥部、煤炭基建公司和中煤五公司等单位工作，直至 1990 年退休，地点一直在徐州。2001 年回老家无锡，老年生活丰富。

13. 王端庆

王端庆

王端庆（1931—2020），男，江苏扬州人，中共党员，研究员。毕业后留校任教，历任东北工学院采矿系党总支书记、系革委会副主任，东北工学院“政工组”副组长、党委宣传部部长、教务处处长、教务长。1983 年 7 月调任马鞍山钢铁学院（今安徽工业大学）院长。1997 年 10 月退休。享受国务院政府特殊津贴。

听党号召，为国转系，刻苦学习

1950 年，进入东北工学院机电专业学习。在爱国主义、集体主义的熏陶下，王端庆也跟随集体的步伐成长起来。他放弃了自己喜爱的专业，和其他100多名同学从机、电、土、化各专业转到采煤专业，成为“54煤”的一员。

在校期间，他积极要求进步，德智体全面发展，1953年成为一名大学生党员。大学第四学年，王端庆是54采煤大班的团支部书记，参与了“54煤”班学习经验的总结。1954年4月，学校发布院长通令，授予54煤甲乙两班“学习模范班”称号。这是东北大学历史上唯一被授予“学习模范班”称号的班级。

作为团支书，每当同学遇到困难他都会主动帮忙，不愧为“54煤”班的精神领袖。

献身国家高等教育事业

任马鞍山钢铁学院院长期间，他始终以立德树人为根本，不断提高教学质量，积极推进人才培养模式和教学方法改革，推广应用教学质量评价体系，促进了人才培养质量的全面提高，使一个原来仅为钢铁工业培养人才的学院发展成为一所以工为主，工、经、管、文、理、法、艺等七大学科门类协调发展的多科性大学，成为安徽省重点建设大学。2006年6月至2009年6月任安徽绿海商务职业学院院长，后任该院名誉院长。

他长期从事高等教育学、高教管理学研究工作。先后承担中国高等教育学会关于“高等教育管理体系研究”、教育部组织的“建设有中国特色社会主义高等教育理论研究”、全国哲学社会科学“九五”规划重点课题“21世纪的中国高等教育”、教育部“工科03-3”（一般工科院校人才素质与培养模式）等课题研究。多项成果获安徽省、省教育厅、冶金部特、一、二、三等奖。参编的《高等教育管理学理论体系研究》（专著）及《论高教体制改革与经济、科技体制改革的协同》（论文）获两项1990年全国首届教育科学优秀成果二等奖。合著有《普通高等学校管理》《高等教育管理》《教育计划管理》《学会学习——大学生学习引论》。2015年出版专著《“三理”通畅，高教兴旺》。发表论文70多篇。

参加教育部直属工科院校教改协作组、高等教育学专业委员会、教育部高教司组织的“大学生学习改革与创新”研讨班等教育研究组织的学术研究活动。参加省、部的教育调研、教育评估等活动：中国工程院、教育部、江苏省教委共同组织的“江苏工程教育社会调查”、安徽省委调研室组织的“安徽省高等教育现状和发展”调研等。受安徽省教育厅的委托担任组长，对安徽4所省属重点大学进行教育评估试点。

退休后仍为班级无私奉献

2000年开第六次同学会后，大家就决定以后不开了，这才有了“虚拟同学会”。又过了14年，居然有人想：可否在毕业60周年之际，即2014年，再搞一次同学聚会，以兹纪念。聚会地点以马鞍山为首选，理由是：王端庆和程厉生在此地。王端庆曾是马鞍山钢铁学院老院长，程厉生则有几次主办同学会的经验。

可是全班最年轻者也已过了八十大寿。俗话说：七十不留宿，八十不留餐。将一帮80岁以上耄耋之年的老头、老太太召集到马鞍山开3~5天的会，不是自找麻烦吗？更何况王端庆于2010年8月被确诊为霍奇金氏病（淋巴肿瘤的一种），在沈阳市军区医院治疗，两个疗程化疗，一个疗程放疗，病灶已基本上得到控制。虽说是治好了，可万一因劳累而再犯，如何是好？有人极力劝说，可是王端庆思来想去，居然以大无畏的精神接了这一险招，不听那个邪，铁了心地要办第七次同学会。

2014年10月15—17日，第七次同学会顺利举行，这是一次毕业60年的同学聚会，名称为“东北大学1954届毕业同学60周年甲子盛会”。参加者除“54煤”以外，还有“54矿”“53选”等。故统称“54届”，地点在安徽工业大学宾馆。这一次同学会以畅叙友情、交流感悟为主。东北大学党委副书记杨明、校友总会主任李鹤和王晓英大力支持这一宏举，远道赶赴马鞍山参加了这次聚会。会议讨论了在东北大学建立“54煤”纪念碑一事，也得到了东北大学领导与校友总会的鼎力支持。

同学会顺利结束，与会者毫发无损高高兴兴地回家了。须知：连那些未去开会的老同学都为王端庆捏一把汗，何况他自己，该有多大的压力。将一大批80岁以上的老同学聚集在一起，不出事便罢，出事的话谁负责任？会议有光盘全程记录，了不起！

心系资土学子，深情寄语

王端庆曾经提出，弘扬中华人文精神，铸就当代大学灵魂可衍化为三个层次的目标体系：治学、为人与处世。

治学要以人为本、修身为本。治学可以“格物致知”和“慎思笃行”加以统摄。大学之道“修、齐、治、平”的基础是“致知在格物”。求学致知必须发扬探索精神，穷究其理。治学之道在“博学之、审问之、慎思之、明辨之、笃行之”。

为人要以人为本、以德为先。为人可以“厚德载物”和“和而不同”加以统摄。“厚德载物”是人格养成的道德人文精神。厚德，要使道德厚实，即胸怀宽阔，与人为善；载物，载人，指容纳人、教育人。“和而不同”是博采众家之长的文化会通精神。

处世要以人为本、人为为人。处世可以“经世致用”和“止于至善”加以统摄。“经世致用”是指经世济民，学以致用，知行统一，是以天下为己任的责任精神。经世致用，匡时济世，首先要有高尚的人格，要有气节和操守；又表现为“先忧后乐”的博大胸怀、不畏强暴的求实精神。“止于至善”是大学之道的至高追求，是不断探索、求是、创新精神，是与时俱进、终身学习，追求真善美。

王端庆认为，办大学以办好本科为根本，办本科以学生为根本，培养学生以全面育人为根本。

王端庆曾寄语东北大学资土学院学子：

本科学生要以学习为本，学习又以“学改”为基础，不断提高“产学合作”、培养全面发展的学习能力。“坚持教学、科研、生产三结合的道路，成为国家的应用型人才。强化实践锻炼，加强工程教育和训练，在第四学期积极进行相关的工程实习。本科生还要着眼于抓住机遇，抓住各种锻炼自己的机会。70 年来，长江后浪推前浪，世世代代出新人。在党中央正确领导下，中华民族伟大复兴的中国梦必将胜利实现，东方巨人将以世界大国的形象与实力屹立于世界民族之林，为世界和平、人类进步作出我们应有的贡献。希望我们东北大学资土学院的学子以家国为己任，认真学习、锻炼实践能力，充分利用学校的资源提升自己，为国家的发展、民族的振兴贡献出你们的力量。

14. 韦晓光

韦晓光（左二）1988 年镇江聚会座谈

韦晓光（1928—2005），男，安徽安庆人。毕业后被分配到黑龙江鸡西。几经调动，1979 年举家从宁夏到安徽淮南参加两淮煤矿建设。他在安徽淮南煤矿建设指挥部九十六工程处工作，他夫人在淮南矿工报社工作。他夫人还是淮南市政协委员，两人在淮南的工作都很出色，可从来不向领导提任何要求。他退休后专心于马列主义的学习与研究，同时致力于井下动力一体化的研究。

15. 尤敏世

尤敏世

尤敏世（1929—），男，江苏无锡人。毕业后被分配到邯郸市峰峰矿务局。一年后调到北大峪矿，历任技术员、工程师、副总工程师。1966 年 3 月，邢台地震。7 月，为支援邢台矿务局生产，峰峰矿务局抽调一批骨干人员到邢台工作，其中就有尤敏世。组织为培养他，让他去后的第一年就下矿跟班劳动。他任劳任怨，表现出色，很快被提升为邢台矿务局的副总工程师，直到退休。在担任副总工程师期间，他特别能吃苦，几乎每天都要到各矿下井检查，每星期至少下五次，连节假日都不肯休息，而且他下井后，最重视安全问题，一旦发现任何安全隐患，必须一一落实到采掘区的基层才放心、才放手。这为他赢得了矿务局上上下下的一片赞扬，因此，他在邢台矿务局有很高的威望。这种爱矿如家的精神值得发扬光大！

16. 卞树中

卞树中（1932—），男，江苏苏州人。毕业后被分配到大同煤矿工业学校任教。当他踏上讲台，听到响亮的“老师好”时，无比激动，决心做一名好老师。他为国家培养了许多优秀的采煤专业人才。改革开放后，他调入苏州市建材工业公司技术科工作，后主管苏州市振谊服务公司。该公司由苏州市郊区政协主办，经济实力强，任务是积极推进科技转化为生产力，协助企业搞技术改造，以及科技咨询等。

卞树中

17. 尹启农

尹启农（1930—），又名尹恭铸，男，江苏镇江人。他多才多艺、知识面广、视野开阔，却能为国投身危险的煤炭事业，实在难能可贵。毕业后，历任燃料工业部全国小煤矿技术改造负责人、煤炭工业部抗震恢复唐山开滦煤矿办公室负责人之一、煤炭工业部基地建设引进办公室主任、中国煤炭进出口总公司（中国煤炭开发总公司）副总经理、煤炭工业部规划设计总院副院长、中国康华发展总公司业务部副总经理兼美洲康华公司总经理、首都钢铁公司海外企业冠美国际开发公司总经理等职。

尹启农

改革开放初期，尹启农作为中国煤炭领域的负责人与外资谈判，有理有据，为中国争取更大的利益。如开滦新建的东欢坨大型矿井的初步设计交由联邦德国一家著名的煤钢集团下属的设计公司承担。1979 年秋，该公司通知我方，方案已做完，请派人审查。尹启农担任审查团副团长，审查会开始后，气氛友好，但随着中方专家提问越来越深入，意见越来越尖锐，对方坐不住了。

对方的主任工程师是名博士，竟说：“你们来的任务主要是学习，点头同意就是了。”中方一片惊愕，不知所措。尹启农马上发言说：“这位博士先生的发言立场完全错了。一错是颠倒了出资方和雇佣方的关系，项目主人和服务收费的地位搞反了。二错是把审查和学习对立起来了，主人来审查天经地义，不审查就是失职，何况学习是相互的。中国是产煤大国，2700 年前的西汉就有开采煤矿的历史记载。中方专家根据中国开矿的经验和教训而提出的修改意见，完全可供你们参考学习，学习不是单行道。”这名博士听后哑口无言，连声称是。第二天晚上，该公司董事长设宴表示歉意。尹启农为人刚正不阿，在关键时刻不辱使命，为中国争得了荣耀，确是煤炭工业不可多得的人才。

1980 年冬，尹启农担任山西安太堡露天煤矿中美合作项目中方负责人，该项目是年产 1500 万吨原煤、总投资 6.7 亿美元（其中外资为 4.75 亿美元）的大型企业，是外国企业投资最大的项目之一。该项目仅用 26 个月便建成投产，其建设速度在世界大型煤矿建设中也是罕见的，并且有人员少、效率高、产量大的特点。尹启农在安太堡露天煤矿建设中功不可没！

退休后他彻底回归家庭。80 岁前，带老伴云游四方，享受儿孙满堂的天伦之乐。80 岁后，隐居北京郊区，和老伴安享晚年。2012 年，老伴查出患有阿尔茨海默病，老两口决定住进养老院。因被照顾得细致周到，几年来，老伴病情无明显发展。祝愿他们俩寿比南山。

18. 孔希灏

孔希灏，男，在重庆煤校任教。未收集到简介与照片。

19. 叶蜚宾

叶蜚宾（1934—），男，浙江慈溪人。1950 年，他义无反顾离开上海，奔赴祖国最需要的地方。毕业后被分配到有着最复杂自然条件的煤矿——辽源矿务局西安矿，任通风区技术负责人。该矿为 156 项工程之一，属超级瓦斯矿，瓦斯吨当量为 50 米^3/吨，极易自燃并发生冲击地压等。1956 年负责完成西安矿反风试验，实现两台 1000 千瓦大功率主扇对角式通风，为全国首例。

到边疆去，建功立业，在和产业工人并肩战斗中学习做人，任劳任怨。1966 年来到新疆哈密矿务局一矿任通风科技术员，很快解决了该矿老大难的通风防火问题，并创造了全国罕见的优质泥浆防灭火系统。

叶蜚宾（前）夫妇

1981 年参加煤炭部组织的高级工程师考试。在全国 300 多名精英参加的考试中，俄语得分为 99 分，荣登榜首。监考老师问他："是东工 54 煤的吧！"可见，"54 煤"当时已小有名气。他是新疆首批煤炭系统高级工程师之一，后任矿总工程师、矿务局副总工程师。

1986 年调任新疆煤炭厅副总工程师，负责生产技术和安全。在任内致力于乌鲁木齐矿务局、哈密矿务局和艾维尔矿的综采化工作，特别是在艾维尔矿领导完成了倾斜煤层、坚硬顶板预爆破综采重大课题，属全国首创。1986 年后任新疆煤炭系统高级职称评委会常务副主任、中国煤矿安全学会防火专业委员会及通风专业委员会委员。他是全国知名的通风、防灭火和防瓦斯专家，新疆煤炭专业学科带头人之一，曾多次获科技大奖。

在任矿总工程师、生产技术科科长和采煤队长等职期内，工作无差错，无一死亡事故，是真正的安全生产佼佼者。他妻子说：老叶虽然身在家中，但心是留在矿上。想啊想啊，想不完的工作。有一次把他反锁在家中，他还是翻墙去了矿上。天遂人愿，落叶归根。2016 年，他和老伴文淑芝终于在献身煤炭四十载、安家新疆五十年后，随女儿一家在上海定居。

20. 田凤翔

田凤翔

田凤翔（1929—2013），男，河北廊坊人。毕业后去国家计划委员会工作，后调至山西省太原市西山矿务局。1983 年加入中国共产党，并提任生产处副处长。作风踏实能干，诚恳待人。2013 年因肺癌去世。

21. 冯士安

冯士安

冯士安（1932—），女，江苏宜兴人，中共党员。毕业留校继续采煤专业研究生的学习。后服从分配，改行从事地质事业，到北京地质学院探矿工程系攻读硕士研究生，师从苏联专家波波夫。1956 年 11 月，硕士研究生毕业后留在北京地质学院，历任助教、讲师、副教授。1983 年 2 月正式调到地质出版社从事编辑工作，历任编辑、副编审、编审，编辑室副主任、编辑室主任。1992 年 8 月退休。

在担任教学工作的同时，她结合生产进行科学研究。1958 年夏天，与水电科学院合作在青岛月子口水库采用“帷幕灌浆”的新技术，以取代传统的“人工开挖填充黏土的挡土墙”方案。此项对水库大坝基础进行处理的研究取得了高质量、快速、高效益的施工效果。随后，在北京密云水库、长江三峡葛洲坝，以及全国其他部门大型工程的基础工程施工中得到推广应用，获得巨大的经济效益。

在地质出版社当编辑期间，她出版的专著、译著、工具书达 50 多种。其中,《岩心钻探工人读本》获得第三届全国科技图书优秀奖;《金刚石钻进技术》(第二版）获得 1987 年地质部第一届全国地质类高校优秀教材二等奖;《金刚石钻探手册》获第六届中国图书奖，该书不仅反映了我国现代钻探科技的高水平，具有中国特色，还出版了英文版，以便于国际交流。1992 年 10 月起享受国务院政府特殊津贴。

朱敏（左）、李高祺夫妇

22. 朱敏

朱敏（1932—），男，浙江杭州人。毕业后，先后在东北工学院采煤教研室、冶金工业部马鞍山矿山研究院采矿研究室、矿山系统工程研究室工作，历任助教、讲师、副教授、工程师、高级工程师、教授级高级工程师以及研究室副主任、主任等，培养硕士研究生 3 人，享受国务院政府特殊津贴。朱敏主要从事采矿方法的研究、试验和推广，如厚矿体崩落式采矿方法、水砂充填采矿法、干式充填法等。曾承担鞍钢弓长岭铁矿、酒钢镜铁山铁矿、抚顺龙凤煤矿、北票煤矿、阜新高德矿、新丘煤矿等矿山的研发工作。曾在矿山参与“计算机矿山系统工程研究”“海底采矿的探索研究”等课题，并参与“矿山仓储计算机系统”的研究、开发、试验工作。退休后，与夫人李高祺两人为“54 煤”编制电子照片光盘，用了一年多时间。

23. 朱新和

朱新和（中）与同学合影

朱新和（1932—2007），男，上海人。毕业后被分配到鹤岗矿务局南山矿建设科工作。1954—1986 年，他在南山矿干了整整 32 年，从技术员到工程师，从基层到矿技术科、副总、矿长。1981 年被评为煤炭系统第一批高级工程师。1986 年，调到矿务局，任副总工程师。1992 年退休。退休前为教授级高级工程师。他把一生奉献给了南山矿和鹤岗矿务局，奉献给了煤炭事业。他在煤矿基层工作的时间在“54 煤”里是最长的。他为人直爽，工作踏实，由于工作成绩显著，曾荣获黑龙江省劳动模范称号，当选为第六届全国人大代表。

1982 年，朱新和受命担任南山矿矿长。这对他一个当时不是党员（1984 年入党）的人来讲，格外困难。但他毅然挑起重担，没有白天黑夜地拼命工作。抓瓦斯治理、采掘机械化、科学管理，使南山矿的面貌焕然一新，被评为先进矿。1986 年，他从矿长职务上退下来，到矿务局任副总工程师，分管通风安全，仍不敢有半点松懈。他退休后身体不好，这与他在煤矿基层工作有直接关系。1991 年 11 月，他的手已经有点发抖了，但身体还可以。1992 年手颤抖加重，被确诊为帕金森病。《鹤岗矿务局志》的“人物”篇里面有一段专门介绍朱新和的事迹。矿务局没有忘记他的贡献。

24. 朱德和

朱德和

朱德和（1930—2009），男，浙江象山人。他一辈子在重庆工程技术学校（今重庆工程职业技术学院）任教，鞠躬尽瘁，桃李满天下。2009 年 9 月底，胃部不适的朱德和被诊断为胰头恶性肿瘤晚期，生命危在旦夕。家人道出实情之时，生怕他承受不住打击。出乎意料的是他竟十分镇定，平静地接受了这个残酷的事实。就在大家不知如何是好的时候，他决定出院回家，停止治疗。他说还有很多事情要安排和处理。回到家中的他拖着沉重的身躯安排未了之事。两个孙儿专程回来告别，心中不舍难以言表。12 月 7 日凌晨，没有剧烈的疼痛，没有不舍的思念，他安详地睡去了，静得只留下了永远的怀念。他的学生虽已头发花白且事业有成，但他们行的是跪拜大礼，只为心中的良师送最后一程。

25. 乔福祥

乔福祥（右）夫妇

乔福祥（1931— ），男，上海人。1952 年 12 月加入中国共产党。毕业后被分配到北京矿业学院。1955 年进入北京矿业学院硕士研究生班学习，毕业后留在北京矿业学院任教。历任采矿系采煤教研室助教、讲师、副教授。1986 年晋升为教授。主要从事矿山压力和地下开采方面的教学和科学研究工作，培养了 4 名硕士研究生。发表了《大倾角“三软”煤层工作面老顶来压的预测预报》《倾斜煤层液压支架合理工作状况分析》《“大倾角”、“大采高”煤层高端面冒顶原因探讨》等文章。1992 年 10 月起享受国务院政府特殊津贴。1994 年 2 月退休。

26. 任大本

任大本

任大本（1928—2012），男，浙江杭州人。1954 年毕业后，到北京地质学院探矿工程系攻读硕士研究生。1957 年毕业后留校任教。1976 年 10 月调入浙江地质技工学校（今浙江树人学院）。1981 年 6 月任浙江地质技工学校副校长。1983 年任浙江省地质矿产局教育中心第一副校长。1989 年退休。任大本在北京地质学院工作期间，敬业爱岗，刻苦钻研，担任坑探教学工作，并编写《勘探坑道掘进》高等院校探矿工程专业教科书，有多项科研成果。

1976 年 10 月，他毅然放弃大学老师的职称和待遇，回到家乡杭州，在一所地质技工学校任教。在浙江地质技工学校当领导时，他始终把推动学校的发展放在首位，严格管理、大胆创新、精心育人。任大本事业心强，敢说敢做、敢于担当，为人正直坦率、公私分明，在他的身上充分体现出老教师的“春蚕”精神和“蜡烛”品格。他多次获“先进工作者”称号，为国家教育事业与地质事业付出了一生。他对党、对人民有着深厚淳朴的阶级感情，具有很高的政治觉悟，一辈子尽自己最大努力为国家和人民多作贡献。任大本于 1986 年加入中国共产党，2009 年被浙江树人学院党委授予“校优秀共产党员”称号，2010 年被省委教育工委授予“浙江省高校优秀共产党员”称号。

他一生心系国家、心系社会。特别是 2008 年汶川“5·12”大地震发生后，5 月 13 日他就捐款 1 万元。后来又积极响应号召，为大地震交纳特殊党费 30 万元。这 31 万元是任大本与爱人一辈子勤俭节约、省吃俭用积攒下来的。这是一个老党员用实际行动表达自己对人民、对祖国的大爱，他的这种精神值得我们永远发扬光大！

27. 华安增

华安增

华安增（1932— ），男，江苏无锡人，中国矿业大学建筑系矿井建设专业教授，博士生导师，德国访问学者。出版《矿山岩石力学基础》《岩石冲击和能量释放速率》《井筒周围应力分析及其应用》等论著。“天府煤矿远距离解放层解放效果考察”获中国科学大会奖，“芦岭煤矿新副井筒过煤和瓦斯突出煤层技术”获国家科学技术进步三等奖，“多铰摩擦可缩U型钢支架”获国家发明三等奖。

华安增能成为中国矿业大学的优秀博士生导师，得益于他在任何情况下都抓紧机会，刻苦钻研。他认为，任何一件事情，如果不能改变它，就正面对待它。他常用苏联英雄马特洛索夫的一句座右铭勉励自己：“努力去完成那些不愿意做的，但是应该做的事。”他下放到农场喂猪，猪最多时超过100头。他怕猪晚上睡觉互相挤压被压死，于是每天半夜冒着 −20℃的严寒，走进猪圈，把它们叫醒。猪不愿动，他一个个推醒它们，天天如此。他还给每头猪命名，便于管理，说明他是何等敬业！

1970年5月初，学校迁校到四川三汇坝，实行军事化管理。华安增受命用毛石砌筑四层住宅楼，他带领100多个没有经验的民工施工，他是工地主任兼技术员。想不到华安增盖房子的本领竟成为他后来在土木界一路攀升的基础。说明在逆境中他也能刻苦钻研，这是他成功的法宝。

1979年3月，四川矿业学院（今中国矿业大学）决定让华安增到北京煤炭干部学校学习德语。当时他已47岁。经过努力，华安增保持了名列前茅的位置。其中的辛酸苦辣，只有他自己知晓。至于在本领域的钻研当然更出色了。他退休后定居海南琼海，爱好音乐，是“54煤”的音乐指挥员之一。

28. 邬庭芳

邬庭芳（1930—2015），男，浙江奉化人。毕业时与龚淼同时被分配到北京的燃料工业部工作。经过多年的努力，他在工作上作出优秀成绩，并获得领导与同事的信任与支持。邬庭芳先后担任煤炭工业部技术发展司司长、煤炭科学研究总院院长。他为人耿直，热情诚恳，性格开朗，谦虚踏实，不摆架子，作风正派，群众关系好。他熟悉业务、工作能力强、获得广大群众的好评。有一件事值得说说。龚淼和蒋光熹的孩子都在煤炭科学研究总院工作，曾为了住房等问题找他，他都不给解决，说是“不便插手”。有同学找上门来，希望帮忙调动工作，他又绕开了。如此严于律己，这样的优秀干部令每一个人都肃然起敬。

邬庭芳

1994 年退休后，朱学范、钱伟长、程思远等 20 位知名人士倡议成立孙越崎科技教育基金会。邬庭芳不辞辛苦，为基金会工作了 10 年，如评审奖励科技人员、资助能源学术会议活动、建立孙越崎纪念馆、出版文集等。他得了脑瘤（良性的），开始很小，并不影响生活，就没当回事。瘤子长大了，他才警觉，找医院专家看病。几个有名的大医院专家会诊，一致说：“你已是八十多岁的人，不好做大手术，要做也许在手术台上就下不来。还是保守疗法吧！”于是采取“保守疗法”。谁知过了几年，瘤子越长越大，压迫脑神经，以致失去知觉，卧床不起。最后离开人世，令人惋惜。他是平凡的人、高尚的人，平凡中闪烁着高尚，是一心一意为人民服务的公仆、当之无愧的“俯首甘为孺子牛”。

29. 刘锦忠

刘锦忠

刘锦忠（1932—1993），男，上海人。1949 年考入燕京大学物理系。1950 年由于家庭生活困难，经教育部同意，转到东北工学院采矿系学习。毕业后被分配到本溪矿务局，从事专业技术工作，取得优异成绩。1958—1963 年，根据煤炭工业部“北煤南运”的战略方针，被调到广东省燃料厅工作，先后任计划处工程师、主任工程师、厅副总工程师等职。1963 年调回本溪矿务局，被分配到牛心台煤矿，从事矿井设计工作。1983 年调到沈阳矿务局设计处，任矿建科科长，先后完成沈阳矿务局的许多大型设计。其中有蒲河煤矿的改建、扩建工程，红阳一井、红阳三井的开发方案，水泥厂石灰石露天矿的初步设计，蒲河煤矿氮气厂工程等十多个项目。他工作兢兢业业，默默为矿井设计奉献一辈子，常为设计一个项目工作到深夜，积劳成疾，因患胃癌与世长辞。

30. 汤士尧

汤士尧

汤士尧（1933—），男，江苏靖江人，中共党员。1954—1964 年，在黑龙江省鹤岗矿务局东山矿三井矿技术科，任见习技术员、技术员、助理工程师。1964—1980 年在黑龙江省鹤岗矿务局生产技术处，任助理工程师、工程师。1980—1982 年，在江苏省煤炭工业局镇江煤炭公司古桐煤矿，任助理工程师、工程师。1982—1993 年在江苏省南京市煤炭工业总公司科技处，担任工程师、主任工程师、高级工程师，并在计划财务处任副处长。1994 年退休。

31. 严传炎

严传炎（1932—2009），男，江苏扬州人。1957 年在煤炭工业部机关工作。同年响应党的号召，下放劳动锻炼，在峰峰二矿的采煤工作面劳动一年。后筹办峰峰矿业学院，做了 3 年多的教学工作。1962 年又回到峰峰矿务局技术处。1977 年支援开滦煤矿震后建设，全家来到唐山，一直干到退休。在河北峰峰矿务局与唐山开滦煤矿工作时，为人比较低调，学习和作风都很踏实，对人和气，做到了任劳任怨，献身煤炭工业一辈子。他一生不追求名利和地位，踏踏实实工作，勤勤俭俭生活。2009 年 5 月 10 日，突发心肌梗塞，不幸逝世。

严传炎

32. 严信真

严信真

严信真（1930—2008），男，上海人。毕业后被分配到焦作矿务局。1956 年调到北京煤科院开采所。1970 年调到广西红茂矿务局，分到二矿（后改名朝阳矿）工作，在红茂矿务局工作了 11 年。红茂矿务局是广西壮族自治区在 20 世纪 60 年代末搞采煤大会战的重点项目之一，当时部分干部不懂采煤，生产上盲目指挥，出煤第一、乱采乱掘等现象严重。严信真努力做到在自己力所能及的范围内按规范采煤，并发现了不少事故的苗头，予以扑灭，实在是难能可贵。他在小矿工作期间住的是临时工棚，仅以芦席为墙，狂风暴雨曾将半个屋顶掀掉，吃浅黄色的“循环水”，生活清苦至极。可他献身边远地区的心不变，为广西煤炭工业的无烟煤基地作出了应有的贡献。1981 年调到研究单位，1986 年到南宁市。

33. 李庄连

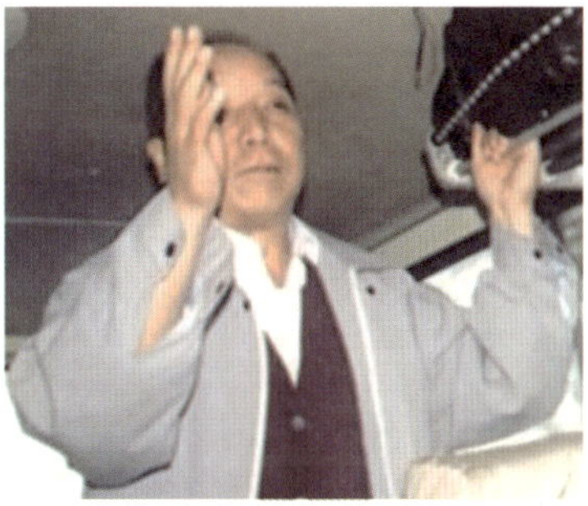

李庄连

李庄连（1929—2017），男，湖南浏阳人。毕业后被分配到鸡西矿务局工作近 20 年，后调到贵州盘县（今盘州市）老屋基煤矿生产技术科，仍是边疆地区。退休后定居广东。从东北角最远的鸡西到西南“地无三尺平”的穷贵州，李庄连是如何想的？他只有一个信念：不忘当年转采煤为国献身的精神。我们缅怀他和他的这种献身精神，他是“54 煤”精神的代表之一。向他学习，向他致敬！

34. 李桂馨

李桂馨（1931—），男，1954 年 1 月参加工作，1980 年加入中国共产党，矿总工程师，采煤专家。

他先后在高德矿五坑、八坑任见习技术员，在高德矿、海州矿矿井科任技术员，在高德矿技术科任工程师，在高德矿选煤厂、农场劳动，在高德矿七井任工程师，在高德矿任副总工程师。1987 年获得高级工程师职称，任高德矿总工程师。1992 年 5 月退休。

他是一个将自己一辈子献给高德矿采煤事业的人。他工作成绩出众，1959—1962 年先后三次被评为海州矿机关红旗手、标兵；1978 年被评为高德矿劳动模范标兵；1979 年获得阜新矿务局先进生产者称号；1986 年被评为阜新矿务局劳动模范；1990 年被评为高德矿优秀共产党员。此外，他为东北大学和中国矿业大学学生实习创造良好条件，在培养人才方面同样作出贡献。

李桂馨（左二）与同学合影

35. 李高祺

李高祺（右）、朱敏夫妇

李高祺（1932— ），女，上海人。解放前，她在上海读书，深感国民党的腐败。解放后所见的一切使她欢欣鼓舞，她第一批加入中国共产主义青年团，怀着工业救国的理想远赴东北，学习技术，报效祖国。在校期间，响应国家号召，从冶建班转到采煤专业。大学毕业后，留在东北工学院读“矿井通风”方向的研究生，师从关绍宗教授。1958 年研究生毕业后，留校在采矿系通风教研室任讲师。1962 年加入中国共产党。1962—1966 年为采煤与采矿班讲授“矿井通风”“矿井安全”等课程。参加过教研室“东北冶金矿山地温预热防冻技术”及通风系统改造等课题，在桓仁矿、青城子矿、杨家杖子矿、红透山矿多次开展调查研究工作。1976 年底，为解决十四年夫妻两地生活困难问题，调动工作到冶金工业部马鞍山矿山研究院。在马鞍山矿山研究院采矿研究室、通风研究室先后任工程师、高级工程师、教授级高级工程师。

为解决冶金矿山历来采用大主扇通风时漏风多、采矿场有效风量低的问题，她申请了“多级机站压抽式通风系统的研究”课题，同时担任课题组组长，并与室主任程厉生同为课题负责人。她用计算机模拟方法解算多级机站通风网络，编制解算程序，并与程厉生及小组同事一起进行梅山矿北采区多级机站可控式通风系统的现场设计研究工作。以上两项课题均通过冶金工业部鉴定，并获马鞍山市科技奖。多级机站压抽式可控通风系统相比传统采用的主扇集中通风方法优越不少，是一种漏风少、能耗低、适应冶金矿山特点的通风系统。后来小组又先后在招远金矿、金厂峪金矿等矿山进行多级机站通风系统的推广工作。

李高祺与程厉生共同培养硕士研究生 3 人，曾获 1983 年度马鞍山市、安徽省、全国的三八红旗手及 1986 年度马鞍山市、安徽省的三八红旗手称号。退休后，与朱敏两人共同为“54 煤”编制电子照片光盘，用了一年多时间。

36. 李鸿昌

李鸿昌

李鸿昌（1931—），男，江苏无锡人，教授。毕业后被分配至本溪彩屯煤矿，先后任技术员、值班工程师、副段长。该矿开采的是“三软”煤层，用的是单体木支柱，稍有不慎，破碎的顶板就会像流沙一样瞬时流下，把人埋在里面，值班工长就要组织工人加固周围支架，紧急救人。因此他既要学会如何组织生产、如何救人，又要克服上夜班不适应等许多困难。对于一个刚出校门的书生，这实乃严峻的考验，可他挺过来了。

1960 年，他考入北京矿业学院，攻读由我国导师首批招收的硕士研究生，1964 年毕业。由于他有现场基层工作实践，论文出色，因此留在北京矿业学院执教。

要从根本上解决围岩的片帮、冒顶难题，必须掌握采场上覆岩层的活动规律，而采动后岩体的活动是很难摸清的。1983 年，他接受此研究课题后，深入大屯孔庄矿，在顶板观测巷中打孔埋设深基点，记录岩层在采后的活动。又在实验室建立相似模拟实验台，将数百米下的采场围岩缩小至实验室内，模拟其开采、支护、来压及垮落的全过程，再通过埋设在岩层中的各种传感元件与仪器、录像等记录岩层位移与压力动态变化的全过程，终于发现“采场支护阻力与围岩移动量间的双曲线定量关系”。他与导师钱鸣高教授创立了具有我国特色的“采场上覆岩体活动的砌体梁关键层学说”。

1986年，他到美国西弗尼吉亚大学访问，协助他们建立模拟试验台。在国内及英、美、澳等多次岩层控制学术会议上，通过报告、讨论等，该学说得到了国际与国内的广泛认同。该学说应用于多种课题的实践，指导生产并获得丰富效益，于1989、1998年两次获国家三等奖（自然科学、科技进步）。1992年起他获国务院政府特殊津贴。

他曾讲过7门课程，指导过12名研究生，出版专著及合编本7本，发表论文40余篇。曾任《矿山压力与顶板管理》杂志主编，兼煤炭工业生产技术服务中心主任、矿压情报中心站站长、中国劳保学会顶板防治委员会副主任等职。1994年退休。

37. 杨学涵

杨学涵

杨学涵（1931—），男，江苏武进人，中国地质大学教授。1950年毕业于江苏省立常州中学。同年考入东北工学院机械系，后转入“54煤”。毕业后先跟随苏联专家短期工作，后被分配到北京地质学院，攻读硕士研究生（导师为苏联专家波波夫）。1956年底，研究生毕业后留校任教，讲授专业课。1958年9月，到“密怀平”（工作范围是密云、怀柔与平谷）勘探地质队，任队长两年。1975年，随学校外迁到湖北武汉，学校更名为武汉地质学院。单身去武汉，家留在北京，两地生活困难。自1975年开始在武汉地质学院工作了整整13年，一直担任教研室主任。1988年，因不愿继续两地生活，提前退休回北京，终于阖家团聚，安享晚年。自1956年至1988年退休，在校期间一直讲授本科生的专业课，并指导硕士研究生6人。工作业绩有：科研3项，其中一项获地矿部三等奖；合编4本教材，合译3本著作；发表论文10余篇；被聘为煤科院西安分院等两个钻探所的技术顾问；多次参加科技成果等的鉴定会和评审会。他爱好诗词与文学，退休后参与《54 煤同学回忆录》的编著。

38. 杨荣新

杨荣新

杨荣新（1929—2000），男，浙江义乌人，中国矿业大学知名教授，我国露天开采专业的创建人之一。历任助教、讲师、副教授、教授，并曾指导多名硕士、博士研究生。从第一届露天开采专业“露 54 年级”开始，直至他培养的最后一届“露 91 年级”为止，他一直工作在一线，为我国社会主义建设培养了前后 38 届共 2000 余名露天开采的专业人才，名副其实的毕生耕耘，桃李遍天下。1964 年，他在国际研究动态的基础上，深入钻研露天开采境界问题，完成了开采境界动态化圈定的研究成果，当时具有国际领先水平。为加快我国露天采矿的发展，他积极参与准噶尔、平朔等矿区的总体设计规划，足迹从大西南的小龙、昭通到东北国境附近的伊敏河矿区。20 世纪 90 年代初期，他以花甲之年主动出击，促成了露天采煤机研制项目的立项。从项目经费、合作单位到具体设计方案，他倾注了全部精力，终于完成了我国第一台自行设计的露天采煤机的设计。他主编了《露天采煤学》(下册）及《露天采矿手册》等教材及参考书，先后主持 20 多项科研项目。他的数十部（篇）论著中凝聚了他的辛勤劳动成果。他作为主要研究人员完成的科研项目“露天开采设计规划综合优化理论及应用”于 1992 年获国家科技进步二等奖。享受国务院政府特殊津贴。

杨荣新自青年时代即追随中国共产党，在新中国成立前夕与龚淼一起参加上海电信局的护局工作，因为大上海的顺利解放作出贡献而荣立三等功，终于在 52 岁高龄时光荣地加入中国共产党。杨荣新对党和人民忠诚如一，对教育事业执着不移。他埋头苦干、不求名利、严谨治学、教书育人，是大家学习的榜样。2000 年 7 月 28 日 9 时 50 分，杨荣新教授不幸逝世。他的崇高品德、他的音容笑貌将永远留在亲朋好友、同窗、同事及晚生后辈的心中。

39. 杨惠民

杨惠民

杨惠民（1931—1992），男，江苏太仓人。毕业后被分配到北京地质学院。1954—1956 年在探矿工程硕士研究生班学习，毕业后留在北京地质学院任教。1984—1988 年担任探矿工程系系主任。其间他带领全系同志，团结一致，改善办学条件，为探矿工程系的发展和壮大作出了巨大贡献。他知识渊博，学有专长，在钻探学和钻探机械方面的造诣很深，是钻探机械学术方面的带头人之一，对我国的探矿教学与学科建设，特别是探矿机械学的发展作出了开创性的贡献。杨惠民同志积劳成疾，1992 年 10 月 13 日在去上班的路上突然头晕不支，只得返回家中，家人立即将他送去医院组织抢救。在医院里 45 天的分分秒秒里，他以惊人的毅力，配合医务人员治疗。

他对生命早已“成竹在胸”，那是辩证唯物主义精神的集中体现。他在 60 岁寿辰给女儿的信中说：“我的青春和生命已经转化到儿女和学生的身上。在他们的生命和事业中，融入了我的生命和我的事业，我欣慰。”1992 年 11 月 27 日 5 时 19 分，一颗火热的心停止了跳动。

杨惠民一直热心帮助同学。杭州的聚会，杨惠民因病未能出席，但他在生病前还为两次聚会操心，确定日期、联系同学、落实地点等，可是他订好了车票却因病未能成行。杭州的聚会上，同学们以班级名义向他发了慰问电报，祝他早日康复。然而一个月后，噩耗传来，惠民同学不幸逝世。

遗言：凡事你都要想开些。人光着身子降生，又两袖清风离去，一切身外之物“四大皆空”，人生一世，只要有益于社会，就不愧来这世上走一遭。

“留得青山留下林”。我们自己在心中留下一块净土，播下茁壮的种子，陶冶自己，净化身心。让自己去努力耕耘，做一个辛勤的园丁。

40. 吴朝鼒

吴朝鼒（1930—2003），男，江苏盐城人。1954 年 7 月加入中国共产主义青年团。先后任抚顺矿务局龙凤煤矿技术员、煤炭工业部干部学校采煤教研室教师、江西煤矿学院教师、上海市五爱中学教师。1980 年 7 月调入煤炭科学研究总院上海分院教育科任专职教师后，他以提高青年的文化水平为己任，任劳任怨、耐心细致、积极热情，在培养人才方面作出显著成绩。先后被评为上海市五爱中学“先进工作者”、上海市第一机电工业局“先进工作者”，连续两次被上海市机电工业一局评为“优秀教育工作者”，连续四次被分院评为“先进工作者”。1990 年 1 月退休。

吴朝鼒

吴朝鼒同志热爱祖国，作风正派，生活俭朴。1958 年 3 月他被下放劳动，但他仍一如既往地勤奋服务，直至 1979 年 3 月煤炭工业部政治部为其撤销处分、恢复名誉、恢复待遇。吴朝鼒同志具有扎实的专业基础理论知识和丰富的实际经验。20 世纪 80 年代初，他在分院一大批青工的文化补课工作中，倾注了大量心血，使分院 135 名青工的文化合格率达 76%。其中有 16 人大学毕业。

他独自承担《54 煤通讯》3~15 期的组稿、出版、邮寄工作，几乎全部业余时间都花在这几期文稿上，字字行行都浸透了他的心血。他的可贵之处是一不为名、二不为利，只是为了“54 煤”同学的重托。这么大的工作量从不叫苦叫累，默默地奉献，心甘情愿。

此外，自 20 世纪 90 年代起，他和胡又珠两人一直是“54 煤”在上海的联络员，对同学间的相互了解、交往以及聚会起到了很好的作用。吴朝鼒的爱人 1972 年早逝，他面对的是一个残破的家，上有七旬老岳母，下有三个未成年的女儿（分别是 12 岁、8 岁和两岁半）。他的日子过得十分艰难，白天上班，晚上教孩子做功课，还要替她们做衣服、做鞋子。既做爹，又做娘，家庭的重担、生活的重担、人生的磨难使他积劳成疾，终因医治无效而去世。

41. 吴锦甫

吴锦甫（1928—），男，江苏宜兴人。吴锦甫 7 岁丧父，家境贫穷，兄弟姐妹 7 人，由吴氏家族供给救济大米，才能全家吃饱，靠姐姐在日本东京打工资助才得以从上海圣芳济中学毕业。他本可直升上海复旦大学，又考上了上海商学院国际贸易系。但一心想学工科救国的他放弃了这些好机会来到东北，并响应国家号召学危险的采煤专业。他学习成绩名列前茅，毕业后被分配到西安煤矿学校当教师。他坚决服从分配，毫无怨言。讲授采煤运输设备课程与当班主任，深受学生爱戴。1956 年，他被评为省劳动模范。紧接着全国调整工资，他连升三级，被评为讲师。

吴锦甫

他的诸多贡献：一是 1972 年从联邦德国进口一套机械化采煤设备，他把全套资料翻译成中文，有些液压元件的名称是他首次翻译的；二是编写出优秀的《机械化采煤和液压元件》讲义；三是为我国培养出两个机械化采煤班，这批毕业生成为唐山矿区、陕西各机械化采煤矿井的骨干。

1982 年 8 月 22 日，他加入了中国共产党。他被评为副教授，这是中专学校的最高职称。吴锦甫用他的实际行动证明：他无愧于“54 煤”精神。

1994 年回上海定居，利用周六、周日时间，免费给 20 多个孩子教授英语，其中有一半的孩子后来上了大学。2006 年底，他从日本把姐姐接回上海养老，直至姐姐 95 岁去世。他认为，姐姐没有生育过孩子，若没有这样的姐姐也没有现在的他。吴锦甫为人做到了“忠孝两全”，值得后人学习。

42. 何方良

何方良（1927—1985），男，辽宁海城人。毕业后被分配到国家计委工作，曾任国家建设委员会下属重点工程建设局副局长兼总工程师。因公务繁忙，与同学缺少联系。未收集到照片。

43. 何汉生

何汉生（1931—2010），男，广州人。毕业后被分配到潞安煤矿筹备处工作。他平时言语不多，但心地善良，为人谦和。20 世纪 80 年代，他在南京煤研所工作，研制出一种既保留缝管式锚杆的优点，又具有可拉伸性能的新型锚杆——MF30/1900 缝管式可拉伸锚杆。该锚杆在徐州权台煤矿经半年多试验，取得成功。经煤炭科学研究总院组织专家鉴定，认为该锚杆结构简单、便于加工、施工方便，与国内外可拉伸锚杆相比，成本较低，达到国内先进水平，该技术已取得专利。何汉生热爱煤炭科技，曾撰写有关锚杆研究的文章在期刊《井巷地压与支护》上发表。退休后搬到南京定居。

何汉生

据刘听成回忆，在长春时何汉生喜欢拉小提琴，记得他有一首苏联乐曲，名叫《玩笑》。这个乐曲不长，但照它的五线谱从头拉到尾以后，将乐曲倒过来再拉，也是一首好听的乐曲。多么神奇！他拉琴的余音至今绕梁不绝。

44. 何祖荣

何祖荣（1931—2012），男，浙江杭州人。毕业被分配到淮南煤矿工业专科学校。多少年来，他心中只有学生，可谓“一生教师，教师一生”，他被评为教授级高级工程师。

何祖荣（中）1988 年镇江聚会合影

退休后于 2011 年 12 月从上海儿子家回到合肥。谁知元旦晚上病倒，双腿不能迈步。王家琛去探访，他卧床与王目视，手能动，但言语不行。春节后，王家琛与陈华汉同去探望，情况加重，手也不能动了。4 月上旬，昏迷不醒，最终心跳停止而逝去。留下的唯一遗言是不开追悼会。他在世 81 年，一辈子培养人才，他的心血已经滴水不漏地融化在每一个学生身上，学生正在祖国的东南西北方顶替他努力奋斗，报效国家。

45. 邹寿平

邹寿平

邹寿平（1931—），男，江苏无锡人。1958 年遭受不公正对待，在峰峰矿务局五矿劳动。1973 年调牛儿庄矿，之后一直在采区基层做技术工作。1979 年甄别平反。1981 年从峰峰煤矿调入邯郸市河北矿业学院（该学院中途改名为河北煤炭建筑工程学院，最后改名为河北工程大学）采矿工程系。任教 11 年，潜心教书育人，每年被学校评为优秀教师，为河北与山西培养众多煤矿建设人才，桃李满天下。

1991 年退休，退休后一边在校内照相，一边协助校党委在大学生中做思想工作，致力于提高大学生素质，多年如一日，直到 2008 年。他用照相得来的大部分钱资助贫困学生，深得师生好评。同时，他还在高等院校带头提倡开展“敬老爱生”活动。多次去北京、石家庄、唐山、太原等地的 8 个煤矿看望自己的学生。爱生如子，令人难忘。详见本书第二篇第十三章《老有所为》之“七、退休十载继续培养大学生实践”。

退休后，他在养生保健方面有深入研究，不断编书，赛过半个专家。他提出自己的健康计划是“向百岁进军”。这都说明：尽管在人生的道路上遇到过许多坎坷，但他仍保持良好的心态，用坚强的意志和毅力来实现自己的人生价值。他的这种表现体现了“54 煤”精神，对我们是极大的鼓舞。此外，他不仅联络邯郸、邢台的同学，还经常同石家庄和山西的同学保持来往，成为“54 煤”的一名好联络员。

46. 邹殿义

邹殿义

邹殿义（1928—1989），男，河北三河人。曾在焦作矿业学院（今河南理工大学）任教。未收集到简介。

47. 汪伯煜

汪伯煜

汪伯煜（1932—1968），男，江苏苏州甪直人。1952年8月加入中国共产党，北京矿业学院苏联采煤专家研究生班毕业。1953年参加工作，先后任东北工学院翻译、助教、采矿系党总支副书记，沈阳矿山研究所井巷研究室副主任，马鞍山黑色冶金矿山研究院技术情报室副主任兼党支部书记等职。1960—1965年参加吉林省“石嘴子铜矿深部地压”的科学研究项目。著有《运用木支架的变形测定地压值的研究》《石嘴子铜矿竖井地压活动规律及其维护方法的研究》等论文。他为人正派、待人诚恳、作风民主、平易近人。曾赴德考察，先后两次担任外事翻译。其间，组织上已向他夫人林韵梅宣布，即将任命他到我国驻瑞典大使馆当参赞。可是，汪伯煜从德国回来，遭人诬陷，因不堪忍受而死，年仅36岁。1976年平反昭雪。

48. 汪维钦

汪维钦

汪维钦（1932—2017），男，江苏盱眙人，高级工程师。毕业后被分配到燃料工业部技术司，后调至陕西省铜川三里河煤矿、新疆煤矿设计院、安徽省合肥煤矿设计院及煤炭工业部合肥设计研究院。1992年5月退休。在新疆工作时，参加编制了《全疆煤炭资源汇编》《全疆煤矿分布规划图册》。先后获“社会主义建设积极分子奖”“民族地区科技工作者荣誉证书”等奖项。在设计院，曾担任大型矿井淮南谢桥煤矿设计的主任工程师。汪维钦工作认真负责、任劳任怨、吃苦耐劳、为人平和，与同事相处融洽。

49. 汪德安

汪德安

汪德安（1929— ），男，江苏南京人。毕业被分配到燃料工业部技术司，从事推广苏联专家建议及煤矿技术革新工作。1957年响应大学生劳动锻炼号召，到陕西铜川矿务局第一煤矿二采区工作面当采煤工，师从全国煤矿劳动模范刘根怀，掌握采煤工全部生产技能。1958年支援新疆，在乌鲁木齐煤矿学校教书。随着学校升级，由新疆煤炭专科学校扩展成新疆工程学院，汪德安也因工作业绩显著而不断晋升，历任教员、讲师、副教授、教授。

任职期间，他注意收集全国煤矿各种安全事故的报告资料，从中积累各种防止事故的方法。他走遍天山南北，举办煤矿安全培训班，普及煤矿安全生产知识，并在喀什组织和培训了矿山救护队，领导他们佩戴呼吸器，进入灾区实习和探险。除教书育人外，还撰写了10余篇技术文章，发表于《东工学报》（今《东北大学学报（自然科学版）》）、《煤》等杂志。他与夫人张平娟一辈子扎根新疆的决心与贡献是“54煤”的骄傲与榜样。

50. 宋琳

宋琳（1933—2017），女，江苏苏州人，毕业后留校任教，历任助教、讲师、副教授、教授。曾为研究生和本科生开设矿井建设工程基础理论、特殊凿井专论、冻土力学和冻结理论、井巷工程、矿井掘进与支护等课程。培养硕士研究生4人，创建了冻结实验室。先后在淮南、山东等地参加冻结凿井、钻井和注浆工程的施工指导和科研实践。参与编写国家统编教材和手册多部，在特殊复杂地层冻结法和注浆法的理论与实践方面有较深造诣。完成的煤炭工业部重点项目“DSC-I冻结壁声波测定仪”、“轻型三轴冻结仪”、“冻土力学性质的三轴单试件测定方法”、“软三轴流变试验”以及“黏土水泥浆研究”等均为国内首创或有所创新。发表《冻土三轴流变性质及其测定》等论文，获省发明三等奖1项、国家发明专利4项。受聘为中国科学院冻土工程国家重点实验室首届学术委员会委员、辽宁省冻土学会理事。1988年退休。

晚年因患肾衰而透析多年，放弃了热爱的健身舞，后因跌跤后脑溢血并昏迷而逝世。她与疾病作斗争的顽强拼搏精神是非常了不起的。

宋琳（右）、郑雨天夫妇

51. 宋西陀

宋西陀（1929—），男，江苏靖江人。1954年毕业后先被分配到地质部，后调到北京地质学院任教。1958年调入云南高原地质队，坚守西南21年。长期的地质生涯磨炼了他的顽强意志和吃苦耐劳精神。他曾参与成昆铁路建设，转战金沙江畔。尽管沿线地势险要，穷山恶水只等闲，但辛勤付出受到少数民族的爱戴，他的心情舒畅。1979年，调入淮南矿务局，甩开膀子干了10年。1990年，鬓发斑白，解职归乡，定居上海，安度晚年。更值得一提的是，1957年，在与他一起在北京地质学院工作的同事兼同学任大本身陷困境时，宋西陀敢于以事实为依据为任大本当场作证，使任大本免除了一场灾祸。任大本说：“此恩此德终身不忘。”

宋西陀

52. 张平娟

张平娟（1930—），女，北京人。毕业后被分配到燃料工业部基建司设计鉴定处，参与设计鉴定工作。三年后，调到陕西铜川矿务局第一煤矿劳动锻炼（采煤工、机修工）。一年后，调到新疆乌鲁木齐煤矿设计院工作直至退休。在

张平娟

新疆工作期间，先后从事技术室的技术管理工作、行政办公室的秘书工作。47岁时，组织调她到采矿科做设计。在退休前两年，又被组织调去搞计算机室的筹建工作。退休时，院长要返聘她继续在计算机室工作，因身体原因而未能参与，这是她感到很遗憾的一件事。“54煤”女同学中，她和陈可清二人都将一辈子奉献给了祖国的边疆，她们巾帼不让须眉的形象值得我们永远记住。

53. 张知本

张知本（1930—2012），男，江苏昆山人。1961年12月加入中国共产党。曾先后担任淮南煤矿工业专科学校采矿系助教，合肥矿业学院采矿工程系讲师，焦作矿业学院采矿系主任，厦门大学矿冶系副主任，福州大学矿冶系副主任、地质采矿工程系副主任等职务。他是福州大学矿冶系的主要筹建者之一，福州大学教授，为福州大学矿冶学科的发展作出了卓越贡献。

张知本（右）夫妇

1990年退休后，为发挥余热，先后与大屯煤电公司、平顶山矿务局、大同矿务局合作进行“采区巷道布置及其参数优化”的研究，颇有成就。另外，还在美籍华人独资经营的宁德市金光石材有限公司当顾问，后临时代理总经理，负责该公司的日常生产与销售业务。从1997年开始，台湾的高雄与福建的福州、厦门被指定为两岸直航的试点港，台湾同胞来福建商谈采购砂石事宜均由他接待。他也高兴自己在两岸通航、通商中尽绵薄之力。张知本一生勤勤恳恳、任劳任怨，无论是在教学科研岗位，还是在行政管理岗位，都一心扑在工作上。他遵循党的教育方针，敬业爱岗、廉洁自律、教书育人、治学严谨。他关心青年教师和学生的成长，真挚地帮助他们解决实际困难，并善于发现和推荐人才，为社会培养和输送了大量优秀人才。他为人正直、谦虚活泼、生活节俭、家庭和睦，被誉为“一生快乐且带给他人快乐的人”。他是桥牌高手，也是福州大学大学生桥牌运动的创始人，为推动福州大学桥牌运动的发展作出了突出贡献，设计的“精确叫牌体系”对桥牌乃一创新，曾获全国桥牌双人赛冠军。

54. 张绪良

张绪良

张绪良（1931—），男，上海人。新中国成立前参加党的地下外围组织，介绍人是同班同学吾如仪。解放后先到华东军政大学学习，后考入东北工学院，成为“54 煤”的一员。毕业后被分配到北京矿业学院，又转到焦作矿业学院机电系任教，从助教开始，一直提升到教授。曾参与编写由煤炭工业部生产司组织、煤炭工业出版社出版的“流体机械”方面的图书。1990 年在“第一届中日浆体输送技术”大会上作报告，获得好评。退休后生活充实，身体健康，在宁波老年大学学了三年“医学保健”专业、二年“歌咏”专业、二年“声学”专业。他收集了很多资料研究唱歌与健康防病及长寿的关系，并从基因原理说明唱歌和听古典音乐调节平衡达到健康心态来防病长寿的道理。

55. 陆士良

陆士良

陆士良（1929—2020），男，浙江嘉善人，中国共产党党员，中国矿业大学教授，博士生导师。曾任中国矿业大学国家级重点学科采矿工程巷道围岩控制学术研究方向学术带头人、国家教委科技委地勘矿业冶金学科组成员，是中国科学技术发展基金会孙越崎科技教育基金一九九六年度“能源大奖”获得者。

1954 年从东北工学院毕业后，被分配到北京矿业学院采矿系。参加工作后，就背起行囊驻扎开滦矿区进行现场调研，是我国第一批开展矿压实测研究的采矿工作者之一。

年少有为——洞视现实拓荒径

陆士良在青年时代就发现，国内外对巷道地压的研究大都侧重于单一巷道，而采矿工程中，90% 的巷道在采深数百米乃至千米的地层内，都要承受数万立方米以上的采空区形成的强烈地压的作用和损伤，对采矿工程这个特有的复杂地压问题，很少有人问津。但是，陆士良坚信，在采矿科学技术上要有所成就和突破，必须扎扎实实地到生产实践中去进行科学实验。数十年来，陆士良率领他的学生，历经艰难，先后对我国开滦、峰峰、阳泉、鹤壁、平顶山、淮南、徐州、枣庄、兖州、淮北和铁法 11 个主要矿区的千余条各种类型巷道进行长期的矿压测试。这在国内外都是独一无二的，陆士良开创了动压巷道研究，解决了巷道布置难题，在煤炭系统有较高的知名度。1955 年，煤炭工业部召开第一次全国矿井开拓部署与巷道布置会议，特邀陆士良在大会上作了“采动巷道矿山压力及合理布置”的专题报告，受到煤炭工业部及与会矿务局领导的高度评价。

我国煤矿巷道总长达 5 万多千米。由于煤矿巷道围岩松软及采动引起强应力扰动，多数巷道围岩的变形量高达千毫米，巷道围岩控制比其他地下工程更为困难和复杂，成为长期严重困扰煤矿开采的重大关键性技术难题。陆士良是在该领域进行了 40 多年系统的开创性研究的著名专家。他长期深入平顶山、鹤壁、阳泉、徐州、开滦、峰峰、兖矿、淮南、淮北、铁法、枣庄等大型矿区，对千余条巷道进行矿压测试和研究，在国内首次全面系统地阐明采动巷道的矿压规律，并深刻揭示其与回采空间的动态多维时空关系；运用煤层开采岩体应力重新分布的规律，提出了优化巷道布置和护巷方法，降低围岩应力，实现控制采动引起的高应力对巷道损害的力学机理；开创了融“巷道布置”、“巷道保护”、“围岩卸压”和“巷道支护”为一体的采动巷道围岩综合控制技术，形成了我国煤矿巷道围岩控制的特色，创建了采动巷道围岩控制的理论体系，其成就居世界同类研究的前列，对我国采动巷道围岩控制作出了重大的创造性的成就和贡献。

软岩巷道围岩控制是采矿工程中的世界性难题。我国软岩分布很广，仅煤矿就有30多个矿区存在软岩巷道极难维护的问题，一直严重困扰着矿井的生产建设。陆士良对数百条软岩巷道的围岩变形规律进行长期测试和研究，首次得出支护阻力对控制软岩巷道围岩变形的关键作用及其定量关系；揭示了煤矿软岩巷道严重失稳而长期不得治理的症结，大都不属于支架设计强度不足问题，而是支架与围岩间的残留空隙导致支架承载滞后和受载恶化，围岩强烈变形引发支护阻力的衰减和丧失；创造性地提出防治软岩道失稳的关键，是支护技术必须确保支架及早、均匀承载，充分发挥支架与围岩的承载能力，并使支架在围岩变形损伤过程中始终保持足够的支护阻力。他开创出多项在我国属首创、具有国际先进水平的软岩巷道控制技术，对我国软岩巷道围岩控制作出了重大的、创造性的贡献。

著书育人——为人师表传伟业

巷道是矿井的咽喉和运行通道，我国煤矿的巷道总长度达数万千米，是最浩大的地下工程，每年的开掘和维护费用高达百亿元。而且随着煤层往深开采，矿井巷道受采动引起的多种应力影响发生的变形和破坏程度越严重，使维护工作越来越困难。对于如何医治巷道这一地下工程的疑难顽症，我国动压巷道围岩压力及其控制的主要奠基人之一、无煤柱开采的开拓者之一陆士良教授在理论和实践上给出了令人满意的答案，并取得了令人瞩目的成就。

陆士良发表巷道围岩控制论文120余篇，出版著作5部。20世纪60—70年代，他发表了一批为改革我国厚煤层巷道布置提供重要科学依据的论文。80年代，我国发展无煤柱开采初期，他出版了《无煤柱护巷的矿压显现》、《岩巷的矿压显现与合理位置》（发行量11155册）等论著，有力地推进了无煤柱开采技术发展。近年来又发表了一批对控制软岩有重要价值的论文，主编了被誉为“具有很高学术水平和应用价值、集巷道围岩控制理论和实践之大成”的重要著作《中国煤矿巷道围岩控制》，以及对于推进锚杆支护技术有重要价值的《锚杆锚固力与锚固技术》。他的论著在采矿界引起很大反响，被广泛引用，对于推进巷道围岩控制技术发展及采矿科技进步发挥了重要作用。

陆士良热爱祖国，治学严谨，注重实践，学风正派，为科技教育事业倾注了全部精力，精心培养矿山和岩土工程领域的优秀科技骨干。在我国煤矿巷道围岩控制技术重大变革时期，他在全国各地主持和举办了数十期研讨班，对数千名工程技术人员进行培训，对传播巷道围岩控制的理论和科技成果、提高工程科技人员的素质和能力、培养高层次工程科技人才作出了重要贡献。

多年来，陆士良主持完成重要工程科技项目 46 项，“极软岩巷道的支护机理及高阻力可缩支架的研究”获国家科技进步二等奖（排名第一），还有 9 项成果获省部级科技进步奖。《中国煤矿巷道围岩控制》获国家教委优秀学术著作奖。他因对巷道围岩控制技术的卓越贡献，荣获中国科学技术发展基金会孙越崎科技教育基金一九九六年度“能源大奖”。

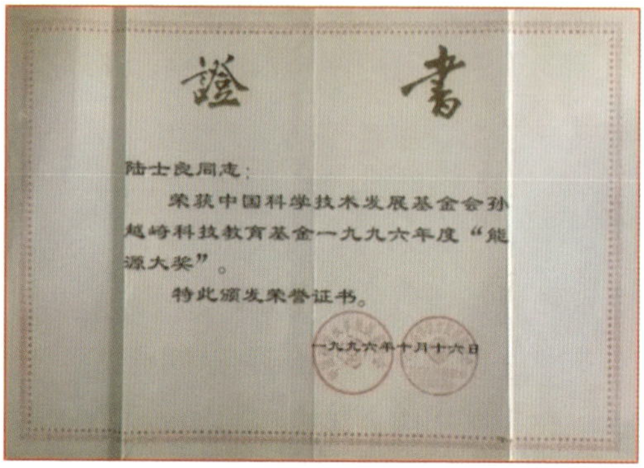

證書

陆士良同志：

荣获中国科学技术发展基金会孙越崎科技教育基金一九九六年度“能源大奖”。

特此颁发荣誉证书。

一九九六年十月十六日

获奖证书

“煤矿巷道有两个突出的大问题：一个是开采以后，在巷道上面引起的高应力；第二个大问题是煤层本身是软岩。1955 年我在煤炭工业部作了一个报告，就讲到我们巷道的破坏，主要是这个采动引起的高应力和煤矿软岩。在我们国家，它是很大的地下工程，一年要花费 100 亿元以上。所以这个问题，我们学生也好，老师也好，要花很大的代价，来解决煤矿支护的问题。”——陆士良

56. 陆强麟

陆强麟（1930—2008），男，上海人。他的一生可歌可泣。

扎根边疆，献身矿山。1954 年毕业后，陆强麟、姜子良、陈华汉、郑义生一行 4 人被分配到冰天雪地、人烟稀少、非常寒冷的黑龙江省双鸭山矿务局岭西竖井矿，他们不畏艰险，吃住在井口，忘我工作，哪里艰险哪里就有他们。陆续开发建设了岭西竖井，岭东煤矿一、二、三、五、六井，四方台煤矿。后姜子良调往新成立的七台河矿务局，陈华汉、郑义生相继调往其他地

方，只有陆强麟留在双鸭山矿务局。

陆强麟

陆强麟不辜负党的厚望，放弃了个人的一切，坚持不懈地推进采煤改革，改进输电方式和支护方式。他父亲病危，发来两次电报，他却因竖井煤矿生产会战而没能回去，父亲临终时还叫着他的名字“强麟”。时隔两年，陆强麟的母亲病重，又发来电报。陆强麟请7天假，在家只能住3天。到上海，朋友为他找了几个接收单位任他挑选，都被他婉言谢绝。他毅然决定将年迈的老母亲也接来双鸭山定居。陆强麟的母亲陈慧清，一辈子的上海人，能在这冰天雪地的双鸭山永远住下来，完全是一种自我牺牲。到了双鸭山，洗洗涮涮地忙个不停，并笑着说：“我这也是为社会主义作贡献么！腾出你们俩一心一意地工作。多出煤、出好煤，对不对？”94岁的妈妈为了煤炭事业最后在双鸭山去世。陆强麟不仅自己扎根边疆，还让全家人放弃上海优越的生活条件，无私奉献给冰天雪地的东北边疆，令人佩服至极。

呕心沥血，创造佳绩。他刚去双鸭山时，全局煤产量仅为200万吨。1981年陆强麟任矿务局的总工程师后，使双鸭山矿务局的综采技术、支护改革在全国名列前茅，工作成就令人佩服。1989年，双鸭山新区东荣二矿投产，该矿位于三江平原松花江下游，第四纪含水砂层厚65~350米，用冻结法建井，新区最终保有储量14.2亿吨，连同老区合计23亿吨，可谓底气十足。陆强麟在新区发展上的贡献有口皆碑。也正是那一年，他终于实现了使双鸭山矿务局成为千万吨局的宏伟目标。陆强麟是第五届全国人大代表，享受国务院政府特殊津贴，教授级高工。他主持的双鸭山矿务局的多项科研成果受到能源部、东煤公司的奖励数不胜数！

高风亮节，无私奉献，两袖清风。有一年，国家要评一位扎根边疆的全国劳动模范，这关系涨工资、提拔和退休后的待遇等。领导说：“强麟当之无愧”。陆强麟却推辞说：“咱们都是领导班子的，没说的，应在基层评一名南方知识分子。”最后在基层评了一名南方人，他让出全国劳模之举何等高风亮节。陆强麟当时退休金仅790元，但他在工资六七百元时就资助6名贫困大中专学生。他一生总是把好处让给别人、困难留给自己。他曾兼职担任双鸭山工学院院长、教授、科协技术委员会主任，本是兼职，他却付出无数个昼夜，亲自讲课，为的是培养科技人才。他四世同堂，却从来没想过换换房子，还是30年前的老式房子，木制窗、涂料墙、陶瓷的大水缸，四代人居住在一起，却仍能和睦相处。后被评为“模范家庭”，说明他的家风何等的好。

他的一生是辉煌的一生、伟大的一生、光荣的一生。他呕心沥血，谱写了一部光和热的壮烈人生。2008年，陆强麟因突发心脏病去世。在告别大厅的遗像边上挂着挽联：“歌才颂德令群山流泪，呕心沥血创煤城佳绩。”陆强麟身盖党旗，安详！庄严！他的遗体在透明棺里发射出五彩斑斓耀眼的光芒。排着长龙的告别队伍，由双鸭山市政府的领导领头，一一向遗体敬礼告别。东北大学培育了他，并将他撒在东北煤田冰山脚下，他以顽强的意念扎根，开了花又结了硕果，用他那丰功伟绩回报母校。母校和“54煤”的全体将为这粒种子而感到光荣和骄傲。

57. 陈可清

陈可清（1930—），女，浙江杭州人。她与王友佳夫妇俩同心协力、无怨无悔，为中国煤炭工业献身一辈子。陈可清毕业后被分配到鹤岗矿务局南山五井，担任水沙充填采煤和掘进技术员。五井刚开始搞水沙充填，最容易发生的故障是水沙堵塞充填管路和工作面沙门子跑沙子，她从技术上研究合理的水沙比和充填倍线。该井的水沙充填系统不完善，冬天沙子会冻成大块，堵塞沙篦子与出沙口，她就和工人一起砸冻块，同时完善了水沙充填系统。1956—1958年，陈可清在新一矿四采区任采煤技术员，开采的煤层是近20米的特厚煤层。那时采用的是苏联设计的水沙充填上行分层开采法，因煤层松软，采煤和充填时多次发生煤顶板冒顶。矿总工程师于兴隆提出水沙充填下行分层开采，在铺

陈可清（左）、王友佳夫妇

设木板假顶上再充填，解决了煤顶板冒落问题，获得煤炭工业部的奖励。她也参与了此次革新。但又产生了新的技术问题，开采下几个分层时，其顶板上是充填的沙子，重量都加在木板上，越往下分层开采，顶板承重就越大。有一次，五采区一个工作面突然顶板来压，老工人有经验，连忙组织人员撤离，整个工作面全部冒落，避免了一次大事故，此事故令她刻骨铭心。

陈可清在鹤岗矿务局共计工作 19 年，其中在井口（采区）4 年、矿生产科 8 年、矿务局处室 7 年。她在基层煤矿工作 12 年，这在鹤岗女技术员和“54 煤”女同学中是最长的。作为女同学，长期战斗在如此艰苦卓绝的环境中，实乃了不起的女中豪杰，理应载入史册。特别可贵的是，她坚持在煤矿一线工作，先后将两个子女托付给老家的父母抚育，一心一意为东北煤矿事业作贡献。未能陪伴孩子，也是他们夫妻二人的一个遗憾。

1986 年，陈可清加入中国共产党。1987 年晋升为教授级高级工程师。1988 年办理退休手续后，返聘到东煤公司技术咨询委员会任主任工程师，直至 1991 年完全退休。

她与王友佳在如此危险的行业中闯出一片天地，其中的辛酸苦辣可想而知。他们实现了自己“初心”，即热爱祖国，热爱事业，积极工作，敢于担当。

2017 年，他们分别是 85 和 87 岁，这一年也是他们俩的钻石婚。他们对余生只求健康，能自理，决定万一患上治疗无望的大病，不动大手术，不插各种管子，有尊严地离去，死后不建墓，将骨灰撒在大海或大地。如此高风亮节，令人钦佩至极。

58. 陈华汉

陈华汉

陈华汉（1931—），男，浙江诸暨人。1949 年从浙江绍兴中学高中毕业。1949 年 10 月 25 日在绍兴中学加入中国共产主义青年团。1950 年 4 月考入东北工学院抚顺分院机械系，后响应号召转入采矿系。1953 年 1 月 14 日加入中国共产党。

毕业后被分配到黑龙江省双鸭山矿务局岭西竖井煤矿。1954—1971 年在岭西竖井煤矿工作，一路艰辛，由基层采煤区技术员、副区长开始，后转入计划科、生产科任副科长，1966 年任矿副总工程师。1971—1980 年在矿务局任计划处副处长。1981 年 2 月调离双鸭山局至安徽煤矿设计院（后改为煤炭工业部合肥设计研究院），历任生产管理室主任、计划经营处处长、计财处处长等职。1986 年被评为高级工程师。计划经营处与合作方联系多、交流忙，他都能融洽相处，获得各处、室级领导好评。1990 年退休后又返聘两年。

他爱好书法，颇有功底，现定居合肥养老。他是遗体捐献国家作医学试验和教学之用的志愿者，是移风易俗、利国利民的精神代表。他把对煤的感情充分表达在自己的诗中：

你是谁?

你是谁？我，我无名无姓。
你叫什么？别人叫我“煤”“石头”。
你在哪里？我曾在地下、井下，现在在共和国基础的底层。
在祖国的怀抱里，在祖国的春天里。
你是什么颜色？黑色，乌金。
你去哪里了？坐火车，进电厂，去了千家万户。
你干了什么？燃烧，发光，发电，炼钢。
为人们带来光明，送去温暖。为工业垫托动力。
你又去哪儿了？被烧成灰，直上重九！

59. 陈昌曙

陈昌曙（1932—2011），男，湖南常德人，哲学家，中国技术哲学研究的奠基人之一。1950 年毕业于苏州中学。同年考入东北工学院电机系，后响应国家的号召转入采矿系。1954 年被选派到中国人民大学马列主义研究班学习，1956 年毕业。1985 年晋升为教授，获辽宁省以及沈阳市优秀教师称号。1986 年晋升为科学技术哲学专业博士生导师，被评为全国冶金教育先进工作者。1991 年起享受国务院政府特殊津贴。历任东北大学马列主义教研室主任、技术与社会研究所所长、研究生院副院长，国务院学位委员会哲学学科评议组成员（第二、三、四届），

陈昌曙

教育部马克思主义理论课教学指导委员会委员，中国自然辩证法研究会副理事长及技术哲学专业委员会主任，清华大学、大连理工大学兼职教授，中共辽宁省委和省政府咨询委员，沈阳市哲学社会科学联合会副主席。

（以下内容由陈昌曙学生、东北大学陈凡教授提供）

陈昌曙出生于上海，父亲陈华松是一名很有才华的电气工程师，20 世纪 20 年代毕业于上海交通大学电气工程系，曾为天津的工业电网建设作出重要贡献。母亲吕宜菅是苏州人，毕业于上海著名的教会学校裨文女中。1946 年，陈华松不幸突患肝癌英年早逝，天津工商界鉴于他的突出贡献，为他的遗孤捐赠了一笔生活费用，但因为时值通货膨胀，这笔钱很快贬值。父亲去世后，母子在天津无亲无靠，遂投奔到母亲的苏州老家，当时陈昌曙只有 14 岁，是家里的长子，下面还有两个弟弟（一个 5 岁、一个 1 岁）和母亲腹中的遗腹子。因为无力抚养，这个遗腹子刚生下来，母亲就让作为长子的陈昌曙将她送到苏州育婴堂的大抽屉中，除了知道是个女孩外，没有留下任何标记，这成为陈昌曙和他母亲的终身遗憾。

父亲在世时重视对陈昌曙的早期智力开发和电气技能等培养，少年时期的陈昌曙就表现出超常的技术天赋，组装收音机是他一直以来的爱好，从矿石式、电子管式到晶体管、半导体式，直到改革开放前，他家里都是用自己组装的收音机，这也许是他后来出于对技术的兴趣，从哲学角度研究技术的重要原因。除了天生喜欢与技术打交道，陈昌曙还酷爱音乐，吹奏口琴达到相当高的水平，能模拟小提琴等乐器。通过口琴吹奏更爱上古典音乐，成为学校歌咏团的活跃成员。由于他辨音能力好，常担任合唱团的指挥。

1950 年春，东北工业大学（后更名为东北工学院）在江南抢先招考应届高中毕业生。陈昌曙继承父辈的遗志，考取电机系，告别母亲和弟弟到了东北的煤都抚顺，而后又响应国家号召，舍弃他酷爱的电气技术转入“54 煤”。

大学期间，他酷爱自己的专业，但也表现出很高的哲学素养。大学二年级，他自学了恩格斯的《自然辩证法》，并结合物理学学习撰写了《恩格斯与物理》一文，得到当时院长的好评。他爱思考，也很爱和同学辩论，从不人云亦云。遗憾的是，大学三年级的时候，由于家里已经没有任何生活来源，为了供养母亲和两个弟弟，他不得不申请退学，提前工作，离开自己喜欢的工程技术专业。学校考虑他的情况安排他在马列主义教研室任办事员，从此，陈昌曙与哲学，确切地说与马克思主义哲学，结下了不解之缘。

当时，任东北工学院副院长的郝屏奋讲授马列主义理论课，他发现了陈昌曙的天分，选他做自己的助教，这给了陈昌曙一个施展才华的机会。陈昌曙有着极强的记忆力，又勤奋刻苦，几乎可以将《联共（布）党史》及毛泽东的《实践论》《矛盾论》中的经典语句随时背出。由于工作出色，1953 年他光荣地加入中国共产党。1954 年，学校选派他到中国人民大学马列主义研究班学习。

到中国人民大学马列主义研究班学习，是他哲学研究的真正开始。在此期间，他有幸成为中国著名哲学家肖前教授的学生，其哲学才华逐渐展露。1955—1957 年，陈昌曙在《哲学研究》发表《关于唯物辩证法的两对范畴》《唯物辩证法的范畴——本质与现象》《唯物辩证法的范畴——形式与内容》等文章，出版了《唯物辩证法的主要范畴》和《唯物辩证法的范畴——必然性和偶然性》两部著作。

1956 年，陈昌曙从中国人民大学研究班毕业。为了报效母校，他主动放弃了留在中国人民大学等单位工作的机会，回到沈阳。同年与他在采矿系的同班同学罗茜结婚。

在特殊年代，他没有办法继续自己的哲学研究，就拾起了旧时的爱好，重新迷上了技术。在劳动中，他干一行、爱一行、钻研一行。在水泥厂时，他对那里的磨矿技术做了许多研究；在自控系拖动实验室当采购员时，他能记住几百种电子元件、组装出控制器，陈昌曙对电气技术的了解和掌握令实验室的同事既吃惊又佩服。

1978 年，中国的知识分子迎来了自己的春天，陈昌曙也和千千万万的中国知识分子一样满怀着热情迎接这来之不易的科学的春天。陈昌曙参加了由邓小平主持的全国科学大会，备受“科学技术是第一生产力”思想的鼓舞。就是从这个时候起，他除了继续进行认识论和科学方法论的研究，也开始思考技术哲学的一些理论问题。

1982 年，陈昌曙开始为中国技术哲学学科的建制化发展作准备。这一年，他所在的东北工学院开始招收自然辩证法专业硕士研究生，1984 年首批自然辩证法硕士研究生毕业。1985 年，在他的努力下，《工程师论坛》杂志创刊，1988 年更名为《中国工程师》。1986 年，陈昌曙被聘为国务院学位委员会第二届学科评议组成员（后被续聘为第三、第四届成员）。

1986 年，国家教委批准东北工学院成立研究生院，陈昌曙担任研究生院的副院长，他以极大的热情投入到建立研究生院的工作中。在此期间，他广泛了解从采矿到电子、从化工到自控各系的专业特点，接触了各系的教授、教师，仔细考察大家的研究工作、项目、研究过程和成果等，深化了对工程技术学科的认识及对工程技术人员的思维方法和研究方法的理解，为他从事技术哲学的研究奠定了更坚实的基础。

1992 年，陈昌曙突发脑血栓。初步痊愈后，他辞去了研究生院副院长的工作，把精力投入到学科建设和研究生培养上。在此期间，陈昌曙带领他的学术团队开始致力于中国的技术哲学学科建设，其理论探索从日本技术论的研究开始，进而提出人工自然理论；辨析科学与技术的差异；探讨技术本质、技术体系结构；关注东北老工业基地技术改造中的技术哲学和社会学问题；开创技术创新研究的哲学思考；构筑技术哲学研究纲领，确立技术哲学研究的基本问题；阐述可持续发展视域中的技术，逐渐形成了技术哲学研究的“东北学派”，还为中国技术哲学研究培养了大量的专业人才。陈昌曙为中国技术哲学研究的兴起与发展作出了巨大贡献。

2002 年，陈昌曙从工作岗位上退下来。退休后，尽管身体每况愈下，但陈昌曙始终没有放弃自己钟爱的哲学研究。2005 年主持翻译的《技术史》出版。2009 年又出版了《通俗哲学简编》，这部著作 2011 年在中共中央宣传部、新闻出版总署组织开展的“第三届优秀通俗理论读物”评选中，经过网上投票和专家论证，被评选为优秀通俗理论读物。

《20 世纪中国知名科学家学术成就概览・哲学卷・第三分册》中记载，陈昌曙的主要学术成就包括：（1）开创工程传统的中国技术哲学研究方向；（2）通过技术哲学研究促进当代中国科学与技术的协调发展；（3）建构有中国特色的“人工自然”的理论；（4）提出引导中国技术哲学发展的基本问题。

60. 陈惠芬

陈惠芬（1931—），女，上海人，高级工程师。她是一名优秀的煤矿设计师。她的足迹踏遍大江南北，先后转战煤炭工业部沈阳设计研究院、煤炭工业部基建司设计处（借调）、西南设计突击队（临时组织）、甘肃省兰州煤矿设计研究院、安徽省合肥煤矿设计院、煤炭工业部合肥设计研究院等。自1956年起从事设计工作到1991年初，共计36年（其中退休后返聘3年）。哪里有困难，哪里就点名请她去解决。她参加了中国东南西北大小不一的煤矿设计。她的丰富经验令同行无不佩服。

陈惠芬

陈惠芬是一个性格开朗、乐观大度的女性。而当年，令陈惠芬非常遗憾的是毕业分配竟然是到国家计委燃料分配局煤炭处，而不是煤炭生产现场，她是那么羡慕分配到现场的同学啊！

1956年调入煤炭工业部沈阳设计研究院。由于勤奋又能干，4年后她已经对煤矿设计从生疏到能独当一面，从组员到组长，再到设计院的设计审查者。1960年晋升为工程师，同年又喜得女儿。

1963年，陈惠芬被借调到煤炭工业部基建司设计处，很受处长和老工程师的欢迎和喜爱。虽然最终未能调入，但是她非常珍惜这一机会，在此期间，她阅读了大量的设计文件、资料，聆听了老工程师处理技术问题的意见，熟悉了全国煤田情况，利用这难得的机会充实自己。

1964年，在开发大西南贵州六盘水煤田时，设计队长点名要陈惠芬参加。原计划是180万吨，陈惠芬他们从地质资源入手，经过详细、认真的勘察、计算，提出井型只能是60万吨，差距很大。最终她说服指挥部，按60万吨设计，为国家节省了投资。后来的开采过程证明她是对的，实际上资源已经开始枯竭，60万吨都很难完成。同年回到沈阳设计研究院不久，就参加了西南设计突击队，具体是六盘水区的盘县月亮田矿井。由于是突击队，必然是没完没了地加班，设计完就施工，就要保施工。

1969年，陈惠芬到了甘肃省兰州煤矿设计研究院。1970至1981年，兰州煤矿设计研究院承担开发华亭大煤田、平凉和庆阳地区小煤矿改建的任务，成立了华亭设计分队。华亭队住在城关镇，而它的下面就有煤炭，因此踏勘、规划、设计、开发和矿局、地质、施工等单位联系很方便、很顺利。

1974 年，陈惠芬被评为“甘肃省三八红旗手”。

1978 年，陈惠芬调到安徽省合肥煤矿设计院，被分配到总工程师室，能干的陈惠芬成为淮南某矿项目主任工程师。

1979 年，煤炭工业部成立 11 个审查组，审查没有审批的设计。陈惠芬被兰州院推荐为审查者，负责审查武汉院的设计。她建议将中央式通风系统改为分区通风，既可以缩小进风断面，又可以减少投资和生产成本，还可以多头施工，提前投产。武汉院接受建议，但却推脱说：分区通风量一时难以计算。于是，陈惠芬在没有计算机的情况下，加班给他们计算出来，令同行心服口服。参加这次审查会的老同志说她“活做得漂亮”。

1983 年陈惠芬被评为安徽省三八红旗手。

1984 年，安徽省合肥煤矿设计院改为煤炭工业部合肥设计研究院时陈惠芬被任命为第一副总工程师。此时陈惠芬已经 53 岁，却立刻承担起技术复杂的谢家集、李埋子深部煤田（-860 米至 -1100 米）开发项目，这是陈惠芬设计生涯中做得最艰苦的一个设计项目。虽然已经有丰富的设计经验，但是认真负责的陈惠芬面对开采深部的特点，提出三大要攻克的难题：（1）深部矿山压力和支护；（2）瓦斯预测、抽放与利用；（3）低温预测面与降温措施。面对这些新课题，只有走出去，虚心向现场、科研单位学习。总工程师同意陈惠芬的意见，出发前写出调查提纲，经过陈惠芬的审查修改后执行。

陈惠芬从事煤矿设计 40 余年，积累了丰富、宝贵的体会和经验；她参加了设计的全过程，而且是多个不同类型矿山的设计的全过程；她愿意多接近有丰富经验的老工程师，因为她深知老工程师的许多经验是自己所不具备的。

要后继有人，后期与她接触的年轻人遇到技术问题，她必定认真地告诉他们解决方法，如果她也不太清楚，她必定和大家一起查找资料。后来，她带了一个年轻的徒弟，相处了 9 年，这个徒弟最后以副总工程师退休。

陈惠芬为人诚恳、直爽，乐于帮助年轻人成长，在合肥设计研究院口碑较佳。她为我国煤炭工业大发展作出的贡献是值得我们赞扬的。

61. 邵润荪

邵润荪（右）夫妇

邵润荪（1930—2005），男，江苏苏州人。黑龙江矿业学院教授，为矿业培养人才一辈子，多少学生在他的教育下成为优秀的矿业人才。一个苏州人，自小感受和喜爱江南的优越环境，却不辞辛苦，终生扎根在祖国最北的黑龙江鸡西。试问，你有这样的决心和毅力吗？一个人艰苦奋斗一天并不难，难的是一辈子艰苦奋斗呀！而邵润荪就做到了这一点。

62. 林韵梅

林韵梅（1933—2020），女，上海人，1952 年加入中国共产党。东北大学教授，东北大学第一名女性博士生导师，我国著名岩石力学专家，将岩石力学学科引入中国的第一人，“围岩稳定性的动态分级法”的开创者，世界第一个工程岩体分级强制性国家标准的制定者之一。

林韵梅毕业后留校任教，先后在东北工学院采矿系井巷教研室和岩石力学教研室工作，历任助教、讲师、副教授和教授。1960 年获全国三八红旗手称号。1985 年任博士生导师，享受国务院政府特殊津贴。1998 年 12 月光荣退休。

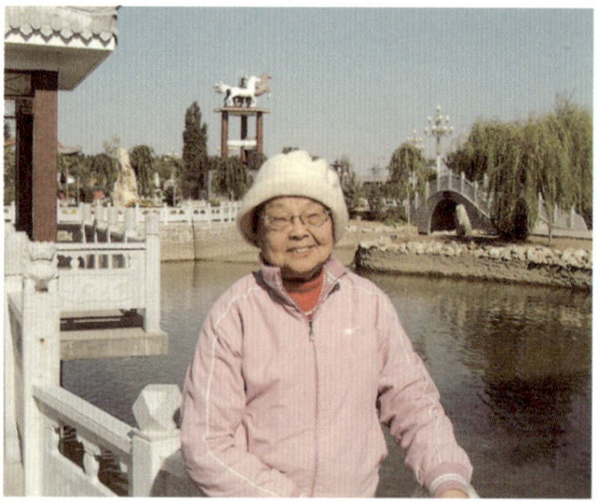

林韵梅

林韵梅曾担任中国岩石力学与工程学会常务理事、中国岩石力学与工程学会东北分会（今中国岩石力学与工程学会寒区岩土力学与工程分会）理事长、中国岩石力学与工程学会教育工作委员会副主任委员、中国金属学会岩石力学学术委员会副主任委员、上海工业大学（今上海大学）土木工程系兼职教授等。

林韵梅毕生从事岩石力学和矿山岩体力学的教学和科研工作，是我国“围岩稳定性的动态分级法”的创立者。她将岩石分类工作由经验提升到以数学分析为基础的高度，使我国这方面研究处于国际领先地位。她主持完成了十几项科研项目，出版、编著中外文专著、教材等23部，发表论文70多篇。其中，主编的《地压讲座》《实验岩石力学》《岩石分级的理论与实践》《数值分类方法及其在岩石力学中的应用》在国内外影响深远。她还发表了我国第一篇关于深部岩体力学研究的论文，这些都为现在的金属矿开采地压控制、实验岩石力学、智能岩石力学、智能采矿、智能深部工程等的深入研究发挥了重要作用。

林韵梅热爱祖国，不仅致力于学科研究，还笃爱教育，治学严谨，教书育人，培养了许多优秀的矿业人才，桃李满天下，在国内岩石力学界有很大的影响力。她共招收25名博士研究生和硕士研究生，其中13人成为教授，包括2人当选院士（中国工程院院士冯夏庭、美国工程院院士张东晓），一半以上的研究生成才，这与她渊博的知识、国际视野、指导有方和热爱学生是分不开的。

1998年，65岁的林韵梅从奋斗了几十年的教学科研岗位上退了下来，但对岩石力学学科的热爱，吸引她又开辟出第二条战线，继续为采矿学科奋斗。2002年和2009年，林韵梅凭借着自己在国际岩石力学领域的影响力，在沈阳和三亚两地两次主持召开岩石力学国际会议，吸引了众多世界一流的专家学者参会。两次会议在国际舞台上充分展示了我国在岩石力学领域所取得的卓越成就，也与国际岩石力学界实现了良好对接。两次会议分别出版了一本英文专著，在世界岩石力学的舞台上发出了中国声音、体现了中国力量。

2002年参加第二届国际岩石力学与工程新进展学术交流会议

为了帮助不会拼音打字的老年人学会使用计算机，林韵梅研究发明了188汉字输入法，并在离退休中心传授输入法的使用，深受老年人的喜爱。林韵梅还把188输入法上传到网络共享使用，让更多的老年人免费学习。

林韵梅于2020年3月17日11时30分因病医治无效在沈阳逝世，享年88岁。林韵梅教授的一生，是为我国岩石力学教育发展呕心沥血的一生。在50多年的教育生涯中，长期工作在教学、科研第一线，勤勤恳恳，恪尽职守。她对待青年教师倾力扶持，曾带领3名年轻教师历经8个昼夜乘火车穿越俄罗斯、芬兰到瑞典进行岩体分级研究合作交流。她对本科生、硕士生和博士生，在思想上、学业上和生活上，给予了无微不至的关怀和引导。她用高尚的品德、坚强的人生观、严谨的治学态度、渊博的思想和呕心沥血的辛勤耕耘，以及丰厚的学术成果，为国家、为东北大学培养了大量的杰出人才，作出了重要的贡献，深受同行及学生的景仰和爱戴。

林韵梅教授的逝世是东北大学和岩石力学界的重大损失，我们要传承林韵梅教授的精神，为东北大学岩石力学学科的进一步发展而不懈奋斗！

63. 金庆福

金庆福（右）夫妇

金庆福（1930—2015），男，辽宁铁岭人。1949年9月参加革命工作，后考入抚顺矿山工业专门学校。1954年毕业后先被分配到国家计划委员会，后调到国家建委建筑经济局，任技术员。1957—1980年先后任汾西矿务局技术员、科长、代处长，其间完成了南关矿紫金沟矿井的技术改造。1980—1990年任古交指挥部施工处主任工程师，并担任西曲矿、马兰矿投产主任。曾赴日本为西山矿务局古交的西曲矿引进设备。因他总结的“S-100型掘进机”使用中存在的7个问题，而令日本三井三池不得不通过改革提供新的“S-100I型掘进机”，最后月进成巷达300米以上。

金庆福一辈子献身煤炭工业，此举乃他最得意之作。他一生为两对矿井的建成和顺利投产倾注了大量心血，并为此延迟 1 年退休。

金庆福同志一生爱党、爱国，忠诚煤炭事业。1986 年 3 月加入中国共产党，任高级矿建工程师。他精通俄文，曾翻译并出版了 7.8 万余字的《苏联矿建 – 露天矿剥离工程手册》。无论在什么岗位上他都一丝不苟地完成工作，是一名难得的煤炭开采与建设的技术专家。多次被汾西矿务局、西山矿务局评为先进工作者、劳动模范等。他为山西矿山建设作出的杰出贡献必将载入当地史册。

64. 周有为

周有为（？—2010），男，毕业后先在燃料工业部工作，后献身江西省煤矿与教育事业，为我国培养了众多人才。在江西时，一人同时上过六个年级的课，退休后定居苏州。周有为是个乐天派，诙谐幽默、谈笑风生。他参加同学聚会次数太少，胡又珠与他同游苏州时才发现他是个人才。拍照时，他紧说“慢点、慢点”，但说时迟、那时快，他迅速从袋里摸出一副没有玻璃的眼镜戴上再照，省得留下两个镜片反射白点。这一举动惹得大家捧腹大笑。

周有为（左）夫妇

周有为长期患病，据他自己说，可能是过去工作期间接触含放射性矿物带来的病。2010 年 4 月 5 日周有为入睡后，永远地离开了人世。

65. 周志钦

周志钦（1931—2010），男，江苏常州武进人。毕业后被分配到辽源矿务局西安矿，先后任西安矿技术员、工程师、副总工程师。1979 年调到辽源矿务局，先后任地测处、计划处、生产技术处的副处长、处长。1982 年晋升为高级工程师。1983—1987 年任矿务局副总工程师，分管基本建设和生产技术，外号“活地质”。1988—1992 年任辽源矿务局总工程师。

辽源矿区是一老矿区，煤炭储量枯竭，西安竖井已基本采完。20 世纪 70

年代建设的梅河矿区，地质构造复杂，煤田上覆盖有较厚的含水砂层，找煤与安全开采成为当时辽源矿务局发展的主要难题。周志钦一是从地质资料入手，寻找过去伪满时期斜井区遗留的煤层和残煤，以求延长开采年限；二是改造西安竖井，在无煤区，解放原来井筒工业广场和建筑物的煤柱。以上两项工作增加的资源，让西安矿延长了多年的开采寿命。

周志钦

梅河三井由于上覆较厚的含水砂层，投产时采用最落后的采煤方法——急倾斜水平分层下行水砂充填。周志钦通过对疏干时砂层水位变化的细心观察，大胆提出试验分层假顶全部陷落，取得成功。在此基础上，从1987年开始，他积极支持综采放顶煤试验，并采取了防止透水、地表塌陷等安全措施。1988年2月，第一个综采放顶煤工作面推进时，遇到上覆含水砂层残存水位超过5米的问题，按规定该工作面必须停产，当时意见不统一。东煤公司派王友佳等5人去处理。周志钦在汇报会上，拿出大量有说服力的数据，说明残存水位虽高，但残存水量很少，按水下开采规定计算，仍符合开采规定。在制订了7条严密措施后，多数人同意继续开采。经过2个月的推进，安全地通过了含水砂层。这件事对辽源矿务局和东煤公司震动很大，大大促进了东煤公司范围内综采放顶煤开采方法的发展。

东煤公司成立前，辽源矿务局煤炭产量300多万吨，到1992年已超过500万吨。可是梅河矿1987年以前，一直没有达到174万吨的设计能力。1988年使用综采放顶煤开采方法后，当年就超过设计能力，逐年上升到300多万吨，创全国大倾角特厚煤层水平分层综采放顶煤开采方法单产的纪录，获煤炭工业部科技进步奖。他因而荣获吉林省的省、市劳动模范，被选为吉林省第六、第七届人大代表，辽源市第二、三届人大代表，辽源市侨联副主席。他的“梅河三井零阶段防水煤柱开采技术研究”获能源部二等奖。1989—1992年主持的5项科研项目分别获东煤公司特等奖、一等奖等荣誉。

周志钦退休后仍老骥伏枥。1992年退休后被聘为矿务局咨询委员会副主任，在工资仅600元并因矿山亏损而停发他的工资的情况下到处奔波，帮助衰老的辽源矿务局搞转产并扭亏为盈。为了能让工人有温饱的生活，他像舞台上的演员一样，什么角色都“演”，什么行业都碰。他真正做到了“鞠躬尽瘁，死而后已”。据他自己粗略统计，从1954年开始，他下井天数合计4830天，相当于13.2年是在井下度过的；参加抢救各种伤亡事故150多次。

他对同学的关爱无处不在。逢年过节不忘给老同学发贺卡。在2009年8月9日给老同学的信中说：“受大人的影响，要求我一生都做好人，因此我对我孙子只要求好好做人，一生不能做坏事，要真诚对人！”这确实是对他最贴切的写照！

66. 周国咏

周国咏

周国咏（1932—2010），男，广东中山人。1958年8月毕业于东北工学院通风硕士研究生班，被分配到东北工学院通风教研室任教。后工作于冶金工业部沈阳矿山研究所、冶金工业部马鞍山矿山研究院情报室、冶金工业部《金属矿山》编辑部等。长期从事矿井通风安全技术及技术刊物的编辑工作，1993年退休，教授级高工。曾获劳动模范、先进工作者、优秀党员等荣誉称号。他是一位认真学习、关心集体、乐于助人、努力为同学服务的编辑。

他是有原则、负责任、有主见的人，又是一个朴素、谦虚、作风踏实的人。他在工作上精益求精，一贯出色。研究生毕业后，他在通风教研室和程厉生一起研制成功我国第一台用电子管的通风网路模拟计算机。当时填补了国内空白，使东北工学院通风教研室在国内这一领域处于领先地位。在《金属矿山》杂志担任副主编，一干就是20多年。呕心沥血，团结编辑部全体编辑把杂志办成国家一级刊物，成为金属矿山技术传播的重要阵地。在工作中，他始终保持优良作风，严于律己，从不计较个人待遇，总是把好处让给别人，深得同事的敬重。

周国咏早年有肺病，身体一直较弱。他在20世纪70年代切去一叶肺，由于一叶肺担负两叶肺的工作，不得不超负荷运行，以保证充分供氧。长期超负荷运行，使肺和肺细胞逐渐丧失了舒张收缩的能力。每年入夏，为不致胸闷气塞，家里空调基本不停。当年肺叶切除时，医生说他只能再活10多年，但由于他注意自我保护，特别是得益于夫人徐万强与家人的精心照料，打破了医生的预言，周国咏在术后幸福地生活了30多年。周国咏临终前十分安详，拉着夫人徐万强的手，表示自己没有遗憾，要求死后不要花钱墓葬，骨灰撒入长江中。千叮嘱，万叮嘱，情深意切。

67. 周道二

周道二

周道二（1930—1986），男，江苏常州人。周道二和王友佳一同被分配到鹤岗矿务局兴山矿。他先是在二井工作，1955年与王友佳对调到兴山三井工作。他工作积极、性格开朗、待人热情，很快得到矿务局总工程师的赏识，1957年调到矿务局生产技术处任职。1957年，他在家乡的爱人到鹤岗矿务局探亲，矿务局分配给他一套带暖气的公寓。次年春，他爱人回去办理调转工作手续，他主动把公寓借给王友佳夫妇住。

他一直干到1974年，矿务局领导才同意他调往江苏省大屯矿务局。1985年，王友佳去南京开会，汤士尧告诉王友佳："周道二得了脑瘤，在上海手术。"王友佳赶到上海医院探病，见到周道二已经动完手术。周道二说："我现在眼睛已能看见东西了，不久我就可以重新工作。"没料到一年后的1986年，他就去世了。周道二也是一辈子献身给煤炭事业的优秀战士。

郑义生

68. 郑义生

郑义生（1929—），男，浙江宁波人，中共党员。毕业后被分配到黑龙江双鸭山矿务局，曾在岭西竖井矿、岭西矿、四方台矿、双鸭山矿务局等处任职，历任技术员、工程师、主管工程师。1973 年 8 月—1983 年 12 月，在浙江省湖州市（吴兴县）矿务局、燃化局任总工程师。1984 年 1 月起任浙江省湖州市计划经济委员会技改处处长。此外，他还担任了 1960 年中国人民政治协商会议黑龙江双鸭山市委员会委员，1981、1982、1988 年中国人民政治协商会议浙江省湖州市委员会委员。

69. 郑马克

郑马克

郑马克（1929—2012），男，四川营山人。母亲是比利时人，郑马克父亲是在留法时与他母亲（画家）相爱结婚的，不幸的是他母亲留下郑马克和他的两个弟弟后回了欧洲。郑马克毕业后被分配到淮南煤矿学校当教师。

1960 年，煤矿系统院校调整，淮南煤矿学校和济南煤矿学校合并，建立了山东矿业学院。此后，郑马克一直在山东矿业学院当教师。郑马克在教学上深受学生欢迎，他有很好的口才，讲问题时娓娓动听。他又拥有母亲遗传的绘画天赋，善于用图来表达复杂的立体概念，令人信服。因此，郑马克的教学获得多方好评，并晋升为山东矿业学院教授。

退休后，曾受聘规划和指导安徽涡阳老子纪念馆的建设，充分发挥了他的艺术特长。他有数百张古典音乐光碟，欣赏音乐特别是交响曲是他最大的享受。郑马克的晚年还是幸福的。2011 年 5 月中旬发现患前列腺癌，得病后，郑马克心态坦然，从容应对。直至 2012 年 2 月 22 日病重住院，经抢救无效逝世。

送马克

好友宋嵘、梅姐作

你走了，马克。带着微笑，带着亲友无限的思念。你八十四年的人生年华，给予亲友多少欢乐，多少爱！春光里，天使展开洁白翅膀，来迎接你。她要带你，到姥姥的故国家园，去寻找妈妈的慈祥、疼爱。她要带你去天国，去寻找归宿，去和久别的亲朋好友相聚。你走了，马克，给我们留下微笑，留下无尽的思念。

70. 郑雨天

郑雨天（左）、宋琳夫妇

郑雨天（1932—2019），男，河南罗山人。毕业后留在东北工学院任教。1987年任东北工学院教授。1993年任矿山工程力学博士点博士生导师，为研究生和本科生讲授岩石力学、岩石断裂和流变力学等课程，培养博士研究生和硕士研究生14名。在软岩巷道锚杆加固、测试技术和岩石断裂等方面颇有研究，为形成我国特色的软岩巷道支护理论体系和技术框架作出了贡献。参与“厚煤层机械化开采先进技术与安全”等科研项目，主编和合编《岩石力学的弹塑黏性理论基础》等著作11部，发表中英文论文约80篇。1993年起享受国务院政府特殊津贴。

郑雨天作为老班长不辞辛苦，把每一期《54煤通讯》及时送到每一名同学手中，还将60年前看不清的油印版第1、2期《54煤通讯》复原，令人佩服。退休后组织辽宁省老教授协会，任秘书长。组织“沈阳高校青松合唱艺术团”，任团长。该团曾多次登台演出，在沈阳市颇有声望。编成一本《英语合唱歌曲50首》，免费发放。

71. 屈钧

屈钧

屈钧（1930—1981），男，毕业后被分配到鹤岗矿务局东山矿二井，历任技术员、助理工程师、主任工程师。因工作勤奋和技术水平较高，三年后就担任该井的主任技术员，负责全面技术工作。东山矿二井是个产量很高、开采技术复杂的大矿井，年年超额完成生产指标而获奖，他也年年被评为先进生产者。他在二井呕心沥血地整整干了11年，但因长期在一线工作，过度劳累，患上了严重的胃病，但他仍坚持工作。后身体愈来愈差，这才不得不调到兴安矿、岭北矿去搞设计工作。

在兴安矿工作期间，工作条件仍很艰苦，每天路途往返要 4 个小时。居住条件仅有一间房子，不足 8 平方米，一家五口挤在一起长达 18 年。屈钧却毫无怨言，仍然坚持工作。1981 年，仅仅 51 岁的他与世长辞。屈钧的一生是完全奉献的一生，也是生活坎坷的一生，没有得到一点点人生的享受。他的一生都在煤矿基层，一生献给煤炭事业。他是一名默默无闻却忠贞不渝的煤炭战士。

72. 赵继忠

赵继忠

赵继忠（1931—2004），男，江苏徐州人。毕业后被分配到开滦矿务局总工程师室。由于虚心好学、勤奋刻苦，颇得老工程师的赏识与重用。20 世纪 70 年代，赵继忠去支援唐山市煤炭局，当时唐山市煤炭局刚成立，下属只有 3 个在建小矿。虽然工作辛苦劳累，可他心情愉快、干劲十足。第二年，3 个小矿投产，当年产煤 3.6 万吨。在此之前，市里因煤炭紧缺，市委书记经常要去开滦请求支援，但开滦能援助的超产煤也不多。次年，3 个小矿年产煤炭已达到 16 万吨。数年后，唐山市煤炭局的产量上升到百万吨以上。市委书记再也不用去开滦求援了。

1975 年，局党委组织部找他谈入党问题，组织部部长王化云和副部长刘宏宝专程去他的家乡徐州市进行历史情况调查，赵继忠的历史问题也终于得到解决。1979 年，他加入了中国共产党。由于他的卓越成绩，被委以重任，先后担任唐山市煤炭局局长、唐山煤炭公司总经理等职。他为唐山市的煤炭事业作出了很大贡献，退休时市委领导找他谈话，给他的评价是：“两袖清风，一身正气”。

退休后他贡献余热，继续为地方煤矿服务。赵继忠一生坎坷，曾遭遇 1976 年唐山大地震，劫后余生，历经磨难。晚年又长期受病痛折磨，瘫痪在床，苦不堪言。但他始终很乐观、很坚强。1983 年，唐山市煤炭局的原煤年产量已达到 600 万吨，唐山原煤紧缺现象得到彻底缓解和改善，赵继忠一辈子的付出终于得到了回报。

73. 胡人同

胡人同（右）、王静芝夫妇

胡人同（1929—2004），男，浙江永康人。他报考东北工学院有与其他同学不一样之处，他原是浙江省立宁波高级工业职业学校的毕业生，待分配。听了他长兄让他多学些文化的话，才放弃工作，报考了东北工学院。毕业后，他再三要求到最艰苦的地方去，就被分配到内蒙古。

当时，包头石拐煤田属气煤、肥煤、瘦煤都有的矿区，是炼焦的好原料产地，因低硫、低磷而出名，上级很重视。可当时的情况真是白手起家，工作环境非常差。先是无房可住，住的是帐篷，冬天最低气温零下三十六七摄氏度，只有一件东北工学院发放的棉衣，交通靠拉材料的卡车，吃水靠小毛驴车拉。上游下雨，山洪就会爆发，解放牌大卡车在河槽里翻跟头，半吨、一吨的大石头转眼就搬家，真乃“穷山恶水”。他却毫不在乎，一干就是 28 年。

1983 年，胡人同调入内蒙古煤炭工业局（现更名为内蒙古煤矿安全监察局），直至退休。退休后每年体检，各种指标都正常。2001 年夏秋之际，发现有放射性胸痛。2003 年 3 月开始高烧、咳嗽，确诊为 MDS（即骨髓增生异常综合征），后发展成浆细胞白血病。他患白血病后思维混乱，不能写字。在他还能说话时，就委托夫人和同学倪永义将他篆刻的“东北大学五四煤友谊长存”的印章交 54 煤。这枚印章虽经他努力，但终因手无力而未能完成“东北”二字，后由亲戚补刻“东北”二字。

胡人同的一生是默默无闻但又伟大的一生，他就像一块煤炭，在无声处奉献自己的一生。他无愧于党和人民的培养。

74. 胡又珠

胡又珠（左）、程逵夫妇

胡又珠（1930—），女，江苏武进人，江苏省镇江地区高级教师。毕业后被分配到吉林省辽源市中央竖井（后改为西安矿），担任技术员；1959—1964年，在吉林省辽源矿务局教育处（东北工学院函授部）工作；1964—1970年，在吉林省蛟河煤矿教育处（东北工学院蛟河函授站）工作；1970—1977年，在吉林省蛟河煤校任教；1977—1987年，在江苏省丹阳市第三中学（今江苏省丹阳中等专业学校）任教。

胡又珠在煤炭基层工作期间，多次被评为先进生产工作者。其中，1955年被评为团先进分子，参加了首届辽源市团代表大会。

胡又珠在中央竖井工作期间，这个超级瓦斯井从没有发生过瓦斯突出或瓦斯爆炸等事故，确保了中央竖井的安全生产。

1959年，东北工学院在辽源矿务局设立函授站，胡又珠从井下走上讲堂，主要从事基层技术人员的函授教育工作（学生大部分为中专毕业）。函授站的教学任务很重，主要讲授高等数学、流体力学、材料力学等基础课以及采煤工艺、通风安全等专业课。胡又珠通过自学、进修等成为任课教师，在这个过程中得到了学生的好评和爱戴，并且结交了一群好朋友。胡又珠的教学令学生的业务水平大大提高，培养了一批专业的高级人才（如原煤炭工业部生产司司长赵全福、太信矿总工程师陈国良等）。

1970年，胡又珠在蛟河煤校从事中专教育工作，为国家培养了不少优秀的采煤人才（如通化矿务局副局长李建国、舒兰矿务局党委书记兼局长王宝财，珲春矿务局7位领导人中有6人是她班的毕业生）。

讲一则小故事：1954年7月28日，她兴冲冲地到辽源矿务局竖井筹备处报到，开始了真正的矿工经历。在富国三矿，先学放炮，多次训练，这才学会，能大摇大摆地最后一个离开掌子面，大有身经百战的勇士架势。转到太信一井，一星期上9个班是家常便饭。有一次上夜班，因无矿车接，爬了1000米过25度的绞车道，汗流了又流，疲惫不堪。凌晨4点不到，爬上井口时，东方已显鱼肚白了。此时，她忽然记起昨天是她的生日，多么值得纪念的生日啊！ 4个月的矿工生涯，令工人对胡班长佩服得五体投地，也为她后来的工作打下了坚实的基础。

1977年，胡又珠调到丹阳，蛟河煤校为她开欢送会，政治教研组组长赵松云老师赞曰："随党奔波急流中，骇涛翻滚显劲松。"

同学聚会时，同班同学周志钦感慨她一生的教育生涯，赋诗一首：

煤矿教育几十年，函授煤校授采煤。
青年恐惧煤矿业，师心母心育新人。
师生共同为矿业，桃李芬芳结硕果。
白山天池水长流，终身无悔报中华。

她爱好篮球、旅游。退休后，她在上海的家成为"54煤"的联络站，过往同学赞不绝口。

75. 胡介元

胡介元（左）夫妇

胡介元（1932—），男，上海人。毕业后被分配到鹤岗矿务局，后转战祖国的边疆地区20多年，培养了一批又一批煤矿专业技术人员。他从事煤矿设计与采矿机电工艺，热心为地方煤矿的机械化服务，为煤炭工业奉献了一生。

胡介元在黑龙江省工作11年，其中1954年8月—1956年7月，在鹤岗矿务局南山矿教育科与技术科任技术员，1956年8月—1962年7月，在鹤岗矿务局教育科任东北工学院函授站主任，1962年8月—1965年5月，在鹤岗矿务局生产技术处任技术员。

在陕西省工作 6 年，1965 年 6 月—1971 年 1 月，在西安煤矿设计院甘肃设计队工作。

在青海省工作 9 年，1971 年 1 月—1979 年 11 月，在青海煤矿设计院担任技术员。

之后，1979 年 12 月，在煤炭科学研究总院上海分院教育科任技术员与教师。1982 年 1 月，在上海分院掘进机械研究室任工程师。1984 年 5 月，在研究室下属煤炭工业地方煤矿采掘机械化技术服务公司任副经理、总工程师。1987 年 12 月评为高级工程师。1988 年 12 月，在上海分院掘进机械研究室地方处任高级工程师。退休后返聘，在上海分院掘进机械研究室地方处干到 1996 年 6 月。退休生活丰富多彩。

76. 胡福欧

胡福欧

胡福欧（1931— ），男，江苏灌云人。毕业后被分配到北京地质学院。1958 年调入安徽铜陵市 322 地质队，从事钻机工作 17 年，积累了丰富的经验。他搞金刚石钻进技术管理并推广绳索取心钻进，取得良好成果。1988 年成为 322 地质队第一批高级工程师。1991 年调入凹山工程办公室，主管凹山露天铁矿排水延深工程。退休后在上海某地质公司做了 2 年技术资料管理工作。定居上海市，安享晚年。

77. 俞国遗

俞国遗

俞国遗（1934— ），男，江苏常州人。毕业后被分配到北京地质学院探工系当助教，负责安全技术方面的教学。2 个月后，学校派他回母校东北工学院通风教研室进修安全技术。1957 年 12 月调至新疆地质局所属的野外队，先后在哈密、和田、乌苏、阿勒泰四个野外队任坑探技术员，积累了丰富的实战经验。1971 年 3 月调入常州市上黄煤矿。又于1979年调入江苏省太湖煤炭工业公司基建科，承担白泥场煤矿建设任务。白泥场煤矿投产后调入安监处工作，直到退休。1990年晋升为高级工程师。

78. 施能为

施能为

施能为（1930—），男，浙江武义人。1952年12月加入中国共产党。毕业后被分配到国家计划委员会工业设计局。1955年转入国家建设委员会燃料工业局。

1958年9月调到煤炭工业部天津煤炭工业管理局。1965年8月调到井陉矿务局，从事煤矿基层工作15年，当过煤矿井下工人、采煤工程师、生产科长、生产技术第一副处长。

1980年10月调到河北省煤炭工业厅，任副总工程师。1983年全面负责生产技术工作，历任河北省煤炭工业厅生产技术处处长、技术发展处处长等职。1984年8月受聘为河北省科学技术委员会顾问组顾问。1984—1985年，任第一、二届瓦斯地质专业委员会委员，并组织编制河北省各矿区瓦斯地质图。同时，担任河北省煤炭工程技术高级职务评审委员会委员，档案图书、技术情报、翻译出版高级职称评委会主任。

1988年8月受聘为东北工学院研究生院硕士学位研究生兼职指导教师。1988年11月被煤炭工业部评为教授级高级工程师。1988年3月入编浙江省武义县人物志《武义之骄》。

1990年10月任河北省煤炭工业技术委员会常务副主任，河北省矿井防治水联合开发中心总经理，石家庄防治水和水文工程知名专家。2000年1月入编国家人事部《中国专家大辞典》。退休后老有所乐，老有所爱，晚年幸福。

主要业绩：1970—1973年完成井陉矿务局四矿绵河下采煤矿井设计，并组织领导工程施工及砂砾石加压充填采煤法生产；1974年撰写绵河下超限开采理论计算经验总结，该文在《煤炭科学技术》杂志发表，该项目获1978年全国科学大会奖；1979年独立完成邢台临城矿区总体设计；1980—1988年在《煤炭科学技术》发表《井陉南关斜井的加压充填》《太行山东麓岩溶突水机理及带（水）压开采》等论文，并与山东矿业学院合作，从事采面底板破坏探测及防透水研究，1988 年 7 月经煤炭工业部科学研究院组织鉴定通过。

79. 姜子良

姜子良

姜子良（1929—2015），男，江苏南通人。毕业后被分配到双鸭山煤矿。1958 年，鹤岗矿务局成立勃力煤矿筹备处，开发七台河煤田。他在 1961 年被调到七台河煤矿，任七台河矿务局生产处工程师。2 年后回来，调入新建矿生产科。1978 年被提拔为新建矿总工程师。1981 年调到七台河矿务局生产处，任主任工程师。1990 年退休前历任七台河矿务局副总工程师、高级工程师，七台河市人大常委会副主任、政协副主席等职。任职期间，先后多次获得局、矿级先进工作者称号，并荣获东煤公司科学技术进步一等奖。

姜子良工作认真、踏实，富有创新精神。新建矿共有 6 对小型片盘斜井，煤层赋存条件好，但生产分散。想提高产量，却受制于提升、通风等系统能力太差。他提议对七台河矿务局分散的斜井群进行矿井集中改造，并亲自领导实施。矿井改造工程于 1982 年试生产，1983 年正式投产。全局由 19 对片盘井集中改造成 4 对皮带井与 1 对箕斗井。改造后，产量由 63 万吨提高到 150 万吨以上。全局年产量从 20 世纪 70 年代的 200 万吨到 1991 年突破 1000 万吨，进入千万吨大局行列。他为此作出了巨大贡献。

姜子良身体一直很好，是游泳健将。2015 年 5 月 11 日早饭后，他在去矿务局老干部活动室澡堂准备洗澡时，突然倒地不省人事，经抢救无效去世。医院确诊为心梗猝死，享年 85 周岁。

姜子良的一生，是爱岗敬业、甘于奉献的一生，是燃烧自己、温暖他人的一生。无论在哪个岗位上，他总是勤勤恳恳、兢兢业业、艰苦朴素、任劳任怨，赢得了各级领导和同事的爱戴。他的身上集中体现了煤矿工人特别能吃苦、特别能战斗、特别能奉献的优秀品质。虽然他离开了我们，但他的音容笑貌宛在，他的品德风范长存，永远值得我们铭记和怀念。他的辉煌业绩将永远载入七台河矿区的发展史册。

80. 洪允和

洪允和

洪允和（1932—），男，浙江瑞安人。毕业后被分配到北京矿业学院（后改名为中国矿业大学），历任采矿系采煤教研室助教、讲师、副教授、教授。他专长地下水力采煤方法，长期承担繁重的教学工作，培养众多学生成才。指导研究生完成《正断层上盘防水煤柱合理宽度的研究》《矿间防水煤柱合理尺寸的理论分析》等论文。他对水力采煤各方面的工艺均有独特见解，著有《水力采煤》《煤矿开采方法》《采煤学》等著作。1982 年被评为校先进工作者和徐州市先进工作者。1984 年被评为九三学社优秀社员和徐州市政协先进个人。1985 年 12 月加入中国共产党。享受国务院政府特殊津贴。1994 年 8 月退休。

81. 洪忠达

洪忠达

洪忠达（1931—2012），男，浙江余姚人。毕业后被分配到大同矿务局白土窑筹备处，任实习技术员。1955 年 2 月调入大同矿务局消火处，任主管技术员兼工程计划科科长。1958 年 2 月调到局基本建设处，任工程师。1961 年 7 月调到地质测量处，任主管工程师。1972 年 11 月任局长办公室调研组秘书。1979 年 10 月调到通风处，任主任工程师。1988 年 3 月任局科研所副所长。1991 年 11 月退休。1992 年起享受国务院政府特殊津贴。

20 世纪 80 年代初，参与组织“矿井均压防灭火”项目的研究工作，该项目获煤炭工业部科技进步一等奖、国家科技进步二等奖。组织研制的 JFY 型矿用通风参数检测仪是当时国内外测定参数最多、精度最高、性能最好的检测仪，可替代进口设备，获能源部二等奖、国家科技进步三等奖。参与国家"七五"科技攻关项目"均压灭火自动监测和调节"的研究，1992 年获能源部科技三等奖。参与组织"缓凝剂在矿用石膏中应用"项目的研究，实现了长距离管路运输和快速施工的目标，同时参与"矿用石膏防水剂"的研究，使快速防水剂密闭施工得以实现。以上两项目分别获山西省科技进步一等奖和三等奖。

洪忠达由于平时工作繁忙、劳累而积劳成疾，自 1990 年开始患上了高血压、心脏病、脑血栓、右侧偏瘫、糖尿病、胃溃疡等十三种疾病。2011 年 4 月 21 日再次犯心脑血管病，导致左半脑大面积脑梗，右侧偏瘫，丧失了语言神经功能，经医院抢救，脱离危险。住院治疗一年，于 2012 年 10 月 21 日晚 8 点与世长辞，享年 83 岁。

82. 祝熊庆

祝熊庆（1931—），男，江苏无锡人。1948 年，经进步同学介绍，加入共产党外围组织上海地下学联，曾多次参加学联组织的进步活动。1949 年加入中国共产主义青年团。1950 年北上，响应号召转入 54 煤班。毕业后留校，在采矿系矿山运输教研组当助教。1955 年，该教研组合并到矿山机电系。1956 年加入中国共产党。1957 年任系党总支宣传委员等。

祝熊庆

1960 年 3 月下旬，调入冶金工业部教育司，安排在高教处工作，主要到所属高校搞调查研究，或随司领导出差。1969 年 8 月，随部机关到云南蒙自县草坝五七干校劳动锻炼。1971 年 1 月从干校分配到四川渡口市（后改称攀枝花市）冶金工业部攀枝花钢铁公司工作。攀枝花地处川滇交界处金沙江中游的两岸，条件艰苦。先生产，后生活。住席棚、喝浑水、战高温、爬陡坡。历任公司秘书组副组长、秘书科科长。1979 年，调到教育处，历任副处长、处长。由于身体原因，1984 年 9 月，调离攀枝花钢铁公司。1984 年 9 月，调到中国有色金属工业总公司直属的有色金属管理干部学院，任副院长。1992

年退休。

退休后积极为东北大学北京校友会作贡献，并加强身体保健，多处探亲访友及旅游，生活丰富多彩。

83. 费寿林

费寿林

费寿林（1931—2013），男，江苏常州人，中共党员。毕业后留校任教，先后担任东北工学院采矿系副主任、主任，东北工学院教务处处长等职。1986 年担任东北工学院党委副书记（主持全面工作）。1987 年担任东北工学院党委书记。1993 年担任东北大学党委书记。1987 年和 1992 年当选中国共产党第十三次、第十四次全国代表大会代表。曾兼任辽宁省科协副主席、冶金高等教育学会常务理事等职。1992 年起享受国务院政府特殊津贴。

他主要从事采煤教学、岩石破碎学科科研和研究生培养工作。曾主持岩石可钻性分级、岩石磨蚀性、超硬破岩材料摩擦磨损机理、用高速摄影技术研究凿岩破碎过程等多项研究项目。其中“凿碎法岩石可钻性分级”成果获 1980 年度冶金工业部重大科技成果一等奖，其推广研究工作获国家教委科技进步三等奖，被鉴定为“富有创造性的，是对我国 30 年来沿用的分级方案的突破，为国际岩石学可钻性分级又提出了一种新方法”。参与研究的“岩石三性综合分级”获冶金工业部科技进步二等奖和国家科技进步三等奖。在国内外刊物上发表论文 40 余篇，出版《截煤机与矿用康拜因》等译著。1980 年被评为“辽宁省有突出贡献科技专家”。

任学校领导期间，努力探索有中国特色的社会主义高等教育办学路子，注意加强班子团结和廉政建设。学校在推进“既为部门又为地方”服务，形成高校的教育、科研、社会服务三项功能，加强学科建设，积极扶植青年人才成长，发展高新技术产业，增强学校自我发展能力等诸方面，都取得了较大进步。实现了恢复东北大学校名的夙愿。学校多次被评为省、市“先进单位”，学校党委被评为省市“先进党委”。1991 年获“辽宁省高等学校优秀思想政治工作者”称号。

84. 夏宗绩

夏宗绩（1931—），男，江西南昌人。毕业后被分配到焦作矿务局。一次重大意外，导致他脑部右侧运动区域出血，造成左侧偏瘫。幸好意识、思维、记忆领域无伤害。治疗后下肢能行走、爬坡及上楼梯，个人生活尚能自理，但左手部分丧失功能。

夏宗绩

病残后，由生产矿井调回焦作矿务局，先后在矿务局的夜校俄文班、高中班、矿山救护班担任函授工作。除完成教学工作外，他又开始了外语学习。1972—1980 年，他耗时 8 年自学德语。先后发表《石膏密闭墙》《从井下打大钻孔抽吸瓦斯》等数万字的译文。俄文煤矿技术的译文，则累计达 12 万字。《焦作今昔》一书中 180 幅图片的英文说明均由他一人完成。他终于以半残之身用德、英、俄三国外文为国家煤矿事业发展作出贡献。

夏宗绩详细事迹见本书第二篇中的文章《人生在于搏》。

85. 钱鸣高

钱鸣高（1932—2022），男，江苏无锡人，中国共产党党员，采矿工程专家，中国工程院院士，中国矿业大学采矿工程专业教授、博士生导师，中国矿山压力与岩层控制学科主要奠基人之一。

钱鸣高院士

1954 年毕业于东北工学院采矿系。1957 年获得北京矿业学院硕士学位。1957—1970 年任北京矿业学院采矿工程系矿山压力试验室主任。1970—1980 年任四川矿业学院（1978 年 6 月改为中国矿业学院）矿山压力研究室主任。1984年获评首批国家有突出贡献专家，并由国务院学位委员会地、矿、油学科组评为中国煤炭系统采矿工程专业的第一位博士生导师，同年被任命为该学位委员会学科评审组成员。1988—1991年任中国矿业大学采矿工程系系主任。1994年获得中国科学技术发展基金会“能源大奖”。1995年当选中国工程院院士。1996年获得全国“五一”劳动奖章。2000年获得“全国先进工作者”称号。

怀着对党的教育事业的无限忠诚、对人民的无限热爱，钱鸣高院士扶犁躬耕九十载，求学术之心，育栋梁之材。在科学探索的道路上追求真理，在人才培养的道路上甘为人梯，开拓了中国矿山压力与岩层控制学科，书写了中国煤炭采矿科技时代篇章。

历经苦难，立志报国

1932年，钱鸣高出生在江苏无锡的一个小镇上，父亲是锡澄长途汽车公司的职员，在当时能谋到这样的职业是很不容易的事。1937年，抗日战争全面爆发，身处沦陷区的钱鸣高，亲眼目睹了日本侵略者在中国的残酷暴行。那年，只有5岁的他，还遭受了父亲患肺结核离世的打击，家庭失去了主要的经济来源。少年时代的钱鸣高就深刻感受到民族的苦难与生活的艰辛。“千磨万击还坚劲，任尔东西南北风”，这些磨难造就出他自强不息的性格与发愤图强的意志。在小学和初中求学阶段，他每年都以优异的成绩获得奖学金。

1945年，抗日战争结束，青年时期的钱鸣高受到科学救国思想的影响，认为只有发展工业才能救中国，并将科技强国梦深埋于心。1947年，钱鸣高考入省内著名的苏州中学，这所中学先后培养出40余位两院院士，师资雄厚且藏书丰富。在这里，钱鸣高受到了良好的教育，广泛阅读课外图书，不断汲取知识的营养，在姐姐的资助下他顺利地完成了高中学业。

1949年4月，苏州解放，钱鸣高获得了上大学的机会。1950年春天，东北工学院在上海交通大学招生，钱鸣高顺利地通过了考试并报考了机械系。4月，他和其他被录取的南方同学一道坐上了开往东北的列车。到东北的第一站，他们并没有直接走进校园，而是来到中国当时的重工业基地——抚顺，参观了当时处于先进水平的西露天煤矿、龙凤煤矿和老虎台煤矿等。对于只看到过纺织厂、面粉厂等轻工业的钱鸣高来说，抚顺的采煤工业就像一片新天地，使他更加坚信国家的富强必须走发展重工业的道路。

采矿专业是一门艰苦的专业，报考这个专业的人很少。但根据能源发展的需要，国家又急需采煤工程方面的专业人才，因此学校号召学生在自愿的基础上改报采煤工程专业。对钱鸣高来说，他并不熟悉采煤，也不知道这门学科的深浅，只是初生牛犊不畏虎，认为越艰苦的地方越需要有人去开垦。于是，他毅然响应国家号召，带头报名，由机械系转入人才急缺的采煤专业。

当时，我国的采矿科学事业几近空白，采矿手册和教材不是英文就是俄文。更重要的是，里面的学术观点、技术方法没有一条是由中国科学家提出的。在这样两眼一抹黑的情况下，钱鸣高主动加强英文、俄文的学习，将外国的技术、观点、经验消化吸收并形成自己的知识体系。四年的大学生活，他深感我国在重工业建设上的落后，意识到肩上的责任重大。

追求真理，实事求是

钱鸣高凭借大学期间的优异成绩和独立的科学探索能力，毕业后被分配到全国矿业界最高学府——北京矿业学院（现中国矿业大学），师从张正平教授及苏联专家罗莫夫，继续研究生阶段的学习。他非常珍惜继续深造的机会，刻苦学习，全身心地投入到科学研究中。在阜新矿区时，严重腹泻的他仍坚持下井测定数据，长期的超负荷运转，使他的身体难以支撑。1956 年初，经医院检查，钱鸣高患上了空洞型肺结核。几经周折，学校将他送往北京的“亚非学生疗养院”治疗。

1957 年，钱鸣高出院后，学校决定将他由研究生转为助教，留校任教。在那个技术相对落后的年代，矿井工作基本上是人工操作，非常危险。频繁发生的矿难事故迫使钱鸣高着力钻研对煤矿安全生产至关重要的矿山压力及其控制方向，不断思考工作面矿压形成的原因及解决办法，下定决心破解行业难题。

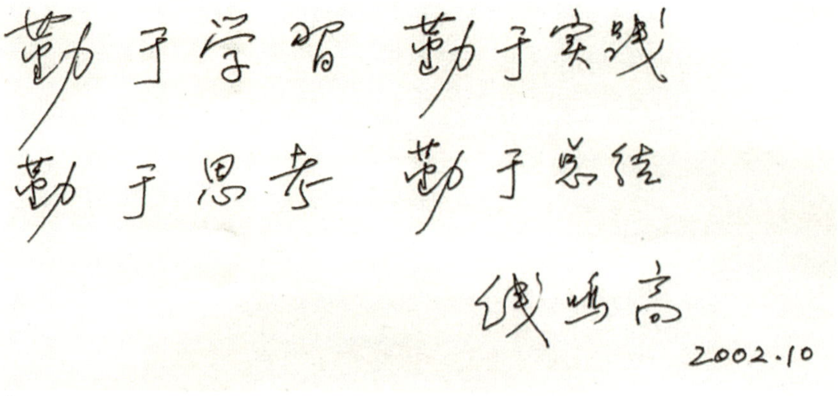
勤于学习 勤于实践
勤于思考 勤于总结
钱鸣高
2002.10

钱鸣高院士的笔记

在科学研究的道路上，钱鸣高始终坚持追求真理，实事求是。虔诚地进入科学殿堂是他对学生的告诫，更是他身体力行的真实写照。采矿学科是一门实践性很强的学科，研究者不仅要具备扎实的理论基础和深入现场的心理准备，还要将实践过程中千变万化的现象提炼成反映事物本质的力学模型。为此，1958 年至 1964 年，他先后在阜新、开滦、阳泉、大同等矿区第一线进行技术研究，深入工人、工程技术人员中间，学到了他们理论联系实际、踏踏实实的工作作风及解决实际问题的能力，丰富了他对矿山压力控制的感性认识。

钱鸣高不断深入煤矿生产一线，测得 10 万多个岩层的移动数据。经过 20 多年的持续探索，他发现问题的关键在于层状坚硬岩层随着工作面推进破断成块状后，其运动有一定的规律性，而破断岩块由于边界条件限制互相挤压有可能形成承载结构，而此结构形态的稳定与否和状态的改变将表现为工作面矿山压力。他用结构力学方法获得了老顶破断岩块相互“铰接”形成结构的力学模型的解释，并确定了稳定条件。1978 年，该模型在孔庄煤矿实测中得到了验证，后又在矿井试验中取得圆满成功。

1982 年，在英国 Newcastle 大学国际岩层力学讨论会上，钱鸣高宣读的论文《岩壁开采上覆岩层活动规律及其在岩层控制中的应用》得到了与会科学家的一致赞同。来自美国、土耳其、印度等国家的科学家将该理论称为“钱氏理论”“鸣高模型”。他提出的采场上覆岩层的“砌体梁平衡假说”以及老顶破断规律及其在破断时在岩体中引起的扰动理论，得到了国内外采矿工程领域专家学者的高度认可，把中国的矿压研究推进到国际先进水平，荣获煤炭行业第一个国家自然科学奖，成为煤炭开采从技术上升到科学的里程碑，使人们意识到煤矿开采不只是一门技术，更是一门科学，不只需要有经验，更需要有理论支撑。

从 1954 年开始研究采矿到享誉国际，68 年的时间里钱鸣高始终坚守一线，以科技创新实现了煤炭工业化的科学跨越和转型发展，书写了我国煤炭采矿科学的新篇章。钱鸣高作为中国矿山压力及其控制学科的主要奠基者和开拓者之一，他创立的“砌体梁”力学模型，突破了传统的定性假说；建立的悬露“板”力学模型，为顶板来压预测预报奠定了理论基础；提出的“支架－围岩”关系监测原理，开创了主动控制矿山压力的新方向。钱鸣高在采矿工程学科建设及矿山压力理论和实践中取得的这些系统、全面而具有开创性的成果，推动了中国煤炭科技产业的发展和进步，为保障煤矿在复杂困难生产地质条件下正常生产，为保障煤矿工人的生命安全和高产高效工作作出了重大的历史性贡献。

2002 年钱鸣高院士（中）向“211”验收组介绍实验室

言传身教，甘为人梯

1957 年任教以来，钱鸣高历任北京矿业学院助教、讲师，四川矿业学院讲师、副教授，中国矿业大学副教授、教授、采矿工程系系主任，全身心投入煤炭行业人才培养，从未离开过三尺讲台。钱鸣高参与编写采场矿山压力理论体系与工程实践著作 10 余部，主编教材《矿山压力及其控制》，获煤炭工业部优秀教材一等奖、国家高等学校优秀教材奖。

钱鸣高把对国家的热爱、对科学的挚爱、对煤炭工业的钟爱融入教育事业，辛勤耕耘数十载，育得桃李满园香：他于1962年培养出我国煤炭系统第一名采矿工程专业硕士研究生；于1987年培养出我国煤炭系统采矿工程专业第一名博士研究生。如今，他已是桃李满天下，学生中不乏院士以及煤炭行业、国内外大学及科研机构的中坚力量。

在行为世范的道路上，钱鸣高始终坚持言传身教、甘为人梯，包容并蓄、宽厚待人。他把自己全部的知识情感都投入到开拓学生思想、启迪学生智慧中，还经常亲自带领学生下井实践。学生从他那里获得的不仅是知识，更是感动和力量。对青年教师他更是倾力相助、大力提携，手把手地教会他们如何做学问、如何做科研、如何申请项目，对他们提出的学术争论更是表现出极大的包容，耐心地倾听。

钱鸣高院士年轻时在现场教学

钱鸣高告诫青年学子，从事科学研究要有虔诚的求学态度、踏实的工作作风，才能排除名利的干扰，形成正确的思路。正确的思路源于实践，创新的灵感源于对前人知识的汇集与现实的碰撞，研究的成果也必须得到实践的检验。科学研究是一个“实践—理论—再实践”的完整过程，同时要保持勤奋，勤于实践、勤于学习、勤于思考、勤于总结，四方面缺一不可。在科学研究过程中还要注意“整体—局部”“森林—树木”“现象—本质”的关系，这样才能少走弯路。

钱鸣高认为，煤炭行业目前还有太多的技术难点有待解决，急需专业技术人才。由于煤炭开采的复杂性，学生仅靠书本上的基础知识，很难应付井下复杂的工程环境，这就需要“实践—理论—再实践”全过程培养。钱鸣高强调，采矿工作者的事业心是煤炭行业的灵魂。我国地质条件复杂，造成煤炭开采难度大，行业需要人才，人才需要事业心，全社会应该在煤炭科技方面付出更大的努力，只有这样才能提升煤炭行业的社会形象。

此外，煤炭行业更需要既懂煤炭开采和利用，又懂科技、经济、管理和法律等知识的综合型人才来推动煤炭行业的可持续发展。

耄耋之年的钱鸣高院士，仍心系煤炭行业发展、采矿学科建设和人才培养。他经常去学校和学生一起分享国际上最新的学术动态，还会参加一些国内外的会议，为煤炭行业发声。正是在钱鸣高院士品德、修养、情操的影响和感召下，才有一批又一批优秀煤炭人为社会进步和经济、科技发展作出重要贡献。钱鸣高院士不仅仅是为煤炭行业科技工作者“注满了一桶水”，更为他们在煤炭科学前行的道路上“点燃了一把火”！

绿色开采，紧跟时代

21 世纪，中国经济进入高速发展阶段。由于基础设施建设对电力、钢筋和水泥需求量猛增，我国煤炭年产量很快由近 10 亿吨提高到 40 亿吨，接近全世界产量的 40%~50%。但与此同时，大规模的开采和利用也超过了环境容量，对开采地的空气质量、水资源、土地以及区域环境带来严重影响。煤炭行业在为国民经济发展作出重大贡献的同时也受到社会的责难。

党的十八大作出“大力推进生态文明建设”的战略决策，提出经济建设、政治建设、文化建设、社会建设、生态文明建设“五位一体”总体布局，实现以人为本、全面协调可持续的科学发展，要坚持人与自然和谐共生，形成节约资源和保护环境的空间格局、产业结构、生产方式、生活方式，还自然以宁静、和谐、美丽。习近平在党的十八届五中全会第二次全体会议上的讲话中提出“创新、协调、绿色、开放、共享”的新发展理念，绿色发展注重的是解决人与自然和谐问题。

污染防治攻坚战深入推进，对煤炭行业提出了高质量发展的新要求。煤炭是自然的宝贵馈赠，作为中国主体能源地位仍未改变。在“去煤化”呼声涌起的背景下，煤炭革命的路究竟该怎样走？钱鸣高也有深入思考。

钱鸣高强调，煤矿开采是人类获取自然资源的手段，但与其他行业相比，煤炭行业建设周期长、退出机制不完善、对环境负面影响较大。此外，在“获取—使用—回归”循环中，人们往往对“使用”特别感兴趣，因为它直接与自身利益有关，而“获取”“回归”与我们赖以生存的环境有关，但是，目前环境价值在市场经济中又难以用价格来衡量。正是由于处理燃烧废弃物的利润有限，“回归”环节没有得到重视，“回归”过程中超出了环境容量，且处理无序，不仅危害自然，对人类自身的伤害更大。

钱鸣高院士在科学发展观论坛上

经过多年探索，钱鸣高梳理了关于煤炭行业绿色发展问题的系统思考，要在环境容量内开发和利用煤炭资源，在人类从自然环境中对资源“获取—使用—回归”的整个循环中，必须尊重自然意志、遵循自然规律，时刻不忘回馈自然和养护自然，在人类和自然之间建立起复合的生态平衡机制。

2003 年，钱鸣高率先提出“绿色采矿、科学采矿”的理念，并界定了绿色开采的内涵是努力遵循循环经济中绿色工业的原则，形成一种与环境协调一致的、努力去实现“低开采、高利用、低排放”的开采技术。他提出的以控制

“关键层”为基础的煤矿绿色开采技术，包括煤与瓦斯共采、保水开采、控制地表沉陷、矸石减排等，更好地协调煤炭开采与资源环境的关系。

著名采矿专家 A.K.Ghose 对此专门作了评论：“中国专家在绿色开采技术方面的创新性发展是基于‘关键层’理论。关键层理论巧妙地把岩层移动和上覆断裂岩层中瓦斯和水的渗流及流动结合在一起。这些技术为减少采矿对环境的破坏提供了方向，有望改变煤矿开采作为环境破坏者的面貌。”

钱鸣高强调，中国从“站起来”到“富起来”的历史进程中，煤炭行业作出奠基性的、不可磨灭的贡献，在“强起来”的新时代，还将发挥基础性的不可替代作用。这就要求煤炭行业必须实现高质量发展，研究煤炭的经济规律，严格管理，尽量减少负外部性，研究和完善煤炭开采和利用与环境相协调的科学技术。这样，煤炭行业不仅能为社会作出巨大贡献，而且会成为被社会尊重的行业，这是值得煤炭科技、经济和管理工作者思考的问题。

正如苏东坡所言：“博观而约取，厚积而薄发。”在泱泱中华大地上，无数仁人志士在不断探索中丰富了自我，也为时代增添了光彩。雄则有力，健则致远，钱鸣高院士的名字注定与中国采矿事业相连。心怀梦想，努力前行，去创造不一样的世界，去探索不一样的未来！

86. 倪永义

倪永义（右）夫妇

倪永义（1930—），男，安徽蚌埠人。毕业后被分配到山西省汾西矿务局义棠煤矿筹备处，担任技术组长，为煤矿筹备工作贡献力量。1957年被错划为右派下放劳动，在劳动中不幸右手挤伤，未痊愈就上班，致使右手半残疾和工资降级调整，严重影响正常工作和生活。在当时全家都靠他的工资生活，巨大的压力下他想过自杀，但经过激烈的思想斗争，他想到自己热爱党和国家，想到学校把自己培养成才的良苦用心，他坚信错划是会平反的。于是，他以百倍的干劲投入火热的煤海中大显身手，靠着这股坚韧奇迹般地把弟弟、妹妹都培养成才。

1960年调到崔家沟矿任主管技术员，1965年调到水峪矿任采掘组组长，数年如一日地忘我工作。经过几十年的磨炼，他从一名技术员成为技术骨干，先后任技术科副科长、科长、副总工、代理总工程师（当时为县团级大型矿井——水峪煤矿，现为新峪煤矿，年产300万吨），在山西煤炭行业成长为颇有名气的采煤专家。1978年平反后不久加入中国共产党，终于达成了党和学校对他培养的目标——红色工程师与采煤专家。

1984年正式调到寿阳县，历任寿阳县经济委员会副主任、煤矿管理局副局长兼总工程师。短短的6年内，在他的带领和指导下，寿阳县煤产量由100万吨增至300万吨。1990年，在省煤炭科技大会上寿阳县获得20多项奖励。之后他也晋升为高级工程师。退休后先后为省培训中心、军办煤矿、乡镇煤矿等服务。他的经历再一次说明同学们在“54煤”精神鼓励下是压不垮的。

87. 徐小荷

徐小荷

徐小荷（1933—），男，浙江温州人，1982年加入中国共产党，教授，博士生导师。1957年从东北工学院采矿系硕士研究生毕业，历任东北工学院（现东北大学）副教授、教授、岩石破碎研究室主任，国务院学位委员会第二、三届学科评议组成员，中国岩石力学和工程学会第一届常务理事兼岩石破碎工程专业委员会主任委员。

徐小荷倡导建设岩石破碎新学科，提出“岩石破碎和防止岩石破碎是采矿工程的科学基础”的精辟论点，开发岩石凿碎比能的分级原理，建立撞凿入系统受力和效率的计算模型。著有《论我国岩石分级》《冲击式凿岩及其工具》《岩石破碎学》《冲击凿岩的理论基础与电算方法》等著作，在国内外各种期刊发表论文百余篇，科研成果荣获省、部级一等奖1次，二等奖5次。培养硕士研究生23名、博士研究生16名，成绩显著。1999年获辽宁省劳动模范称号。

投身矿业热血担当，同窗之谊与子同袍

1950 年 4 月 27 日对于 17 岁的徐小荷来说意义非凡，以至于 70 多年后的今天，他仍然能够清晰地记得当时的情况，那一天是他北上来到抚顺的日子。徐小荷坦言由于天气的寒冷、饮食的不同、性格的反差，南方人惧怕来到东北，但出于经济的窘迫和对学业的渴望，少年的徐小荷毅然北上求学，从此开启了作为“54 煤”一分子的求学之路。

“大学的牌子、中学的老师、小学的纪律”是他对抚顺矿山工业专门学校求学经历的印象。东北单调的生活是南方学生最不习惯的地方，但当时国家建设需要煤和矿石，日本人撤走的时候带走了关于矿山开采与建设的一切资料，国家需要是他们坚持学习最强烈的动力，一腔热血就此沸腾。

徐小荷和罗茜、郑雨天同在一个学习小组，他们以抗大精神为引领，以“为崇高理想英勇奋斗的精神”为信念，对自己的学习要求非常严格。在没有教材的情况下，记笔记是最基本的学习方式，三个人互相比赛，不让任何一个人掉队。各个学习小组良好的学习风气不仅使得“54 煤”成绩领先、名声大振，也让同窗情谊深厚，共同奋进。

师恩难忘冰心一片，桃李无言下自成蹊

耄耋之年的徐小荷至今仍能记起求学时期的老师，马宇航、张家连、刘海宴……“老师们对待学生就像自己的孩子一样，教学态度特别好，讲课就像上舞台，要酝酿情绪，效果也引人入胜；实习的时候遇到比较危险的地方，一定要所有同学都通过，老师才通过，老师永远是殿后的一个人。”回忆起自己的恩师，徐小荷滔滔不绝。“54 煤”的宝贵财富绝不仅仅是出类拔萃的学生，更是师魂的传承，因为被老师深深地爱过，“54 煤”才能用同样的感情去延续这传道授业之路。

国家级人才朱万成教授深切地回忆道：“徐小荷老师，开创了国内岩石破碎学这个新的研究方向，为了把东北大学在岩石冲击破碎学方面的研究特色传承下去，已经 80 多岁的徐老师用师傅带徒弟的方法，亲自指导我和我的研究生在实验室里做实验，这件事让我非常感动。作为一名青年教师，我的责任就是要把这份事业传承下去，为采矿学科和东北大学尽一份力量。”

徐小荷教授指导学生

深刻理解科学之美，坚持服务祖国需求

对于“54煤”精神，不同的人有不同的理解，徐小荷教授的理解朴实无华，他说“54煤”就是为国家需要努力学习，贡献青春。他嘱托青年一代的资土人要将学习融入兴趣和爱好，去挖掘科学之美，心怀家国，用所学服务国家建设和工业化建设。十多年来，他整理的有关科技美学的资料与数据已刻成光盘。

求学与探索之路让徐小荷教授幸福且知足，“有幸从事科学技术工作的人，以破解天机为美、以巧夺天工为乐、以道济天下为心愿”，这是他对自己为梦想、为祖国奋斗一生的感悟。

88. 徐光济

徐光济（中）与同学合影

徐光济（1929—2003），男，浙江金华人。毕业后被分配到轩岗煤矿筹备处，几经周折后调入淮南煤矿建设指挥部。工作中，他任劳任怨，一路被提拔，最后任该所的副所长（主持工作），凭借一人之力，将全所研究工作领导得有声有色，荣获淮南市先进科技工作者称号。退休后一直在家练习中国画，达到相当高的水平。他以博学著称，不愧是“54煤”中的大哥。他因高血压引发脑溢血而送医院治疗，在经过20余天的抢救

后不幸逝世。

89. 涂继正

涂继正

涂继正（1933—），男，湖北黄冈人，中美混血。在“54煤”学习时就已显露出他那出类拔萃的学习能力。1954年被分配到鸡西市恒山煤矿。1957年考取中国科学院矿冶研究所通风专业硕士研究生，师从关绍宗教授。1965年研究生毕业后被分配到冶金工业部北京矿冶研究院。1980年考入美国犹他大学，攻读博士学位。毕业后在美国艾姆科采矿机械国际公司、纽蒙特黄金公司等工作直至2004年。主要从事金矿勘探和开采用软件的开发。

涂继正的母亲牟莉是美国人。1956年申请加入中国国籍，成为极少数中国籍的美国人。1981年，中美关系解冻，牟莉回到美国，各大媒体竞相邀请她讲话。她在美国CBS等几家电视台讲演，每次都说：“我喜欢中国，我是中国籍的美国人。”甚至大部分儿女后来去了美国，她依然在上海生活。拍摄电影《李四光》时，涂继正被凌子风导演选中扮演一个歧视李四光（孙道临饰）成就的英国地质专家（詹姆斯），他把这一角色演得惟妙惟肖，毫无破绽。

退休后，2005年涂继正第一次自费寻访老同学，从南到北走了十几个城市。2006年与2012年又开始了第二次、第三次走访，重点走访第一次没有机会见到的同学，其中还有自毕业以来他一直没有见过面的同学。在走访中除了录像以外，他每天记日记，作为录像的补充，可谓用心良苦。

他为人正直、诚恳，关心他人，有求必应。他是“54煤”班的佼佼者。据陶增骈回忆，当年同学们学不明白“变电器的原理”，涂继正热心为大家辅导，不厌其烦地讲了七遍，直到每个人都说“明白了”才罢休。由此可见他“诲人不倦”的态度以及“54煤”全体同学“知之为知之，不知为不知”的严谨治学精神。

90. 陶增骈

陶增骈

陶增骈（1931—2019），男，江苏镇江人。他是“54 煤”班上第一个中国共产党党员。他为人正直、追求进步、关心同志。1953 年夏，因学习能力突出，提前一年毕业，他开始为苏联专家当翻译。他和林韵梅先后为苏联采煤专家罗莫夫、苏联矿井建设专家邱普隆诺夫当翻译。邱普隆诺夫自 1954 年 10 月到校，1956 年 7 月返国，其间讲授“岩石力学及矿山支架”“竖井掘进”“水平及倾斜巷道掘进”“井巷特殊开掘法”四门课，共 216 学时。其中“竖井掘进”“水平及倾斜巷道掘进”两门课通过陶增骈讲授，均有完整的讲稿，并由陶增骈翻译后出版。1956 年 7 月后，他调入井巷教研室任教，讲授“井巷掘进”等专业课。曾担任东北工学院采矿系党总支书记和党委办公室主任。

1983 年被任命为辽宁省高等教育局副局长，机构改革后改任辽宁省教育委员会副主任，从事教育管理工作 10 年。他兢兢业业、克己奉公、高风亮节，为辽宁省的教育事业作出了贡献。1993 年退休。

91. 黄绍明

黄绍明

黄绍明（1931—1992），男，江西玉山人，毕业后被分配到辽源矿务局西安矿。1957 年被错划为右派，受到错误对待。1957 年，在参加盖房子的劳动中，一次挑起 200 多斤的砖头，被认为是挑砖最多的人之一，以吃苦耐劳表达对人民的忠心。1962 年之后，在西安矿三区采煤段当维修工人。周志钦曾多次在井下遇到黄绍明，只见他在低矮的巷道里工作，眼镜蒙上一层黑煤炭。他每天都跟工人住在一起，直到 1970 年结婚，婚后也是两地生活。1974 年调到西安矿二区从事计划工作，正式恢复身份。1979 年定为工程师。1987 年被评为高级工程师。

黄绍明聪明好学，工作认真，从事计划工作多年，考虑问题周密，有独到之处。尤其是 20 世纪 80 年代，在西安矿的计划工作中，受到许多同志的好评。

除主持吉林西安矿计划工作多年外，他还义务举办中学生补习班，分文不取，受到辽源市及吉林省各界的表扬，曾在《吉林日报》第一版作出报道。

黄绍明的一生是坎坷的、艰苦的，他被错误对待了许多年，仍要点燃自己的余生去照亮他人。这是一种多么高尚的情怀！

92. 黄彬良

黄彬良

黄彬良（1930—2007），男，浙江慈溪人。毕业后被分配到鸡西煤矿，后调入唐山煤矿设计院。1976 年唐山地震后，设计院搬往石家庄，他转到峰峰煤校教书。后来成立河北矿业学院（前身即峰峰煤校），校址在河北省邯郸市，黄彬良担任河北矿业学院采矿系主任。任职期间，他任劳任怨，团结全系教师，培养了一批又一批的采煤技术人才。

退休后，他被邢台地区煤矿聘为技术顾问。2006 年 11 月下旬因患肺炎、低烧不退（实际上是肺癌晚期）而住进医院，两个孩子一直保密，黄彬良本人及夫人都不知道。可以告慰的是，黄彬良生前没有遭受癌症那种种折磨，因孩子体贴、孝顺，安详离世。在遗体告别当天，校领导、生前好友、家属以及他的学生 300 余人参加遗体告别仪式，其中他亲自教出来的学生就达 60 多人，峰峰、邢台、邯郸各煤矿，甚至在石家庄煤矿设计院工作的学生也赶来参加遗体告别仪式，足见黄彬良与大家感情之深、威望之高。

93. 曹广贤

曹广贤（1931—2006），男，江苏常州人。高中就读于常州中学，1948 年毕业。当年夏考入私立大夏大学。翌年又考入荣德生创办的私立江南大学，与

曹广贤

费寿林、丁伯坤同时入学。1950年春与丁伯坤、费寿林三人共同转入抚顺矿山工业专门学校。在学校号召转系时，他们三人又都转入54采煤专业。曹广贤毕业后被分配到阜新矿务局，长期在煤炭工业部借调，后来调至煤炭工业部。

可惜的是他后来患膀胱癌，在与病魔斗争了十几年后，癌细胞转移，又加上肠梗阻、浮肿等病，医治无效，于2006年10月19日离世。

94. 龚淼

龚淼

龚淼（1928— ），男，江苏启东人，高级工程师。1948年，任上海电信局无线电报房报务员，其间因与同学杨荣新一起监视国民党敌特破坏电台活动与护台，而荣立三等功。抗美援朝时，他将在上海工作时积攒的数十个银圆全部捐献国家以购买飞机。

毕业后，他先后在煤炭工业部技术司、安监局、生产司等部门工作，历任技术员、主管工程师、协理员（支部书记）、办公室主任等职务。1976年调任煤炭科技情报所，1978年任该所副所长（副司局级）、党委委员，主管煤炭出版工作，并兼任总编，直到1988年退休。著有《1985中国煤炭工业年鉴》等。

他自幼酷爱书法，在书法比赛中常名列前茅。随着工作环境的变化，由于工作任务繁重，无暇顾及书法，直到从事出版工作后，情况有所改善，才有重拾书法的念头，但终因种种原因，愿望未能实现。退休后，终于重拾多年对书法的爱好，其间有多项书法作品获奖，并悟出书法与养生之道的关系。他认为，习字过程中，脑海要空，必须摆脱各种杂念，全神贯注在笔尖上。操弄时犹如龙飞凤舞、四海翻腾、天马行空、其乐无穷。

95. 龚琪玲

龚琪玲

龚琪玲（1932—1999），女，江苏苏州人。毕业后被分配到辽宁省阜新矿务局。到阜新高德八坑见习，从轮流当各工种工人做起，三班倒。这一年，她对煤矿生产全过程有了较深的认识。20世纪50年代后期，调到河北省唐山煤矿设计院，承担开滦范各庄矿初步设计的采矿部分设计。

1963年调往沈阳煤矿设计院。她从唐山调到沈阳后，据原来在院技术室工作的同班同学陈惠芬回忆，她被分配在采矿室。过了几个月，就有主任工程师说："你这位同学考虑问题周密、细致，设计质量高，画图清晰可看。"她用她的认真工作获得了同事的认可与好感。

她为了争取入党，主动要求到最困难的地方——通化水洞沟二井——去当工地代表；她献血后把献血的营养费全送给伤病员，第二天还照样上班；每隔1~3个月给党组织写一次思想汇报。1978年8月，龚琪玲平反后，又一次递交了入党申请书。1981年她被提为工程师。1982年被提为高级工程师。1983年，调到上海隧道设计院，负责上海地铁一号线的规划工作。1986年10月终于被批准入党，实现了她多年的夙愿。她在上海隧道设计院一直干到退休。退休后又返聘工作了几年。

她的一生是勤奋的一生，是平凡的一生，也是比较坎坷的一生，她尽职尽责地为祖国贡献了自己的一切。她一生中最值得高兴的事是：在沈阳煤矿设计院第一批被批准为高级工程师，在上海隧道设计院加入了中国共产党。她献身煤炭设计一辈子，设计方案很有创造性。她擅长烹饪技艺，每次聚会都承担炒菜任务。她为人热情奔放、待人诚恳、乐于助人，得了癌症却瞒着老同学，一人独自承受厄运，临终前嘱咐丧事从简，不开追悼会，并将所有的积蓄委托上海隧道设计院捐赠给上海市老年基金会。

96. 阎保昌

阎保昌

阎保昌（1931—），男，北京人，定居石家庄。1950年从北京市辅仁中学考入东北工学院，并响应国家号召转入“54煤”班学习。毕业后被分配到鹤岗矿务局南山煤矿，曾任采煤段长、技术组长、主任工程师。1964年8月调入哈尔滨煤矿管理局生产处，任工程师。1969年10月，下放到柳河干校劳动。1972年10月调到鹤岗矿务局生产处，任工程师。1976年9月调往河北煤炭厅，在邯郸煤炭建设指挥部第三十一工程处任工程师。1979年10月调入邯郸煤炭建设指挥部工程管理处，任工程师。1982年又调入河北煤炭管理局生产处与建设处，任主任工程师，直到退休。他地献身煤矿事业几十年，退休后由技术委员会返聘，于1991—1996年主编《河北煤炭开发技术》一书。他对东北与河北等地煤炭工业的大发展作出了很多贡献。

97. 董云龙

董云龙

董云龙（1928—2002），男，河北安河人，中国农工民主党党员。1954—1958年，在北京地质学院任教。1959年，为支援新建的成都地质学院，调到该院任教。1988年退休，副教授。

他对“54煤”这个集体感情很深，在世时经常对他夫人说：“54煤是一个少有的团结集体，很有向上精神的集体。”每当老同学从远方来，他都非常高兴，热情接待。董云龙在校时是短跑健将，多次得奖。他虽已离世，但他那胖胖的带着微笑的脸，将永远地定格在每一名“54煤”同学的脑海中。灵堂上的挽联词是对他最好的写照：

坦荡人生

忠忠厚厚为夫为父育儿孙

踏踏实实做人做事做学问

98. 董云清

董云清

董云清（1929—1993），男，吉林通化人。毕业后被分配到本溪矿务局彩屯煤矿。在第五采煤区，与工人共甘苦，带领工人试用本溪矿务局第一台康拜因采煤机，并推广到全局，先后担任技术员、采煤段长、副区长、工程师等职务。

1959年3月，调到矿机关，先后任调度室副主任、技术科科长、安全检查科科长等职务。1964—1985年，他到本溪矿务局（1984年合并为沈阳矿务局）工作，先后在经济研究室、总调度室、生产技术处、科技处、基本建设处等处室工作，历任工程师、科长、主任工程师、高级工程师等职务。他负责组织和调度全局的生产过程，主持制定生产规程、质量标准等规章制度。他还参加了红阳新矿区的移交生产验收，以及一些老矿井挖潜改造的设计和实施。1985年，由于身体状况，调到东煤公司本溪煤矿安全技术培训中心，任采煤通风教研室主任。1989年退休。其间，编写了《煤矿安全技术》等培训教材，并在矿长安全培训班上授课，深得学员好评。曾当选本溪市第四届人大代表和第五、六届政协委员。长期忘我工作积劳成疾，因患胃癌病逝。

99. 蒋光熹

蒋光熹

蒋光熹（1930—），男，江苏常州人。毕业后被分配到河南省焦作矿务局39号矿。1956年6月，调入煤炭科学研究总院开采研究所，从事采煤科研工作，并开展矿井支护的专题研究。1957年，因患肾结石而切除右肾。1960年，转到院内情报室，从事科技情报资料和科技资料编辑出版工作。1977年，在《煤炭科学技术》杂志编辑部任责任编辑。1982年，任《煤炭科学技术》杂志主编，并于同年加入中国共产党。1987年晋升为教授级高级工程师。1992年开始享受国务院政府特殊津贴。1994 年 7 月退休，退休后一直被杂志编辑部返聘，到 2000 年 9 月止。

《煤炭科学技术》杂志是煤炭工业系统主要的科学技术杂志之一，在国内外公开发行，曾于 1983 年、1987 年、1992 年荣获全国优秀科技刊物、煤炭科技优秀刊物、北京市优秀科技期刊等奖，成绩显著。

100. 蒋宝书

蒋宝书

蒋宝书（1925—1995），男，江苏泗阳人。毕业后被分配到西安煤矿学校，担任教员。1958 年 9 月，为支援边疆建设，调到新疆煤矿学校，任教员。1963 年 10 月调到新疆重工业厅中心试验所。之后，蒋宝书一直在新疆煤炭科学研究所工作，先后任技术员、助理工程师、工程师、高级工程师。

蒋宝书长期从事采煤学科的教学和科学研究工作，具有坚实的理论基础和丰富的实践经验。在多年的教学工作中，为培养年轻的技术干部，他认真钻研学问、呕心沥血，得到学生的一致好评。他曾承担“艾矿坚硬顶板下和水下采煤技术的研究”“艾矿长壁工作面注水防尘的研究”“碱沟煤矿煤层注水设计”“昌吉联合厂煤矿缓倾斜特厚煤层采煤方法改进方案设计”“鄯善科克牙煤矿正槽煤采煤方法设计”等项目，1964 年“急倾斜特厚煤层开采方法的研究”获自治区科研奖，“艾矿长壁工作面注水防尘的研究”获煤科所科研二等奖。

他在工作中兢兢业业、勤勤恳恳，在技术上精益求精、永无止境，在生活中严于律己、艰苦朴素，于 1981 年被评为自治区煤炭工业局先进工作者。

101. 裴永年

未收集到简介与照片。

102. 程厉生

程厉生（左）夫妇

程厉生（1931—），男，浙江杭州人，教授级高工。毕业留校，1955 年转入采矿系通风研究生班学习，师从系主任关绍宗教授。1958 年研究生毕业，留在通风安全教研室任教。1960—1961 年成功研制了我国第一台大型矿井通风网路模拟计算机，填补了国内空白，当时使教研室在国内这一领域处于领先地位。1963 年，调入冶金工业部沈阳矿山研究所，任通风研究室副主任。1965 年，在安徽马鞍山市冶金工业部黑色冶金矿山研究院任采矿研究室副主任，分管矿山通风防尘研究工作，一直到 1993 年退休。

在几十年的工作中，他主要从事矿山通风系统技术改造的攻关工作，研究和改进了通风设施，取得了较好的效益。20 世纪 80 年代初期，在国内首先提出并开发研究了一种新的矿井通风系统模式。通过理论分析、计算对比和现场的工业试验，新系统较国内普遍采用的主扇通风系统具有有效风量率高、能耗低的优点。90 年代以后，该系统在国内一些条件适合的矿山逐步得到推广应用。这一创新技术是对我国矿井通风的突破性贡献。1980—1985 年先后招收和培养了 4 名硕士研究生。1983 年加入民主党派九三学社，1991 年被选为九三学社第一届市委主任委员，1996 年卸任。曾任马鞍山市政协第三届（1983—1988）委员，第四届（1988—1993）常委、副主席，第五届（1993—1998）副主席，1998 年退任。多次为筹办与组织“54 煤”同学会付出心血。

103. 程伯良

程伯良（1933—2001），男，上海人。毕业后被分配到阜新煤矿学校。一生辗转几度，于 1990 年举家迁居徐州。

在徐州煤矿学校任教时，讲授“测量平差”课程。虽然该课程非常抽象，但程伯良用睿智的语言、深入浅出的高超教学艺术，如数家珍地把知识传授给学生。有学必有疑，程伯良经常去教室辅导，学生反映：“听程老师的课程有如饮醴泉的感觉”。他常告诉学生学习要“知之为知之，不知为不知”。少了抽象的概念，少了枯燥的课堂，田边地头多了严谨的态度，多了务实的求知。程伯良培养了学生对该门课程的兴趣和爱好，为他们后来从事测量教学和研究工作打下了坚实的基础。

程伯良

他任劳任怨，处处以身作则，嘉言懿行、垂范后人，实习中每个环节他都要求“苛刻”。一次测量中，学生因不小心坐在仪器箱子上而遭到他严厉的批评。

他身患重病，却坚持参加2000年10月在无锡举行的第六次同学会。他说抱病来赴会就是为了“54煤”同学之间难以割舍的深厚友情。那一次来，天天打点滴，不能参加各种旅游活动，但他说：“只要能看看大家，听听大家的声音，在一起拍上一张照片，就心满意足了。”

2001年11月，程伯良夫人罗文华给费寿林写信说：“无锡回来后，干咳伴气喘，需设法弄可待因。另外，在学生的帮助下，已在徐州纪念林购妥一块坟地，准备‘树葬’。这一切都是瞒着家人准备的。”他去世后学生含泪诀别。学生说：“程老师走了。青山碧波无言伴良师相眠，清风朗月无语诵严师风范。程老师安息！程老师风范长存！”

104. 傅文举

傅文举

傅文举（1933—1957），男，毕业后被分配到北京矿业学院，在苏联采煤专家硕士研究生班学习。他的论文选题是《急倾斜煤层矿压显现规律的研究》。1955年到淮南九龙岗煤矿井下进行仪器观测，通过艰苦的工作写成研究报告。这可以说是我国急倾斜煤层中进行井下矿压观测的第一份研究报告。

他思想单纯，为人直爽。每天清晨到操场上

练双杠，到颐和园昆明湖去游泳。毕业后不久，他常感到胸痛，后查出是纵隔肿瘤，住进协和医院。北京的同学轮流去看他，发现他的床头放了不少医学方面的书和杂志。虽然得了绝症，但他乐观并坦然面对，积极配合医生治疗。李高祺在回忆其带病同游颐和园的经历时，还夸赞他是一个能勇敢面对疾病与死亡斗争的勇士。

汪维钦去看他，两人同去房外草坪上畅谈，从病情、工作、学习一直谈到个人生活。后来他拿出一封写好的信和一张女孩的照片，告诉汪维钦：他在淮南结识了一位女友，两人关系比较融洽，也互赠了照片。现在几经考虑，决定写一封“绝交信”，连照片一起寄给这位女友。汪维钦当时匆匆看了信，觉得傅文举有颗纯正高尚的心和美好的情操，在病魔折磨下，仍为女友的将来考虑，不愿耽误人家的青春年华。他真是一个具有崇高品质和人格的好青年。

105. 蔡振东

蔡振东

蔡振东（1931—），男，江苏无锡人。1944年8月就读于无锡私立怀仁中学。1950年4月进入抚顺矿山工业专门学校，就读于54煤乙班。毕业后被分配到阜新矿务局平安竖井筹备处。当时他与龚琪玲在高德八坑基层与工人同甘共苦，积累了扎实的一线工作经验。半年后回筹备处任技术员。1956年1月调至北京东郊煤炭工业部干部学校，任矿井通风与安全课教员，为矿长班、通风技术员训练班等讲授通风与安全技术课程。1960年初被聘为讲师，并任通风教研组组长。1969年煤炭工业部干部学校撤销，全体教职工到黑龙江省七台河煤炭部农场劳动锻炼。直到1971年1月，蔡振东才被分配至甘肃省华亭矿区筹备处，任通风技术员，他毫不犹豫地带领全家从北京迁至华亭。1973年甘肃省成立靖远煤矿技工学校，1974年5月，蔡振东调入该校任教，历任通风安全技术教员、通风采煤教研组组长、教务科副科长、教务副校长、校党委委员等职。1984年甘肃省成立甘肃省煤炭干部学校，他又奉命调入该干校，任通风安全教师，并于1987年11月晋升为副教授。先后于1982

年和 1989 年两次获评甘肃省劳动模范。

106. 魏荣华

魏荣华

魏荣华（1931—），女，出生于上海陆家浜一个中学教师家庭。1950 年毕业于江苏省立上海中学，同年考入东北工学院化工系，后响应号召转入采矿系采煤专业。毕业后被分配至河南省焦作矿务局三十九号井。

1955 年底，她参与中马村矿井建设，担任该项目苏联专家联络员。中马村是国家 156 项（苏联列宁格勒煤炭设计院设计）重点工程之一，由苏联专家设计并帮助建设。在项目开展过程中，她每天穿着雨衣、雨裤 12 小时跟班，不怕苦不怕累，并建议将“架空索道”改为“滑行道”，为国家节省了大量资金。

1962 年调至矿务局生产技术处通风科，从事通风瓦斯技术工作。1971 年矿务局成立煤炭科学研究所，又调进该所内的瓦斯研究室工作，直到 1986 年底。1987 年晋升为高级工程师。

在矿井下瓦斯是最容易出危险事故的，焦作煤矿就是高瓦斯矿井，发生过几次煤与瓦斯突出事故。为了防止煤与瓦斯突出事故，魏荣华开启对煤与瓦斯突出机理的研究工作，终于掌握了瓦斯涌出的规律，采取相应措施初步制止了煤与瓦斯的突出事故，并对新开发区瓦斯进行预测预报，以防止突出事故的发生。

魏荣华在 1988 年退休以后继续从事瓦斯利用工作，参与朱村矿 1 万立方米煤气储气罐的建设，将朱村矿和李封矿井下抽出的瓦斯利用起来，输送到工人村民用。不到一年该工程建成，两个矿的工人村实现了用瓦斯点火做饭。

第三十章　在“54 煤”班早期学习过的部分校友

马逸吟	朱光夏	朱志尧
刘听成	吴中立	吴育新
张明哲	庞振国	赵伯沧

1. 马逸吟

马逸吟

马逸吟（1931—），女，浙江绍兴人。高中时，受当时国家局势和叔翁马寅初（时任浙大校长）的影响，1948 年起参加宁波的地下学生运动，1949 年宁波解放时参加了全市学生欢迎解放军的大游行，并担任接管宁波中学的学生代表。1949 年夏季，在宁波市军干校学习，并参加中国新民主主义青年团（中国共产主义青年团前身），参与宁波中学的建团工作。1950 年 3 月，与同学王友佳等一行 10 余人从宁波到达沈阳，经东北人民政府工业部介绍到位于抚顺市的抚顺矿山工业专门学校，考取了机械系。后来响应组织号召转入采煤系。1953 年 5 月，服从学校安排到研究生班学习俄语，然后进入苏联专家哈廖夫主持的通风研究生班学习通风安全。1955 年，她一边授课，一边补毕业实习和毕业设计，最终在 1955 年底研究生毕业。

1956 年初被分配到合肥矿业学院（后改名合肥工业大学），先后任助教、讲师。马逸吟报到时，接到学校的任务：“你明天就去谢家集煤矿带实习，学生已经在矿上了。”从此她就和矿井通风安全结下了不解之缘，渐渐成为安全技术工程战线上的一名战士和螺丝钉。同年加入中国共产党。

1971 年，合肥工业大学采矿工程系等迁移淮南，组建淮南煤炭学院（现已更名为安徽理工大学），她随着学校迁到淮南。历任讲师、副教授、教授，并任矿井通风安全教研室主任，还曾任煤炭工业部高等院校教材编审委员会编委、矿井降温专业委员会委员等。

马逸吟于 1997 年退休。由于工作劳累，她曾经患上肝炎、早期肝硬化、胆结石、青光眼、视网膜局部脱落等多种疾病。2007 年因脑梗住院治疗，2010 年患慢阻肺－哮喘。2016 年 6 月不慎跌倒而髋关节骨折。她说：“想想我们这些人都已经超过了我国的平均寿命，很感谢医药科技的发展，特别感恩国家改革开放后的成功发展，才能够有今天。”

马逸吟的学术成就主要在矿井高温防治方面，包括：

1956 年合作翻译出版《矿井通风仪表》（煤炭工业出版社）。

1957 年翻译出版《熄灭火灾时佩用的御热装备》（煤炭工业出版社）。

1962 年合作翻译出版《大爆破后矿井通风》（中国工业出版社）。

1989 年出版大学教科书《煤矿通风与安全》，任副主编，兼煤矿通风篇主编（中国矿业大学出版社）。

1990 年主编《矿井空调》大学教材。

参加《中国大百科全书》（矿冶卷）矿山安全学科“矿井空调”和“矿井水灾”条目的编写。

发表论文 10 余篇。其中，在《煤炭学报》1987 年第 1 期发表的《风流相对静压、等熵静压与“压能图”》，为在矿井通风中能量方程的应用开创新概念，成为均压通风技术的部分理论基础。

1986 年在《淮南矿业学院学报》上发表的《绝热管路中水流的温升》，纠正了国际上流行的计算方法，提高了矿井空调水温计算精度。

1991 年 5 月，在美国西弗吉尼亚大学召开的第 5 届美国矿通风会议上宣读论文《深井井下机电硐室的风温变化规律》，获得与会学者的首肯。曾主持和参与多项科研工作，成果达到国际先进水平，荣获省、部级奖 3 项。

2. 朱光夏

朱光夏

朱光夏（1932—），男，上海人，九三学社社员，高级工程师。1948年，刚解放就加入中国新民主主义青年团（中国共产主义青年团前身），并多次参加民主运动。1950年4月，到抚顺矿山工业专门学校建筑系报到。1950年8月，响应国家号召放弃心爱的建筑专业转入“54煤”戊班。1951年从“54煤”转入“54矿”。

1954年8月，毕业后被分配到长沙有色冶金设计研究院采矿科，主持完成的第一个项目是国内第一个大型机采钨矿——江西宇都盘古山钨矿（产量500吨/日）扩建工程，时任五级技术员。1956年，接手13–56工程，即大型铅锌萤石矿——湖南临湘桃林铅锌矿（产量3600吨/日）的矿山总体设计任务，担任采矿专业工程设计负责人，时任二级技术员。初步设计采用露天开采方案，后因中苏关系恶化，无法获得露天开采必需的大型机械设备，只好放弃原案，重新设计，改用地下开采，采用强制崩落法，成功运用达30余年。

1963年2月，作为技术骨干调到沈阳铝镁设计研究院采矿设计室。曾任山东淄博501厂田庄露天开采设计等项目负责人。1966年6月，因爱人徐筱影在沈阳电缆厂是技术骨干，该厂奉命内迁到西安，他作为家属随迁，无奈改行搞基本建设。1969—1974年，被下放到车间当工人。1974年，回到基建科，搞厂房、办公楼、家属宿舍等土木建筑类的项目。曾多次参加西安的建筑设计竞赛，并屡次获奖。在西北建筑设计院资深建筑师丁仁驭的鼓励和帮助下，他顺利地在西安市南大街百货大楼建筑设计竞赛中获得乙等奖，并被中国建筑学会接纳为会员。在西安工作期间，他参与完成约8万平方米各类型的多项工业与民用建筑的设计和建设，主持完成多个厂区的规划与建设以及各类民用建筑的设计20余项。

1982年，晋升为工程师，又被任命为基建技术改造科的副科长。之后，他作为技术人才被引进定海，为乡镇企业建筑工程的拓展业务和各项工程的中标作出积极贡献，因在舟山首次采用硐室微差爆破技术成功等成就而荣获定海区政府1991年度科技进步二等奖，加入九三学社，又被推举为舟山市第一届人大代表。曾任职于浙江省舟山市定海乡镇企业局，担任九三学社舟山市委科技支社第二届主委，舟山市土木建筑学会建筑施工学术委员会副主委，舟山市人大第一、第二届人大代表。

1988年4月被浙江省人事厅授予高级工程师职称。退休后，曾任香港雄丰集团深圳星河大酒店暨新城花园筹建处总工程师、舟山第一建筑工程公司技术负责人。1995年起至2000年，又在上海建设监理有限公司担任工程建设的监理工作。他在监理工作中屡建奇功，挽救问题工程的案例不胜枚举。

3. 朱志尧

朱志尧

朱志尧（1930—），男，河南洛阳人，一生酷爱图书。从“54煤”转入“55煤”学习，毕业后留校任教。在东北工学院读书工作28年，曾任采矿系副主任，负责全院半工半读和业余函授教育工作，参加编写全国统编教材《采煤学》。他坚持活到老，学到老，时常从旧书摊找优秀科普读物，深谙高士其（中国）、伊林（苏联）、法拉弟（英国）、法布尔（法国）等著名作家的真谛。

1978年调至光明日报社，任科学部主任、中国科普创作协会理事。从事科普写作20年，先后出版了《宇宙的秘密》《人类是怎样变来的》《星空的诱惑》《问苍茫大地》等数十种科普读物。1972年编著的科学童话集《猫头鹰和蝙蝠的对话》畅销出版达30余万册。正如他自己所说：这大半生写了近60种书。皇天不负苦心人，终于成名于科普读物界。退休后，他仍热衷于“爬格子”，“爬”出了习惯，也“爬”出了理念和兴趣。

通过写作，他得到的是一种悠然自得的乐趣和享受。

4. 刘听成

刘听成（右）、吴绍倩夫妇

刘听成（1931—），男，江苏常州人。1950 年考入抚顺矿山工业专门学校，在“54 煤”学习。1951 年，“54 煤”从长春回沈阳后，因采矿系调整学生干部的需要，从“54 煤”转入“54 矿”。三年级即将结束时，他和林韵梅等 10 余人被学校抽调学习俄语，后在采矿系翻译室任俄语翻译。

1954 年 9 月，被派往北京矿业学院，在苏联专家担任导师的采煤研究生班学习。1956—1958 年与夫人吴绍倩（东北工学院 55 煤毕业）先后在北京矿业学院、交通大学采矿系任教。1958 年，煤炭工业部成立西安矿业学院（今西安科技大学），两人双双转入。两人一直从事采煤专业的教学与研究工作，是煤炭工业部和陕西省的知名专家，分别于 1991 年和 1992 年获得国务院政府特殊津贴，1995 年同时退休。

刘听成曾任西安矿业学院教授、副院长，并指导硕士研究生多名。著有《实用科技俄语》《岩石力学名词解释》《无煤柱护巷》《矿山压力及其控制》等著作。发表各类文章 60 余篇，出版译著近 20 本。经他审校出版的文章、著作、译文、译著数百万字。他为人正直，平易近人，处处为他人着想，令同学们至今难忘。

刘听成、吴绍倩为西安科技大学的采矿专业发展作出了卓越贡献，特别是在矿山压力及岩层控制的教学与研究以及人才培养方面成果显著。主持建立了亚洲唯一的立式支架实验台，积极著书立说，成果颇丰，桃李满天下，深受学生爱戴。长期深入煤矿生产一线推广无煤柱开采新技术，获得多项荣誉称号和奖励，倡议成立了“热爱采煤奖学金”，享誉煤炭系统。

5. 吴中立

吴中立

吴中立（1932—），男，1951年转入“54矿”，并于1954年从东北工学院采矿工程专业毕业，1958年通风安全硕士研究生毕业。

1958—1972年，在合肥工业大学（今安徽理工大学）担任讲师。1978—1992年任采矿工程系主任。曾兼任中国煤炭学会理事、煤炭工业部高等教育顾问团顾问、安徽省煤炭学会副理事长兼通风安全学会会长等职。

吴中立于1959年出版专著《独头巷道爆破后通风》，1982年主编出版《矿井通风技术测定及其应用》，其中“均压通风技术测定”奠定了采空区控制瓦斯涌出与均压防灭火技术的理论基础。他多次参加全国统编教材的编写，发表论文30多篇，获4项省、部级科技奖，享受国务院政府特殊津贴。1989年9月在美国华盛顿第23届国际矿业安全研究会议上宣读题为《用SF6示踪技术检测煤矿大面积火区的漏风通道》的论文，该文是中国－波兰重点合作项目“大同矿务局白洞矿火区下采煤的安全技术”的子项目，也是世界上使用SF6量最大、释放点与检测点最多、漏风巷道最长、漏风网络最复杂的检测成果，为火区下安全采煤提供了范例。

6. 吴育新

吴育新

吴育新（1932—），男，江苏人。1950年12月由“54煤”乙班参军，进入长春空军预科学校，成为一名空军战士。经10多年训练，成长为各种气象条件下均能胜任的全天候飞行员。他执行过护航、人工降雨、轰炸冰坝等多项任务，在解放一江山岛战役中荣立“三等功”。1962年转业到吉林省体委。1984年调到南京市，从事中学教育工作。

7. 张明哲

张明哲

张明哲（1931—），男，吉林德惠人。九一八事变后，随父母逃难至关内。抗日战争胜利后，全家迁至上海，他入读南洋中学。1949 年加入新民主主义青年联盟。同年 12 月加入中国新民主主义青年团（中国共产主义青年团前身）。1950 年 3 月考入抚顺矿山工业专门学校机电系，后响应国家号召转入 54 采煤戊班。1951 年，“54 煤”回到沈阳铁西校区后，因采矿系调整学生干部的需要，他和几名同学从“54 煤”转入“54 矿”。

毕业后留在东北工学院任教，在采矿教研室任助教，1957 年任讲师。曾给 55 矿专、57 矿、60 矿、63 矿、66 矿讲授采矿方法课程、指导实习及毕业设计等。1958 年率领 60 矿学生去七道沟铁矿勤工俭学半年。1969 年，因夫人从部队复员，全家迁往南京市。他主动要求去矿山一线，被分配到化工系统的南京云台山硫铁矿。该矿是一个土法开采的小矿，仅 200 余人。1970 年适逢工业复苏，该矿被化工部与江苏省列为重点矿山，矿山人员猛增至 1700 人，并要求该矿山自行设计与施工，建设成年产 40 万吨的中型矿山。他毫不犹豫，勇挑重担，率领不到 10 名技术人员圆满完成设计任务。后续指导工人施工完成 8000 米井巷及 800 万投资的设备安装。接下来，又投入到准轨 17 千米及其相关设备的铁路设计，该工程由南京市江宁县组织万名民工苦战一年才建成通车，投资 1008 万元。在这两个工程的建设中，张明哲功不可没。矿井投产后，采用较先进的分段崩落采矿法。实践证明：该法机械化程度较高、采矿效率高、工作安全，受到工人欢迎。1983 年，他被任命为矿总工程师，加入中国共产党，并提升为高级工程师（二级）。1991 年退休。他无愧于此生。

8. 庞振国

庞振国

庞振国（1928—2008），男，中共党员，辽宁新宾人。他曾在黑龙江省五常县担任教师，后考入东北工学院，由农业县来到大学，他时刻心怀感恩之情。1952 年 10 月，他进入莫斯科石油学院学习，为了能早一年回国参加建设，他申请插入二年级。文化底子差，语言又不通，既要跟上课程进度，又得补考一年级没学过的课程，学习压力之大可想而知。幸而同班同学阿·依·乌拉索夫向他伸出了援助之手，帮助他顺利从莫斯科石油学院毕业。回国后，从大庆油田到胜利油田，他多年来一直坚持在基层工作，后到石油部石油勘探开发科学研究院采油所从事科研工作。

在苏联学习时，他深受米丘林的“搞科研工作两个生命都不够”的影响。32 年献身石油科研工作，满腔热情、全力以赴。在退休后的近四年的时间里，他查阅了大量资料，走访了清华大学、北京航空航天大学、中国科学院等相关单位，致力于研制新型、高效、节能抽油设备。他认为只有把剩余的生命用到祖国的石油事业上，才有意义。故生命不息，战斗不止！

9. 赵伯沧

赵伯沧

赵伯沧（1930—2022），男。1950 年 1 月进入抚顺矿山工业专门学校学习。1951 年 4 月被抽调任东北工学院专职辅导员，后被调至政治教研室。1953 年 8 月被保送到中国人民大学马列主义研究班学习；1955 年 8 月返回东北工学院，任马列主义课教师；1957—1959 年下放到辽宁昌图农村劳动；1964 年 5 月被评为讲师；1970—1972 年下放到盘锦农场劳动；1973—1975 年在学院内劳动；1976—1977 年被抽调到沈阳市郊区（棋盘山水库原址），任知识青年带队干部；1982 年 6 月被调到思想教育研究室任教师，后任研究室副主任；1985 年 6 月被评为副教授；1990 年 6 月退休。他已办了遗体捐赠手续，在仙逝后继续为人民献身。平凡的人，高尚的心！

备注：以上人物与资料不全，如有遗漏或失实之处，敬请原谅。

后记

“文化是一个国家、一个民族的灵魂。”我国向来高度重视社会主义先进文化建设，把文化建设放到实现中华民族伟大复兴的战略全局去看待和考虑。

文化建设作为党的宣传思想工作中的重要一环，对于统一思想、凝聚共识、鼓舞斗志、团结奋斗具有重要作用。大学作为培养时代新人的重要阵地，深入推进社会主义先进文化建设，是党和国家赋予大学的重要使命。

因此，加强校园文化建设，打造文化精品项目，不断提升中华优秀传统文化、革命红色文化、社会主义先进文化对师生的思想引领和价值塑造，对于弘扬社会主义核心价值观、引领师生守牢意识形态阵地、自觉抵御历史虚无主义等负面思潮、加强思想政治教育的实效、加速构建“三全育人”大思政工作格局具有重要意义。

东北大学资源与土木工程学院深挖矿业学科近百年办学历程中的特色文化，凝练了以“54煤”精神和“可可托海的东大人”精神为内核、以“资土精神”为载体、以“学术文化、师德文化、创新文化、团队文化、人文文化”为内容的“五维一体”的文化育人体系，创造性地提出打造“从凝练学院特色文化出发，激活基层文化育人资源”项目，重要内容之一是出版《54煤》。

本书在内容上主要参考了《54煤春秋》《54煤通讯》《54煤同学回忆录》等资料。在本书编撰过程中，前期由时任东北大学资源与土木工程学院党委书记、现东北大学纪委副书记王立慧作为项目总负责人，后期由现东北大学资源与土木工程学院党委书记艾国生作为项目总负责人，林韵梅、杨佩祯、朱万成、李鹤、张雷、王立慧、王钰慧等专家学者为本书提供了宝贵的稿件资源。资源与土木工程学院机关工作人员马晓峰、王延邦、白岩、冯婉珺、刘赫、刘亚男、刘鹭鸣、李晨溪、李佳佳、吴迪、陈松、姚骞、谭义凡（名单按姓氏笔画排序）参与本书编撰与校对，王延邦负责统稿。

总之，《54煤》最终能够付梓出版，对于东北大学资源与土木工程学院来说是一件幸事。希望本书的出版能够进一步丰富与拓展学院文化的内涵与外延，为学院一流学科建设和一流人才培养增添文化原动力。再次向参与本书编撰的全体人员表示诚挚的感谢。